戦後福井県都市計画の軌跡

児玉 忠 著

晃洋書房

まえがき

令和の時代に入り、はや三年を経過した。福井県でも戦後七〇年余、基礎的基盤施設の整備がようやくほぼ完了して高次施設である北陸新幹線建設の槌音が全県にわたり響いている。

しかし、ここに至るまでの都市施設整備は苦難の連続であった。終戦後の何もない物資欠乏の時代からただ復興の精神のみで開始された戦災復興事業、その後の高度経済成長の波に追いかけられるように懸命に整備に努力してきた各種都市施設は、一定の水準に達して、県民にサービスを提供している。

現在の若い世代の人たちには、高速道路やバイパス、複線電化された鉄道、衛生的な公共下水道などは、なかば当然のことで、生まれたときからそのサービスを享受している。戦前はもちろん戦後もしばらくは牛馬を使った農作業や重労働であった田植えや稲刈りから解放されたように、砂利道、荷車、オートバイなどから始まったのであるが、不幸というか幸というかその時代を知らないし、その後どのようにして整備が進められたのかも知らない。

もちろん、東京とか大都市の整備事情についてはそれなりに整理され出版もされているが、地方都市では一般の歴史書には一部触れられている場合はあるものの、全く不十分であり、そのような試みもあまり見られない。

福井県も例外ではない。そこで、各種の社会資本のなかでも特に都市計画関係の施設を取り上げ、その整備方針や事業経過などを整理しておこうとするものである。戦後営々と整備された施設の中でも、老朽化・陳腐化に直面して、更新・再開発が検討されているものもある。これらに少しでも役に立てれば、幸甚である。

目次

序章　戦後の出発・福井戦災復興都市計画事業

はじめに

昭和二〇年七月一九日、サイパン島を飛び立った米軍爆撃機B二九約一二〇機が福井市街地を襲った。午後八時半ごろ福井市上空に達し、まず照明弾を投下し、以後約二時間にわたり、市街地外周から中心部に向けて執拗に焼夷弾を投下し続けた。

無防備の木造都市はひとたまりもなく、罹災面積約六〇〇《ヘクタール》、罹災戸数約二万三〇〇〇戸、罹災人口約九万二〇〇〇人、死者一五七六人、重傷者四八一人など甚大な被害を蒙り、当時の市街地約九五％が灰燼に帰したものであった。

すぐに応急対策が実施された。まず清掃事業である。福井市は坪あたり五円を交付して清掃を奨励するともに、堆積した瓦礫は県市分担で処理することとし、昭和二一～二二年にかけて国庫補助事業（事業費四三〇万円）により実施した。

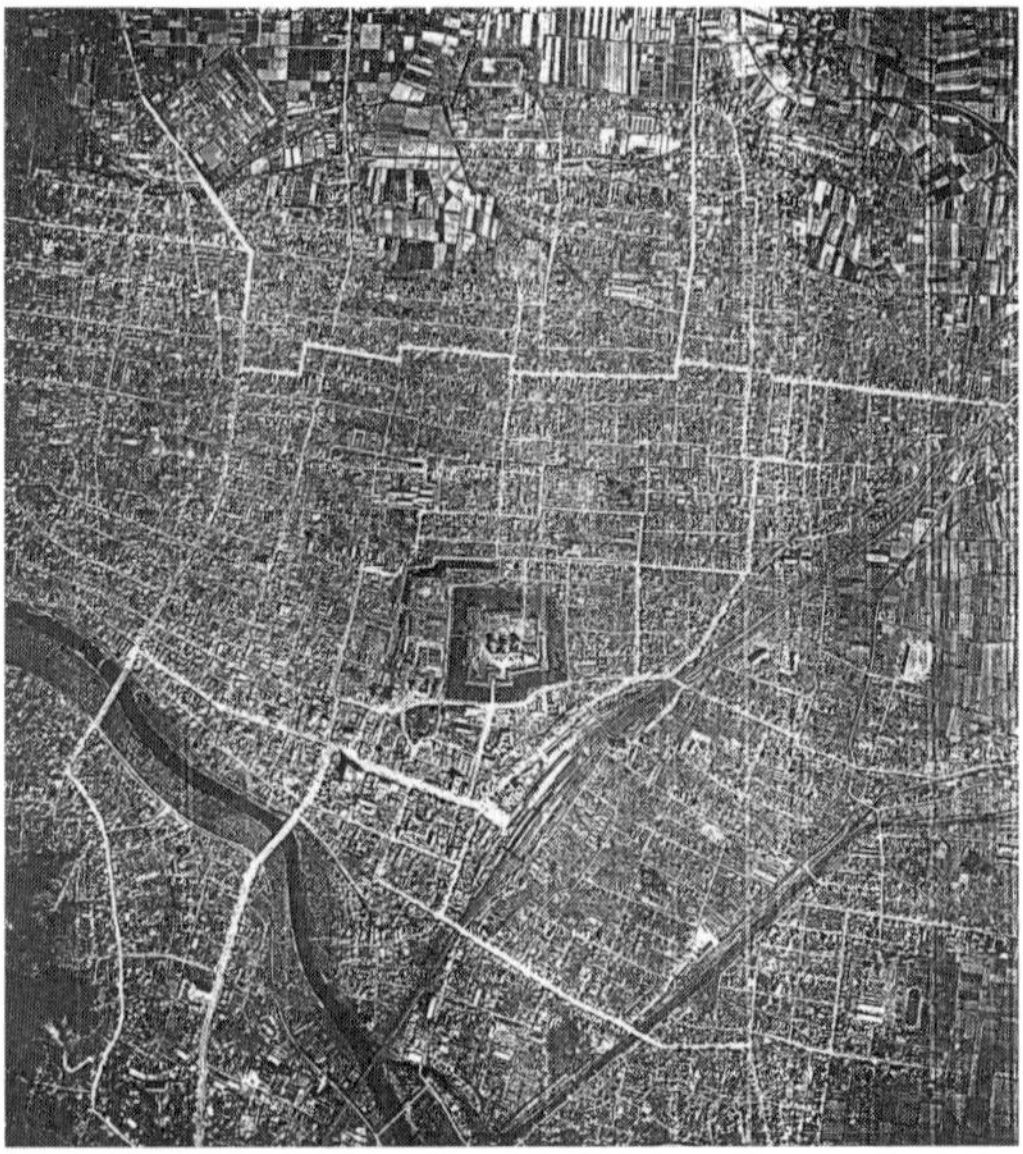

昭和21年米軍撮影福井市街地空中写真

（出所）福井県編『福井県史　史料編16上』.

政府の復興基本方針

太平洋戦争末期、米軍の焼夷弾攻撃を受けた都市は県内の福井・敦賀のみではない。東京・大阪などの大都市のみならず全国の地方都市に及んでいる。戦後復旧にあって、政府から指定を受けた都市は全国一一五都市、被災面積約六万三〇〇〇㌶に及んでいる。このほかにも被害が主として軍需工場とか軍基地などであるとして、上記の指定を外された都市が室蘭、横須賀など一〇〇都市があり、当時の全国主要都市のほとんどが壊滅的な被害を受けた。

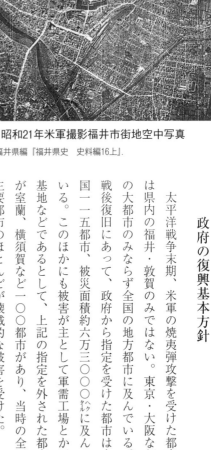

このような状況に対して、政府は昭和二〇年一一月五日戦災復興院を設置して、本格的な復興事業に乗り出した。すでに終戦前から内務省内の少壮の都市計画官僚により、内々に準備が始まっていたとされるが、同二〇年一二月三〇日「戦災復興計画基本方針」が閣議決定された。その概要は次のようである。

今次ノ戦災ハ被害殆ンド全国ニ跨リ、都市、集落ヲ通ジ其ノ焼失区域ハ一億六千万坪ニ及ブ、之ニ対スル復興計画ハ産業ノ立地、都市農村ノ人口配分等ニ関スル合理的方策ニ依リ過大都市ノ抑制並ニ地方中小都市ノ振興ヲ図ルヲ目途トシ各都市又ハ集落ノ性格ト其ノ将来ノ発展ニ即応シテ樹立セラルベク計画ニ属スル事業ハ永年長期ニ亘リ継続シテ施行スルノ外ナキモ之ガ基礎トナルベキ土地整理事業ハ性質上出来得ル限リ、急速ニ之ヲ実施スベキモノトス（中略）

被災地ノ復興計画ニ於テハ産業ノ立地、人口ノ配分等ニ関スル方策ニ依リ規定セラルル都市集落ノ性格ト規模トヲ基礎トシ都市集落ノ能率、保健及防災ヲ主眼トシテ決定セラルベク兼ネテ国民生活ノ向上ト地方的美観ノ発揚ヲ企図シ地方ノ気候、風土慣習等ニ即応セル特色アル都市集落ヲ建設センコトヲ目標トス（中略）

街路網ハ都市集落ノ性格、規模並ニ土地利用計画ニ即応シテ之ヲ構成スルト共ニ街路ノ構想ニ於テハ将来ノ自動車交通及建築ノ様式、規模ニ適応セシムルコトヲ期シ兼ネテ防災、保健及美観ニ資スルコト

主要幹線街路ノ幅員ハ中小都市ニ於テ三六米以上、大都市ニ於テハ五〇米以上トスルコト（中略）

必要ノ個所ニハ幅員五〇米乃至一〇〇米ノ広路又ハ広場ヲ配置シ利用上防災及美観ノ構成ヲ兼ネシムルコト（中略）

公園運動場、公園道路其ノ他ノ緑地ハ都市、集落ノ性格及土地利用計画ニ応ジ系統的ニ配置セラルルコト

緑地ノ総面積ハ市街地面積ノ一〇％以上ヲ目途トシテ整備セラルルコト（中略）

市街地ノ整備ニ伴イ電線等ハ原則トシテ之ヲ地下ニ移設シ必要ナル水道、下水道ノ改良新設ヲ行イ水利施設ノ拡充ヲ期スルノ外必要ニ応ジ塵芥及汚物ノ処理場、火葬場、屠場等ヲ整備シ主要都市ニ於テハ蔬菜、鮮魚介等ノ市場ノ整備ヲ図ルコト（中略）

復興計画事業ノ費用ハ公共団体ノ負担トスルモ公共団体ノ財政ニ於テ負担ニ堪エザル部分ニ付テハ国庫ヨリ補助スルコト（以下略）

これらの内容をもとに戦災復興院は翌二一年一月関係都道府県主務課長会議を開催し趣旨の徹底を図った。この

とき戦災復興院総裁の小林一三は要旨次のような訓示を行っている。

先ず全国の戦災地に対する復興の根本的な理念と致しましては、産業の立地、都市、農村の人口配分等に関する合理的方策に依りまして過大都市の抑制並びに地方中小都市の復興を図ることを目途とし、国土全域に亘り綜合計画的に考えてもらわねばなりません。これは内務省及び各関係方面と研究立案すべき都市計画に基き具体的に申上げる機会があるものと思いますが、総ての市町村は其の能率、保健及び防災を主眼とし、国民生活の向上と地方的美観とを図り各々特色ある都市聚落を建設するよう樹立されねばなりません。

我国は今敗戦国として物資の欠乏、資材の貧弱、意にまかせぬ事のみでありますが、殊に是迄は只だだっ広い無規律、無方針に発達に任せた都会を、今度は1／5或はそれ以下に小さく纏まった美しい都会を造らなくてはならぬので、今般基本方針の大綱を閣議に於て決定いたしましたが、其の大綱方針は、固く守って頂くとしても急速に本格的の計画を実行することは中々むづかしいと思いますから、地方の実情と其負担力とに即して其の計画並びに事業は成るべく市町村長をして執行せしめ、市町村長に於て執行困難なるものに限り府県知事を之に当らしめることとし、其の事業費に対しましては国庫より相当の補助を致すことに致しました（建設省編『戦災復興誌』より筆者一部抜粋）。

県市の基本方針

福井市では、被災直後から清掃事業など応急事業に取り組んでいたが、昭和二〇年一〇月熊谷太三郎が市長に就任し、福井市戦災復興本部を設置して本格的な復興事業に取り組みを開始した。

上述した政府の基本方針に基づき、施行体制が論議された。被災した福井・敦賀両市ともこのような大規模な都市計画事業は経験がなく、県知事と両市長協議の結果、県施行とすることとし、費用に関しては、国庫補助を除いた残りについて県市折半で負担することに合意した。

また、具体的な復興構想に関しては、北陸線福井駅の東部移設と福井鉄道線の乗り入れなど「大福井駅構想」などが当時各界から提案されていたが、復興計画の基本方針は次の通りである。

繊維工業中心の総合産業の発展と防火都市たらしめるため街路は画期的に幅員を拡大し、交通のスピード化を図ると共に工業敷地の留保と工業のための条件を強化する。また商業消費活動を活発ならしめるため繊維問屋街、商店街等について街区構成に特別の考慮を払う。

都市美構成については従来ともすれば等閑視されがちであったので充分に景観的配慮をすることとし、このため県庁前附近に政治経済の中枢施設を集め都市造型に役立たしめる。緑地計画においては適正規模の公園を普遍的に配置し、コミュニティー計画の一環をもなすと共に市内を貫流する足羽川、荒川の水辺美化、特に本市唯一の丘陵地足羽山の自然公園の造成に努力することとする。

また前述の足羽川の洪水位が高いため都市排水が悪いのにかんがみ、市街地全域に一〇箇年計画をもって下水道を布設し、環境衛生を改善して近代都市の基礎を造る。更に市東部を縦貫する北陸本線のカーブを直線化し、福井駅を東部に移動することにより駅前一等地の効率的利用に資することとする。

この他市内各所に点在する寺院境内の墓地は整理統合して墓苑を造成整備し、市北部の総合運動場は整備拡張して県内体育の向上に貢献せしめる（建設省編『戦災復興誌』「福井市編」）。

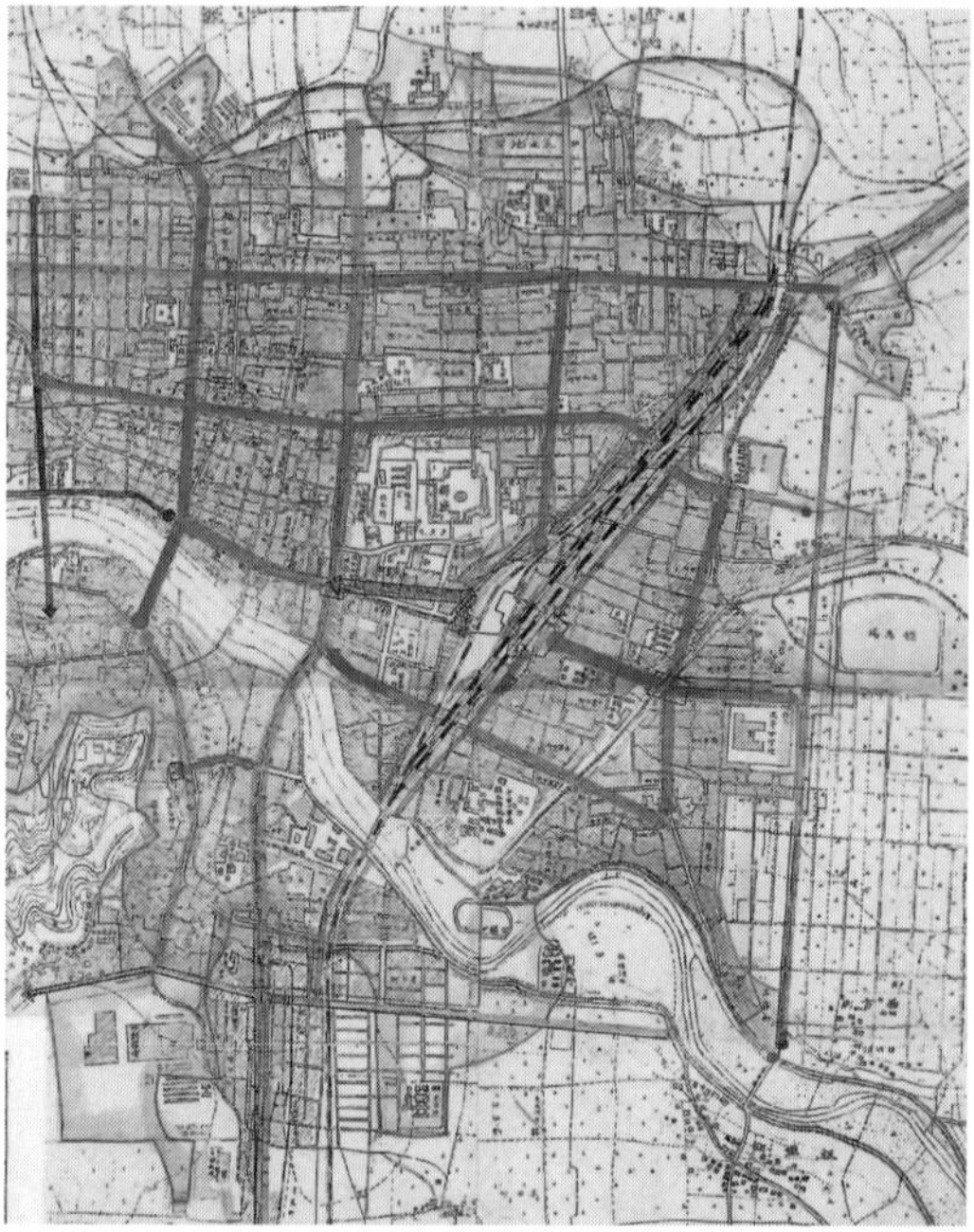

福井戦災復興当初都市計画　昭和21年

（出所）福井市編『福井市史　資料編別巻（絵図・地図）』

街路計画と復興土地区画整理事業

これらを受けた街路計画の大要は次の通りである。市街地中央に国道を縦走させる。旧福井駅通りの堅牢建物の並ぶ繁華街を避けるべく福井駅を北側に移し、この表裏広場から市街地の中央を横断する装飾街路を配する。

このような方針のもとに、昭和二一年五月当初復興計画の都市計画決定が行われた。その後、事業実施に伴い数次の変更が重ねられた。特に大きな変更は、昭和二四年の政府の戦災復興計画再検討縮小方針と国鉄財政の逼迫に伴う国鉄福井駅関連の大変更である（この時期、従来の復興計画は当時の財政負担力に比して「過大」であるとして全国的に計画縮小を余儀なくされている）。

すなわち、北陸線カーブの直線化と福井駅の東側移動は行わず、広大な駅前広場計画も縮小されてしまった（福井駅の貨物駅機能だけは橋南の操車場に移転、貨物関連施設は廃止された）。また、政府の方針ではそれぞれの都市の人口規模により、幹線街路の最大幅員を定めており、福井駅前線の幅員四四メートルは過大としてやり玉に挙がったとされるが、県市の抵抗により縮小が回避された記録が残されている。

こうした経過をたどり、昭和二六年当時の都市計画街路の概要は次の通りである。

前述した幅員四四《メートル》福井駅前線、同三六《メートル》の本町線と国道八号線など二七路線である。実は福井市では、戦前の昭和七年に最初の都市計画街路網を決定しているが、その後の戦時経済下でほとんどが手つかずで、戦後を迎えた。復興都市計画街路網はこれをベースとしながらも手直しを加えたものであった。

これらの街路や宅地を整備するため、県施行により土地区画整理事業が実施された。その規模は、施行区域面積約五五七《ヘクタール》、総事業費約七億六〇〇〇万円、総移転戸数約六〇〇〇戸、街路のみならず公園緑地四二カ所総面積約一三《ヘクタール》が整備され、平均減歩率約一七％で昭和四一年に換地処分された。

福井市下水道当初計画図
（出所）豊島棟建「福井市特別都市計画下水道について」

下水道計画

福井市街地は足羽川の洪水位よりも低い地域が多く、降雨時における排水や常時においても滞水が課題となっていた。さらに、農耕地の灌漑水路が市街化前の状態で多く散在して、健全な市街地造成に問題となっていた。このため、減歩緩和の効用もあり、下水道に統合整備することにより、問題解決を図った。

こうして、下水管路総延長約一七二《キロメートル》をはじめ足羽、佐佳枝、底喰川などのポンプ場が整備された。

墓地移転

今回の被災区域内だけでも一三三の寺院があり、その境内には約一万九〇〇〇基の墓碑があった。今回、近代都市として復興整備するに際して、これらの散在する墓地はその障害となると考えられた。そこで、これらを移転統合する方針が固まった。

そしてその適地を検討した結果、近くに火葬場も設置されている小山谷丘陵地が選定された。面積五・三ヘクタルが墓地として都市計画決定され、順次移転が行われた。

福井地震

復興土地区画整理事業が緒についた昭和二三年六月福井地震に襲われた。マグニチュード七・一、震度六とされる地震は再び福井市街地を灰燼に帰した（福井地震を機会に震度七が創設されたといわれる）。その福井市の被害規模は、死者約一〇〇〇人、倒壊家屋等約一万五〇〇〇戸に及んだ。

復興事業はいったんふり出しに戻ったようであったが、具体的な影響は次のように言われている。

・震災等で家屋が倒壊した場合、救護のためにも道路が広くなければならないことが市民に実感された。

・大火災に備え市街地には防火帯が不可欠であるとの認識が深まった。

・全市あげての復興促進気運が醸成され、復興事業の移転が促進された。

・家屋焼失により、いわゆる玉突き移転が減少し、仮換地先への建築が容易となった。

・大阪・京都方面などから大挙して技術者の応援があり、関係者の士気が鼓舞された。

施行体制・実務を担った技術者

復興土地区画整理事業の施行者は福井県とし、関連事業は福井市が主体となって事業が遂行された。県庁前に昭和二一年八月福井復興事務所が開設された。所長以下約六〇名の体制であった。

事業の根幹は区画整理事業の換地方式であったが、戦前の福井県では小規模な組合による区画整理事業があったのみで、これを経験した技術者はほとんどいなかった。事業着手当初の頃は、戦前大阪などや外地朝鮮で区画整理を経験した技術者が中心となって事業を進めるとともに後進の指導にあたった。当時政府戦災復興院も都市計画技能者養成講習会を盛んに開催している。

それでも、職員だけでは手がまわらず、県外の測量会社などに業務委託しており、その後県内でも同種業務を受託する民間会社が設立された。

復興祭など

最初の仮換地（換地予定地）指定は全工区一斉に昭和二二年四月に行われた。その後さまざまな紆余曲折を経ながら、市民の協力と関係者の尽力により、昭和二〇年代末には街路築造などのハード整備はほぼ概成してきた。同二七年には、福井駅新築、福井復興博覧会、永平寺七〇〇年大遠忌、全国知事会議などが開催されている。昭和三〇年代前半には残すところは換地関係の清算事務となり、同三五年には全国復興祭が催された。同四一年

敦賀戦災と各町震災復興事業の諸元

	施行区域面積(ha)	総事業費(百万円)	換地処分
敦賀戦災	113	132	S32
金津震災	73	28	S29
丸岡震災	74	22	S29
春江震災	56	27	S28
森田震災	42	20	S29
松岡震災	75	31	S29

(出所) 福井県建設技術協会編『福井県土木史』より筆者作成.

全ての工区について換地処分を完了し、同四四年戦災復興事業完成式が挙行された。ちなみに、施行区域面積約三五〇〇㌶の大阪市の最終換地処分は平成四年一月のことであった。

敦賀戦災復興事業、丸岡町など震災復興事業

この時期、福井市と同様に米軍の空襲を受けた敦賀市も県によって復興土地区画整理事業が施行されていた。また昭和二三年の福井地震により市街地が甚大な被害を受けた金津町、丸岡町、春江町、森田町、松岡町の五町に関しては、面的な復興整備が不可欠とされた。もちろん区画整理未経験団体であったが、県施行とすることは認められず、町施行の震災復興区画整理事業が県の指導により施行された。

いずれも戦後の混乱期に施行された困難な事業であったが、その諸元は表（敦賀戦災と各町震災復興事業の諸元）のようである。

熊谷市長述懐

全国各都市の戦災復興事業都市計画原案を見たとき、ときのＧＨＱ指導部はこれは戦勝国の復興計画である、とても敗戦国の復興計画としては認められない。縮小すべきであると指示したといわれている。

ときの福井市長・熊谷太三郎も戦災復興事業に関して次のような述懐を残している。

終戦以来色々の施策が取り上げられてきた。けれどもそれらの多くは、たとえば食糧問題にせよ、住宅対策にせよ、災害復旧にせよ、何れも当面の窮迫せる事情を緩和するに役立つだけであって、いわば消極的な窮余の処置に過ぎない。ひとり戦災復興の都市計画のみは、この機会に多数国民の集中する都市を改良し、其機能を高度に発揮せしめることにより、進んで国家の再建に寄与せんとする一大積極的事業である。私はあの混乱のさなか山積せる当面の用務に取り囲まれながら、よく此百年の大計を忘れなかった当時の政府指導者に対し、心からなる敬意を捧げるとともに、惨憺たる敗戦の後にも、尚かくの如き高度の文化政策を企画し得る祖国日本の潜在的実力に限りなき心強さを覚えずには居られない。（中略）

都市計画は都市文化の根幹である。都市計画を行わずして都市文化の高揚は望み得ない。之を本市の場合に就いて言うも、大小数百の道路は殆ど往時の城下町のそのままの姿であって、幅員も狭く屈曲も著しい。区画は乱雑を極めている。公園緑地は殆どない。学校の校地は狭小で現状に適応しない。其他公共施設の敷地が全然ないという有様であって、須らく都市計画の実施によってかくの如き状態を根本的に改善するにあらざれば、到底本市文化の高揚は期し得られないのである。（以下略）（熊谷太三郎『たちあがる街から』）

後代から見たとき、戦災復興事業の功罪も種々議論されているが、戦後都市計画の出発点であり大きな遺産であることはまちがいない。

第1章　芦原火災復興事業の光と影

はじめに

まだ戦後復興の余燼が残る昭和三〇年代初頭、芦原大火を受けて復興事業が実施された。当時は旧都市計画法施行下の時代にあって、建設省（当時は「中央」という言い方をしていた）絶対の時代であった。しかし建設省と鋭く対立しながらも、芦原町（現在はあわら市であるが、本章では便宜上「芦原町」と記す）は地元・地方の価値観・論理を主張し、これを貫いて、都市計画事業を執行した。当時全国的にも話題となったという。

これが現在の芦原町の市街地の骨格になっている。都市計画は百年の大計というが火災復興事業から六〇年が経過した現在の状況を見て、どちらがよかったかは単純には断定できないかも知れない。まずはこれら事業の概要と経緯、その後の動きについて検討したい。

芦原大火の概要

＊発生　昭和三一年四月二三日（月）早朝フェーン現象下

現在の芦原駅前　駅前正面に幹線街路が連絡するはずであった.

（出所）筆者撮影.

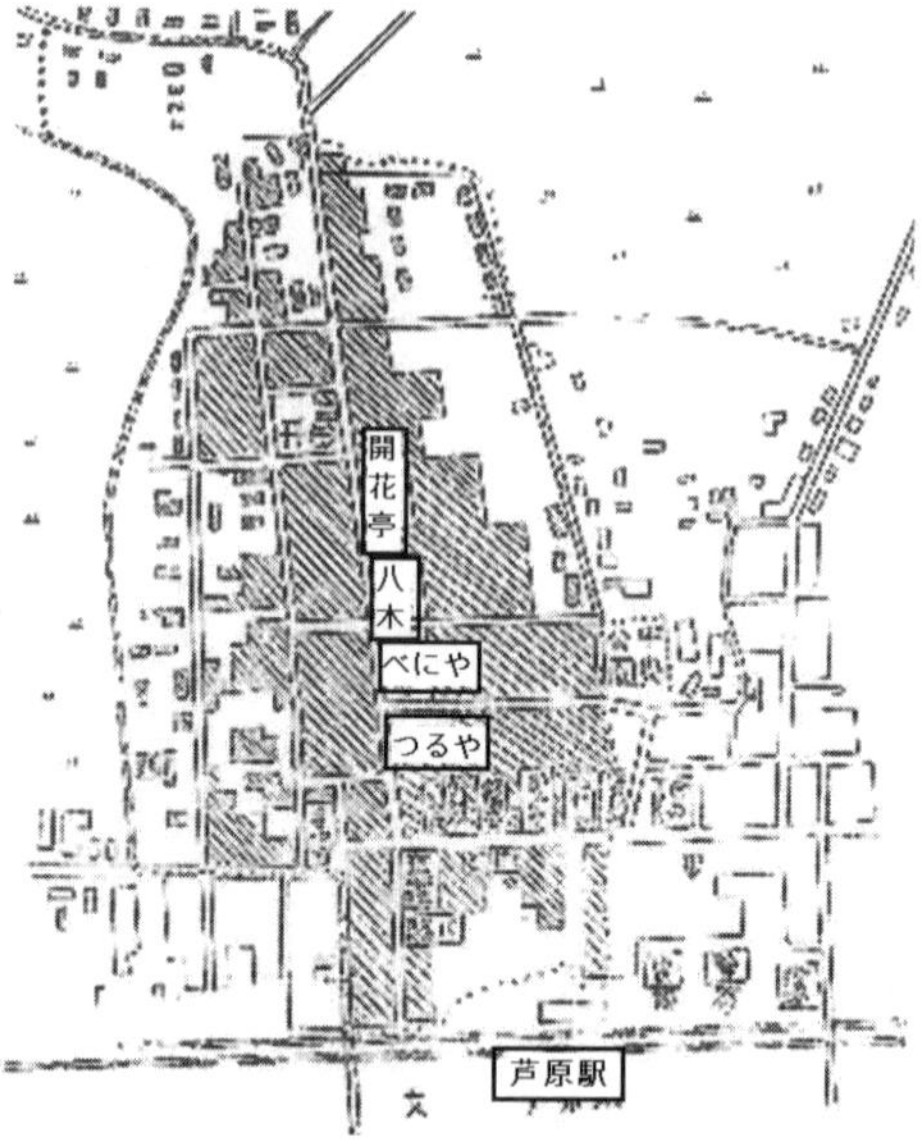

焼失区域

（出所）芦原町秘書広報課資料（昭和31年4月）より筆者作成.

＊焼失物件（全焼）

温泉旅館　　一六軒

主な旅館　開花亭、べにや、つるや…

民家　　三〇九戸

＊人的被害

死者　　一名

重軽傷者　　六三名

＊焼失区域
　火元　駅前食料品店
　焼失区域面積　約七・四ヘクタール
＊被害総額　約五〇億円

当時の開花亭の代表者で消防団長でもあった北川昭治（後の芦原町長、県議会議長、故人）は大火となった原因を次のように説明している（もちろん当時の消防装備・能力が前提）。

① 強風下で火の回りが早く飛び火したため、八方から火の手があがり同時多発火災となった。
② このため「防火線」を決めても飛び火のため撤収を余儀なくされた。
③ 消火栓、防火水槽が家屋に近接し狭い道路の中にあるため火勢でよりつけなかった。
④ 強風で熱気をはらんだ黒煙が地面を低く流れたため消火活動が抑えられた。
⑤ 福井地震後の耐震建築はほとんどボルト締めとなり「破壊消防」が容易でなかった。

大火以前の都市計画

温泉観光都市である芦原町は戦前から都市計画に熱心であった。すでに昭和一三年には小浜町と並んで都市計画法の適用を受け都市計画区域を指定している。その後戦時下の苦しい時代が芦原温泉を襲い、本格的な都市づくりは戦後を待たなければならなくなった。

昭和二三年六月の福井地震からの復興事業が都市計画の再スタートとなる。春江町や丸岡町などはこの機会に土

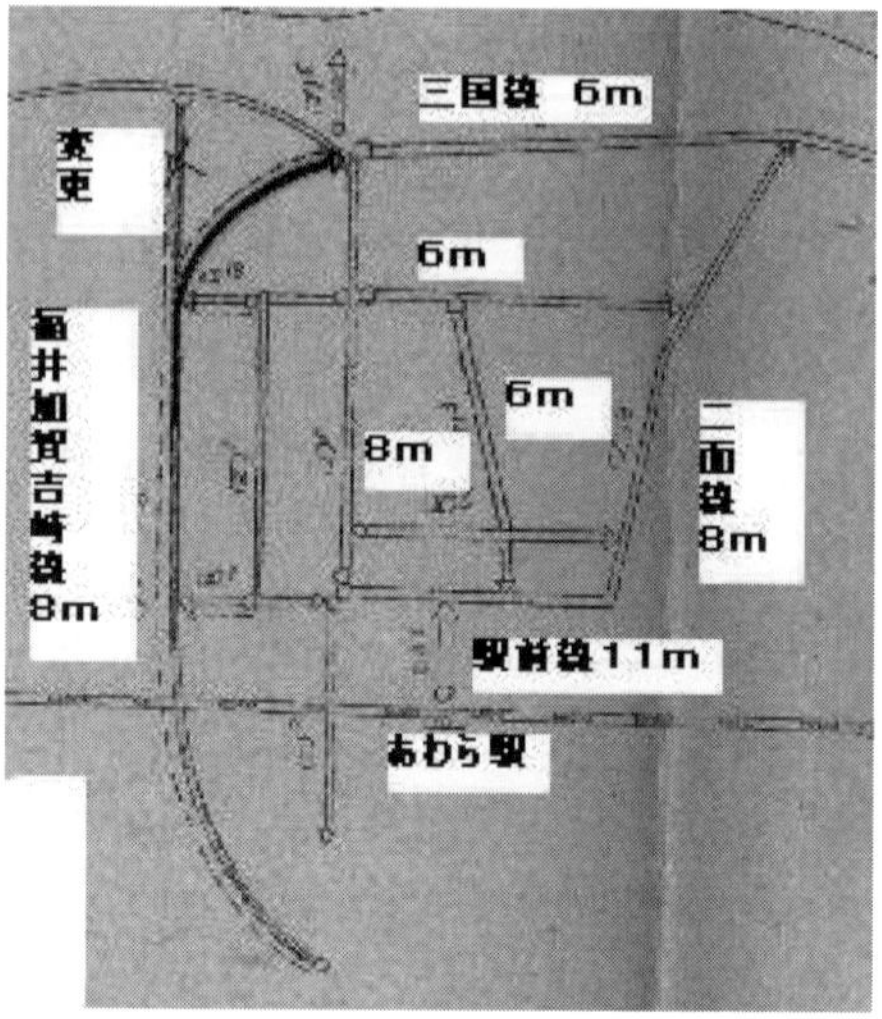

芦原都市計画街路網　昭和27年
（出所）都市計画審議会資料より筆者作成.

地区画整理事業を実施したが、芦原町はこれらと比較して被害が軽微であったこともあり、面的整備は行わず二三年一二月新たな観点より幅員一一メートルから四メートルの街路網を都市計画決定した。

　これらは逐次整備されていったが、市街地を縦貫する加賀吉崎線の交通量が増加し、その幅員八メートルでは対応しきれなくなった。加えて「野暮な」大型自動車が埃を巻き上げて市街地を通過することは、著しく「温泉情緒」をそぐものであるとして、市街地西端に幅員八メートルの迂回道路（当時はバイパスという言葉は一般的でなく「産業道路」とも呼ばれた）を昭和二七年に計画決定した。本路線は昭和二八年の実際の着工にあたっては、八メートルでは狭小であるとして幅員一一メートルに変更され、大火時には工事中であった。

復興計画試案をめぐって

　大火は当日の午前一一時ごろ鎮火した。災害救助法も発動され救援活動も本格化するとともに、建築制限令も発令されて復興計画立案の動きも活発となってきた。翌日には、建設本省の技官等も現地入りし、その協力の下に県と芦原町の連日連夜の検討作業が行われ、四月二六日にはその試案が関係者に示された。

　その試案の根幹は芦原駅前に広場を設け、ここを起点として北方向へ市街地を縦貫する幅員一五メートルの直線道路を計画し、これを中心として適宜碁盤目状の幹線道路を配置し、防火帯の効用も果たして「近代的」都市に改造しようとするものであった。

これに対して特に旅館関係者から強い反対意見が出された。その理由は大きく二つあった。その一つは新設計画されている幅員一五メートルの直線道路敷には泉源が多く分布しており、計画道路はこれを利用困難にする。もう一つは幅員一五メートルの広幅員道路は旅館街を分断し温泉情緒を損なうというものである。

この復興計画試案には県民も大きな関心を寄せた。特に当時の「文化人」でもあった坪川健一、山谷親平、熊谷太三郎なども意見を発表している。その論点は芦原は産業都市でも経済都市でもなく観光都市である。しかも山川・渓谷等の野趣に恵まれない地形としては平凡な水田地帯の只中という条件である。そのような街に「近代都市計画理論」のもとに広幅員・直線・碁盤目……ということがふさわしいのか、果たしてそれで温泉としてのにぎわい・魅力が増大するのかというものであり、防火対策としては建築構造や材料、消火施設・設備の面で充実強化すればよいというものであった。

福井都市計画地方審議会

これまでの審議会は理事者の提案に対して、「異議なし」「異議なし」のシャンシャンスピード審議が通例であったが、この芦原火災復興をめぐる審議会は議論が白熱した。本件に議題を限定した審議会であったが、結果的には一回の審議会では計画が確定せず、同一案件実質三回の審議会開催となった。

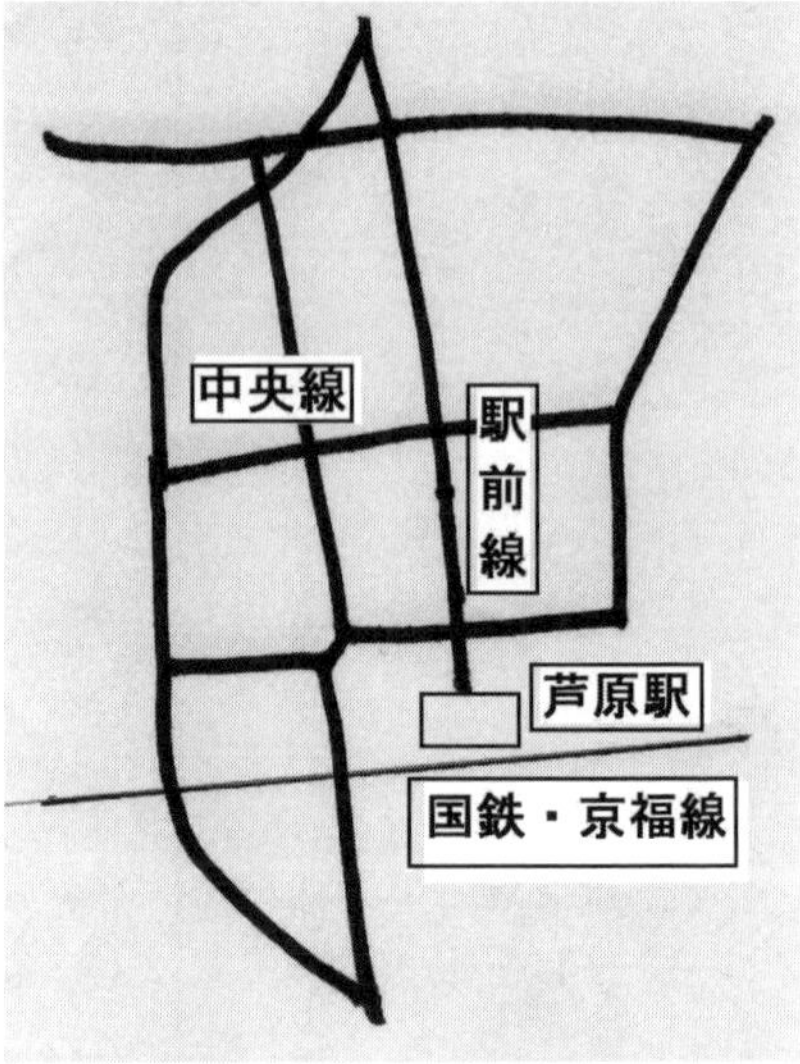

建設省案（原案，諮問案）

（出所）審議会資料より筆者作成.

第三〇回審議会

四月二三日の大火から、春の連休をはさんで二週間目の五月七日復興計画案を審議する第三〇回審議会が県庁正庁で開催された。当時の旧都市計画法では都市計画決定権者は建設大臣であり、大臣は県の審議会へ案を諮問しその答申を受けて決定することとなっていた。

そこで、まず建設大臣の諮問案が説明された。その内容は上述の街路計画試案とほぼ同様であるが、整理するとその方針は泉都としての交通系統、美観、防火対策を踏まえ大要次のようである。

①福井地震からの復興を契機として策定された従来の街路計画はすべていったん廃止して新たな街路網計画を決定する。

②芦原駅前に面積約二五〇〇平方メートルの広場を設け、これを起点として幅員一五メートル直線で市街地を南北に縦貫する駅前線を新設する。

③福井及び三国と連絡する幅員一五メートルの芦原福井線及び芦原三国線を計画する。

④金津町と連絡する芦原金津線を幅員一二メートルで計画する。

⑤市街地の通過交通を避けるために市街地西端に幅員一一メートルの環状線を配置する。

⑥市街地を東西に横断する幅員一二メートルの中央線を配置する。その他連絡路線の配置。

⑦一部非焼失区域を含めた面積約二一ヘクタールの区域について土地区画整理事業を施行する。

これに対して地元芦原町の意見は当局の努力に感謝しながらも、次のように修正案を提案してきた。芦原町の泉源は他の温泉地のように一カ所の泉源より各旅館に配水する方式ではなく、各旅館はそれぞれ泉源を持ちその泉源は三～五年毎に他の泉源と交換しなければならない地質構造であり、しかもその泉源は偏在している。これら泉源が道路敷等公共用地下になることはその泉源の利用を困難にするものであり、極力公共用地を少なくして泉源がある民地を多く確保して欲しい。とりわけ駅前線が幅員一五メートルで駅から直伸することは多くの泉源を失うことになるので、東方向に振るとともに幅員を縮小することを基本として次のようであった。

①駅前広場を地積約二〇〇〇平方メートルに縮小する。

②駅前線を直伸させず、駅から八〇メートルの地点で屈曲させ、これより北側区間は幅員も一一メートルに縮小する。

③東西に横断する中央線はもっと北側に移動して現在道路を利用して幅員一一メートルとする。

④その他の街路についても幅員一五メートルを一一メートルに縮小するなど総じて幅員を一段階縮小する。

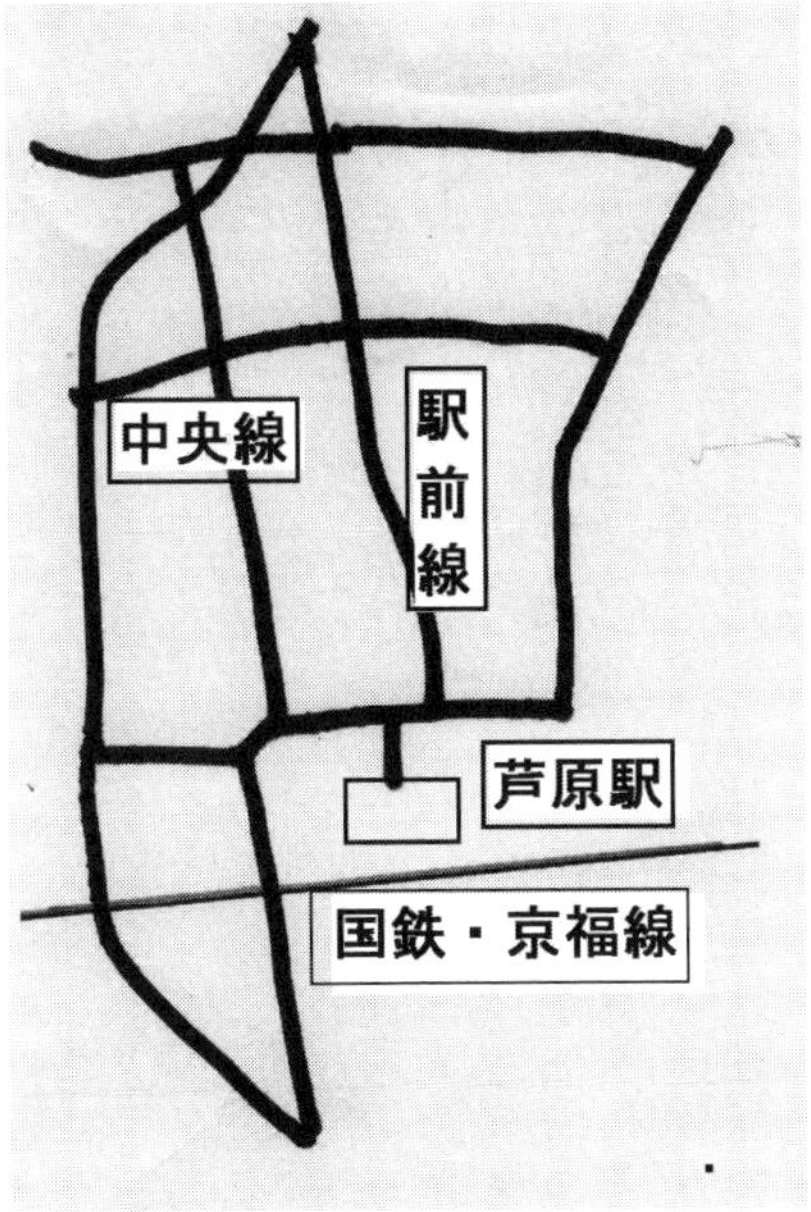

芦原町案（第１回答申案）

（出所）審議会資料より筆者作成.

この修正提案は諮問案の基本を変更するものであり、これを答申案とすれば建設省は再審議を要求して来るのではないかとの見方もあったが、総じて芦原町当局の言い分は温泉の死活問題に係るものであり、地元も意見一致を見ているとして、止むを得ないとの意見が大勢を占め、この修正案が答申案とされた。

修正案を答申して、県や芦原町当局は懸命に建設省に対して調整要望活動を繰り広げたのであるが、本省の態度は硬くこれを受け付けず、はたせるかな前回と全く同様の計画案を再諮問してきた。

第三一回審議会

これを受けて再審議するための第三一回審議会が約一カ月後の六月一二日県庁正庁で開催された。

理事者側の諮問案（建設省案）の説明は前回と同様であるが、特に今回説明されたのは次のようである。

①公共用地下の泉源も保護される。

②本町の将来開発と防火対策を考えれば、やはり直線・広幅員・碁盤目街路網とすべきである。

これに対して地元芦原町の意見は、芦原温泉の地質構造に関する温泉学会専門家の学術報告書まで持ち出して、はじめは前回審議会の答申案のとおりと固執していた。しかし、それでは建設省案と正面衝突するだけで、何らかの妥協案をさぐるべきだということで、何回かの休憩中の協議の中で次のように三つの問題点に整理されてきた。

①正面性に配慮して芦原駅から北へ直伸している駅前線を屈曲させるべきかどうか。

・直伸道路は最も高温良質の泉源地帯を侵す。

・駅から降りてすぐに奥の方まで見通せるというのはどうか。大都市ならいざ知らず、芦原のような小都市においてしかも正面には平凡な田や山しかない風景条件では、すぐ「底」がわれ温泉情緒を損なうものである。むしろある程度の屈曲した情緒醸成こそ望ましい。

②防火等も考慮してほぼ市街地中央を横断している中央線をもっと北部に寄せられないか。

・既に市街地を形成している中央部に敢えて配置するよりも、市街地外郭に移行した方がよい（泉源問題のウェートは駅前線ほどではない）。

③交通・防火機能に配慮して全般的に広幅員街路となっているが、これをひとまわり狭くできないか。

・広幅員街路は市街地を分断し、かつ温泉情緒を損なうものである。

・広幅員街路は減歩率を大きくして、旅館用地（民地）を縮小させて営業活動に支障を来す。

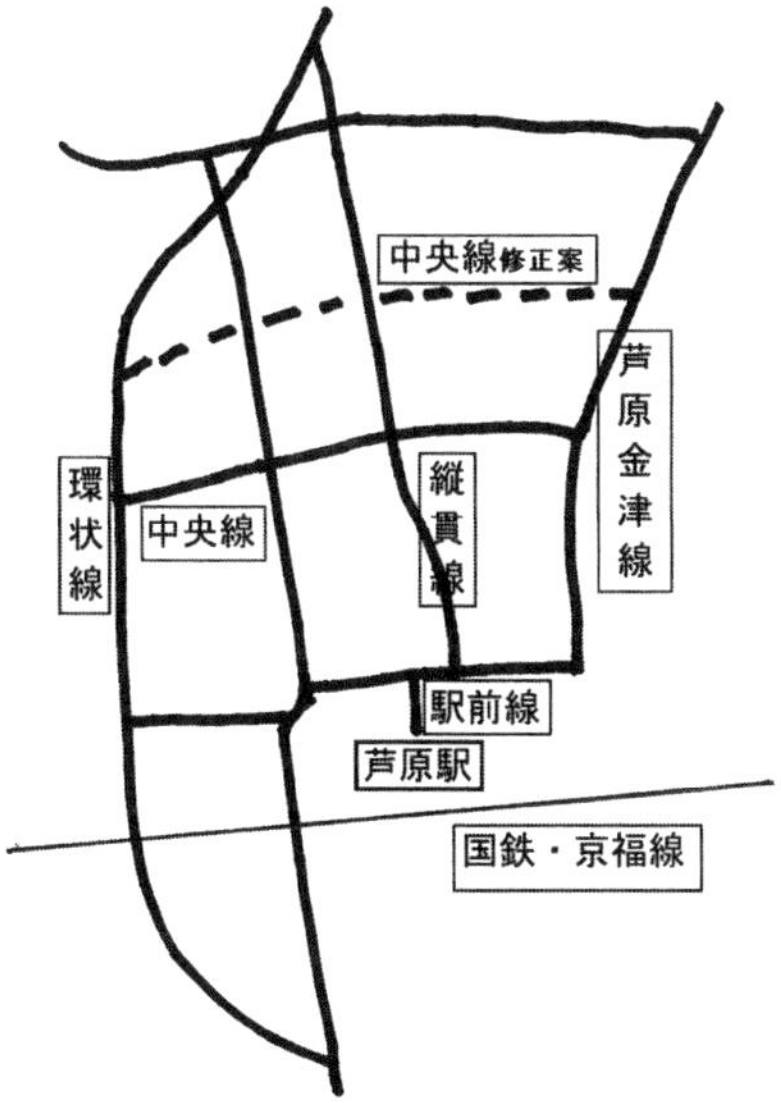

芦原町修正案（第2回答申案）

（出所）審議会資料より筆者作成.

このように論点が絞り込まれ、特に中央線に関して位置は諮問案のままとして、幅員を一二メートルから一一メートルに修正することでほぼ合意が得られたが、他の二点に関しては、まだまだ地元でも種々の意見があるということで、この一一日の会議では決定できず、延会となった。

この間地元調整を再度行って、三日後の六月一五日審議会が再開された。この日の審議会でも百年の大計などとして建設省原案支持する蒸し返しの議論なども出されたが、休憩等をはさんだ協議の結果、中央線に関しては幅員が縮小するがその位置は原案のままとするかわりに、駅前線は直伸せず東に曲げること、ここまでは原案通り幅員一五メートルとし、その他の道路幅員はすべて一一メートルとすることで妥協が図られた。要するに、建設省原案と第一回答申案との中間的な案が今回全会一致をもって答申案とされたのである。

当時の計画課長はこの第二回答申案を持って、建設省当局を懸命に説得、さらに地元芦原町も懇意の有力国会議員等に要望を繰りかえし、ようやく建設省当局の認めるところとなった。縦貫線が「ばんぼく通り」の異名をとる由縁である。

これらの街路網を基本とした火災復興土地区画整理事業が県知事により施行された。この事業の諸元は次の通りである（福井県建設技術協会編『福井県土木史』より）。昭和三二年一〇月には芦原温泉復興祭が盛大に催されている。

・施行者　福井県知事
・施行区域面積　約二〇・九八ヘクタール
・都市計画決定　昭和三一年　五月二〇日
・事業計画認可　昭和三一年　七月一六日
・仮換地指定　昭和三一年　九月一四日
・換地処分　昭和三四年一一月一六日
・減歩率　約一八％
・施行期間　昭和三一～三四年度
・事業費　約七二、〇〇〇千円

その後の市街地拡張と泉源問題

第一次市街地拡張

火災復興計画論議の一つの要点が既存泉源の保護ということであったが、高度経済成長を迎える昭和三〇年代末ごろから、新しい温泉市街地造成の動きが出て来た。いままでの既存泉源と既存市街地（舟津、二面、田中）に対して、京福線裏側の布目・番田区等で新しい泉源を掘削し、温泉つき保養所や別荘地を開発しようとするものであった。

当然ながら泉源保護の立場をとる既存勢力と激しい対立を生み、県当局や温泉審議会をまきこんだ紛争となった。審議会の結論は、いわゆる「塚野善蔵レポート」を参考に、最外側の既存旅館泉源位置から外側東西南北五〇〇《メートル》までを保護区域とし、その外側は対象外とするものであった。結果的には開発派は対象外区域としてその主張が認められたことになり、芦原東温泉、西温泉の誕生したのである。

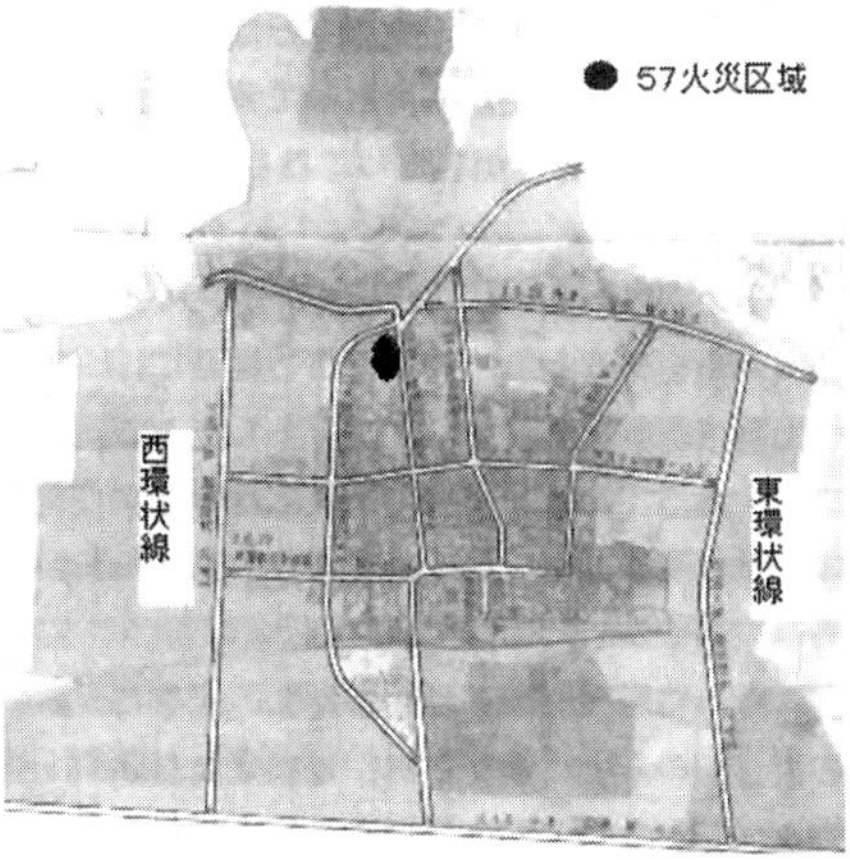

現在の都市計画街路網

（出所）「芦原都市計画図」より筆者作成.

第二次市街地拡張と都市計画

既存温泉地でも大火以来、鉄筋コンクリート構造の四～五階建てのビル形式改築が増加していた。そして昭和四〇年代後半の大型レジャー時代の到来、マイカー時代の駐車場確保の必要等により、既存旅館経営者による郊外進出が盛んとなってきた。

前述の第一次の拡張の場合には、これまで温泉とは関係のなかった農業勢力によるものであったが、今回は既存業者（「湯株」保持者）による拡張であった。隣接の加賀温泉郷との熾烈な競争は、これまでのように火災復興計画であれほど強く主張された「温泉情緒」といった感覚は少数派に押しやられていった。

この時期は国鉄三国線の廃線、国鉄金津駅の芦原温泉駅改称と拠点駅化、建築基準法改正による新用途地域の設定など都市計画の見直しも行われ、前節の保護区域変更なども踏まえて、これまでの外郭街路のさらに外側に西環状線・東環状線の都市計画決定が行われた。

昭和五七年五月火災

芦原大火から二六年目、北部市街地一二棟を焼く火災が発生した。

火元は材木店であったが、三一年当時とは格段に改善された道路事情や消防能力、また風下側にあった唯一の耐火構造旅館の存在もあって、他の街区に類焼することは免れた。一斉放水時の水圧低下の問題は指摘されたが、都市計画及び建築構造上の改善努力が生かされた結果となった。

不当表示問題

芦原温泉に関しても、平成一六年八月、井戸水を沸かして温泉と称している旅館があるとの情報が発端となり、実態が調査点検されることになった。

その結果、「温泉地にある旅館はすべて温泉」との常識は崩れ、四軒の旅館が井戸水などを加温して使用しながら温泉と偽っていたこと、二軒の旅館が温泉を使っていながらも、温泉法の手続を怠っていたことが判明した。

火災復興計画策定時から焦点となっていた「泉源問題」は現在も深層底流として芦原温泉街を流れている。

おわりに

大都市とは異なり地方都市の場合には、本格的な都市計画は戦後からスタートしたといってよいであろう。米軍の空襲で被災した全国主要都市の戦災復興事業はその代表であり、県内においても福井と敦賀の両市で実施された。

これらは戦後復興の理想に燃え、まさに「百年の大計」のもとに構想され、さまざまな調整・挫折を経て、今日の都市形態の基礎を構成することになった。現在はまだ戦後七〇年、一〇〇年という訳にはいかないが、当時の計画思想・目標からみて、すでに六〇年が経った現在、それらの考え方が「妥当」であったのかどうか、すでに一部では再開発・再整備に着手されているなかで、本当に一〇〇年先をみすえていたのかどうか、いずれ充分に検証されなければならないだろう。

もちろん都市は「生き物」であり、一〇〇年先を見越すことなど不可能である。問題は、都市の発展・成熟の各段階で次のステップに移行できる枠組みを順次用意できるような先行的・潜在的な基盤整備がなされて来たかであろう。

本章は戦後都市計画を振り返る一部として芦原火災復興事業の光と影をとりあげたものである。

復興事業当時、あれほど既存泉源の保護と温泉情緒を主張しながら、その後の経済社会情勢の変化への対応として、みずから掘削地域を拡張し、鉄筋コンクリート大型ビル化せざるを得なかった。

それでは、もし建設省原案のとおり火災復興事業が施行されていたらその後の展開はどうなっていただろうか。泉源をめぐる旅館秩序は早期に流動化し、大型ビル化ももっと早く進行したのではないかとも想像される。

いわば、建設省のマニュアル型都市計画と地方の土着型都市計画の対立であったが、どちらの計画がその後の芦原温泉の魅力をより大きく増大させることになったのだろうか。

泉源保護と湯株問題

芦原温泉では，開湯から３年後の明治19年に74本の泉源が設定され「湯株」と呼ばれて，少数の旅館業者らが独占していた．保護区域内では新規掘削は規制され，新規参入は困難な状況であった．昭和36年には金津町境界および三国境界まで保護区域が拡大されたが，本文で記したように，昭和41年これが縮小され西温泉，東温泉の開発となった．温泉の資源保全・秩序維持と活性化を考えたとき，湯株問題は功罪相半ばというところであろうか．

越県合併問題の同時進行

当時の県政の中心課題は，石徹白村の越県合併であり，大部分のエネルギーが注がれていた．２カ月の建築制限令期間に火災復興事業問題に県の影が薄く，隣県有力政治家の介入を招いたのは，そのせいだとの説もある．

かつて「万木通り」と称せられた現在の縦貫線

（出所）筆者撮影．

第2章　三都三様・福井バイパス物語

はじめに

平成二〇年一一月国道八号敦賀バイパス一九工区坂下～小河内間が開通（二車線）した。これで、昭和三〇年代後半から五〇年代にかけて構想・計画された幹線国道の基幹バイパスは一部暫定車線区間はあるものの、すべてが開通したことになる。思えば、足掛け五〇年実に半世紀に渡る大事業である。高速道路とともに、県内自動車交通の流れを一新し、関係都市のまちづくりにも大きな影響を与えた。

北陸の三県都のバイパス整備は、北陸自動車道とともに、ほぼ同時代に行われてきた。しかしながら、福井・金沢・富山の旧市街地をめぐるバイパスと北陸道との位置関係は、三都三様、対照的な構図を呈している。

すなわち、福井市では、バイパスおよび北陸自動車道とも旧市街地に関して、一定間隔のもとに東側にある。金沢市はどうか。バイパスおよび北陸自動車道とも旧市街地に関して、海側にあり、しかもバイパスが北陸道を挟んで並行して走っている。さらに、富山市では、バイパスと北陸自動車道が旧市街地を挟んで、それぞれ海側および山側にそのルートを設定している。

また市街化区域との関係でいえば、福井市では、バイパスの半分程度が市街化区域内にあり、北陸道は二カ所の

福井バイパス

金沢バイパス

富山バイパス

（出所）国土地理院地図をもとに筆者作成.

インターチェンジとともにすべて市街化調整区域にある。金沢市では、バイパスも北陸道も二カ所のインターチェンジもほとんどが市街化区域内にある。富山市では、バイパスも北陸道も一部を除いて調整区域にあるが、二カ所のインターチェンジは市街化区域内にある。

まさに三都三様の関係である。これには、地形的要因、既存の幹線道路網との関係、主要な公共施設、将来都市計画その他の条件が複雑に関係してのことだろうが、たいへん興味がそそられる。

いずれにしても、福井バイパスは、あわら、坂井、福井、鯖江、越前の五市を貫く全長約四二《キロメートル》という全国有数の規模で完成したのである。このように現在の結果だけを見ても、さまざまな複雑な条件、考え方がからみあって整備が進んでいったことが伺えるのである。

国道八号福井バイパス建設同盟会の設立

戦後、営々と続けられてきた国道八号線の改修事業は、丸岡～武生間の工事概成、武生及び敦賀有料道路の着工と完成により、昭和三〇年代中頃には一区切りを迎えようとしていた。いわば、一次改築をほぼ終えて、二次改築に向けての戦略を構築すべき時期であり、また高度経済成長の萌芽期にあって、北陸自動車道の構想・計画も論じられていた。将来の道路交通体系の方向性について決定的な時代であったのだ。

そして、福井市の都市計画も戦災復興事業も収束時期に入り、今後の都市計画について新たなステップを踏み出す時期でもあった。昭和三三年には、新たな第一歩である北部土地区画整理事業に着手し、同三五年三月には環状線計画を含む新たな都市計画街路網に改定した。同三六年九月花堂地係りにおいて、環状西線の建設に着工した。

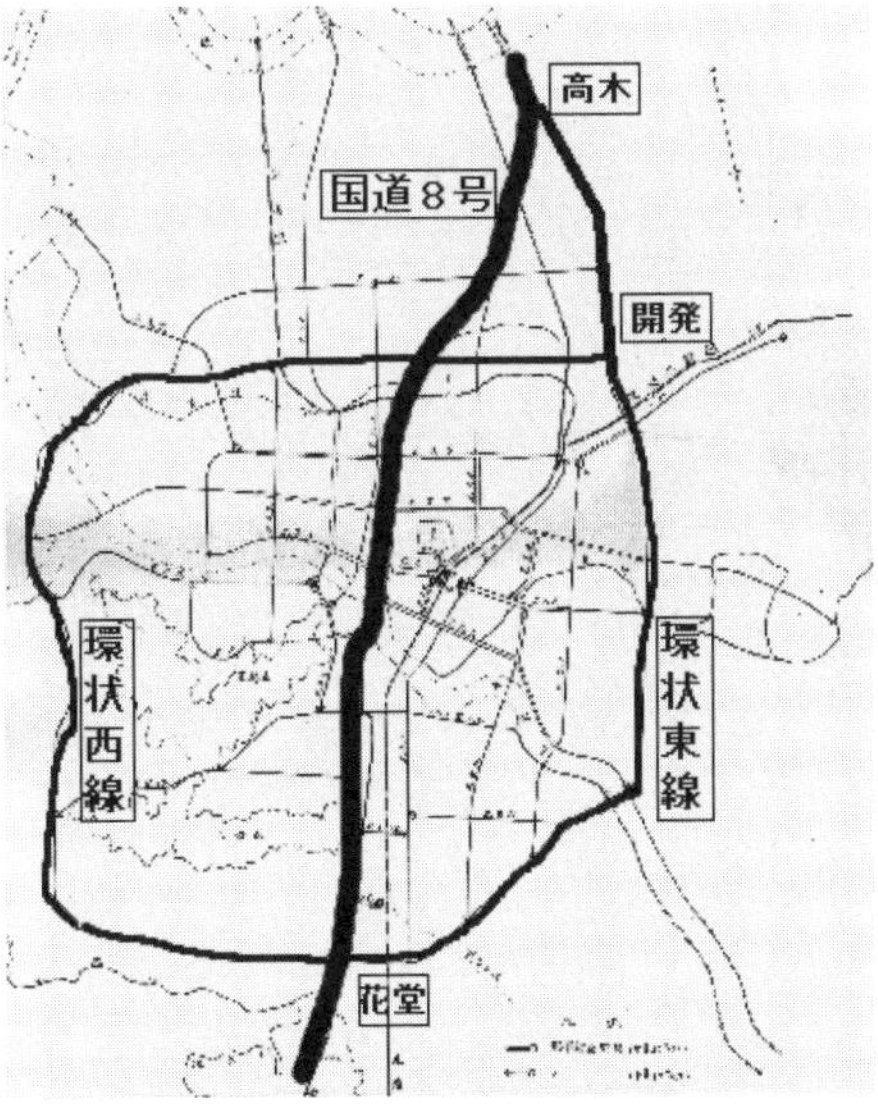

昭和35年３月福井都市計画街路網

（出所）都市計画審議会資料より筆者作成.

このような情勢を踏まえ、昭和三七年三月国道八号福井バイパス福井県建設促進期成同盟会か設立され、福井県は国道八号バイパスの建設調査に着手した。

バイパス福井ルートをめぐって

国道八号バイパスを福井市街地に関してどこへ通すかということは、将来の福井の都市づくりに対して大きな影響を及ぼす大問題であった。この点は都市計画関係者のみならず、地元経済界や建設省にとっても共通認識であった。

当時の建設省サイドの一般的方針は次のようであった。

①地方都市クラスにあっては、現道とはあまり離れ過ぎず、おおよそ二キロメートル程度離れていることが好ましい。

②もちろん極力経済的な線形や構造物（橋梁・高架橋等）、既設道路の活用等を追求する。

③福井バイパスの特徴として、ほぼ同時期に北陸自動車道の整備が同時進行しており、これら二事業の連携プレーを踏まえる（事実、建設省当局は、最後まで北陸自動車道の側道・工事用道路を八号バイパスに転用することに最後までこだわっていたふしがある。金沢方式）。

ちょうどそのころ、図（昭和三五年三月福井都市計画街路網）に示すように環状西線、環状東線（幅員一六メートル）の決定を含む都市計画街路網の見直しが行われ、環状西線はすでに着工されていた。環状東線に関しても、福井東部及び東部第二土地区画整理事業が事業化機運にあり、そのロケーションや用地取得の「容易さ」も踏まえて、その一部を八号バイパスにあてようとする考え方が現実のものとなってきた。図（昭和四〇年一二月第一次福井バイパス決定）に示すように東縦貫線（幅員二六メートル）丸山・大町間の都市計画決定となったのである。その結果、環状東線は現在のように北部区間だけの路線となり、環状線と東縦貫線の取り付けも現状のように変則的な形が残されることとなった。

こうなると、北陸自動車道との併設案は後退し、さらに東側約二キロメートルの山すその位置に高速道路は追いやられて行った。ちなみに、西部郊外地には農林サイドの事業として広域農道が後年結果的には整備された。

つけ加えれば、金沢では東側は山が迫って適地はなく、金沢新港プロジェクトもあり、空間配置と建設省の主張もあって、現在のように海側に北陸自動車道と併設されたものと思われる。富山はどうか、海側にも山側にも適度な平坦地があり、これも富山臨海プロジェクトと山側後背地や富山空港との関係で、バイパスと高速自動車道が市街地をはさんで分かれたのだろうと考えられる。

いずれにしても、福井バイパスは、昭和四一年荒川橋を皮切りに着工され、福井国体を目標に完成を目指すことになった。しかし、国体開催までに供用できたのは、暫定二車線、一部簡易舗装という状態であった。そして、国道一五八号との交差は立体化できておらず、まだ足羽川堤防道路の状態でその交差点の交通処理問題も起きている。このような状況で、バイパス整備はスタートを切ったのである。

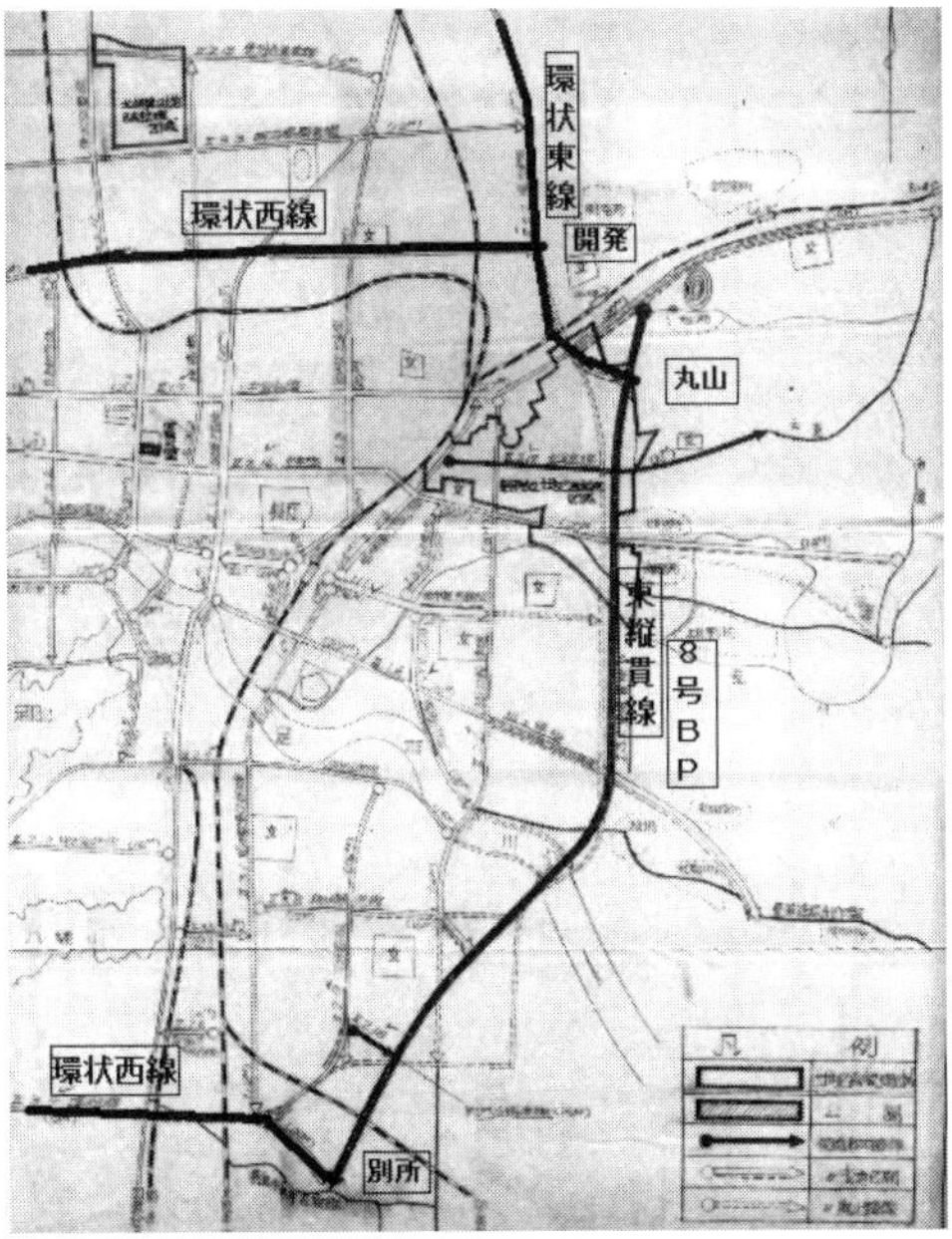

昭和40年12月第１次福井バイパス決定
（出所）都市計画審議会資料より筆者作成.

当初建設省当局は福井バイパスについて、福井市区域で完結する方針であったが、県や地元の熱意に押されて、その後丸岡方面に北上、鯖江・武生市方面へ延伸する方向となった。

バイパス丸岡町ルート

丸岡町ルートに関しては、市街地近くの東側山

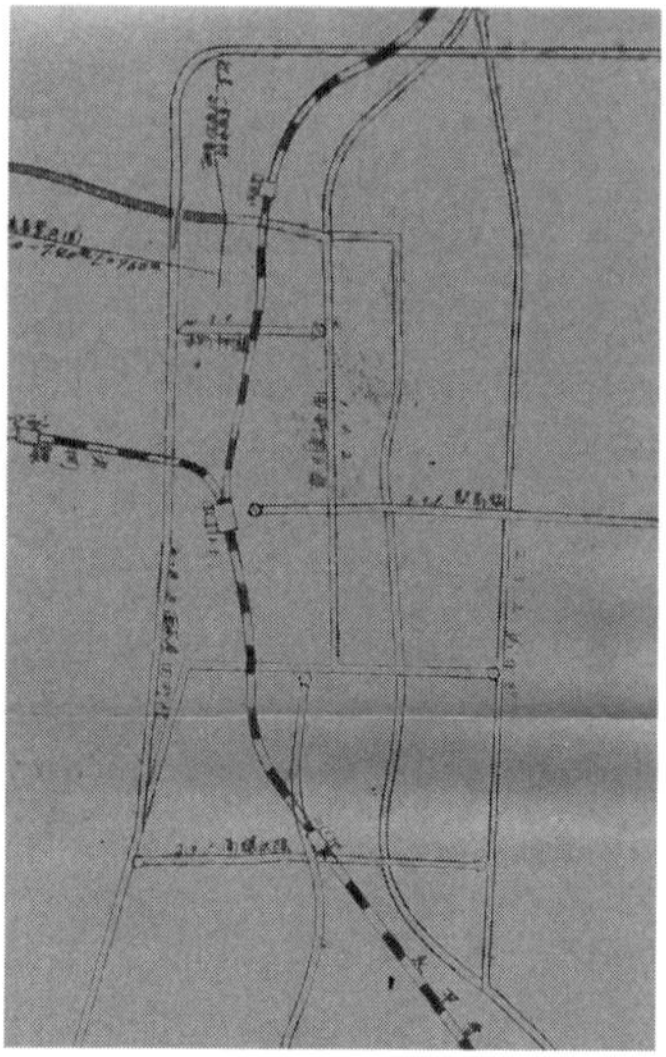

昭和39年７月
丸岡都市計画街路網

（出所）都市計画審議会資料.

際に北陸自動車道とそのインターチェンジが先行していた。そうなれば、西側に八号バイパスの関係になってきて、県内唯一の市街地をはさんで、その東西に高速道路とバイパスが配置されることになったのである。

丸岡町においても、昭和三〇年代末から市街地内の交通混雑が激しくなり、環状線的な機能をもつ都市計画道路西瓜屋田町線（幅員一二メートル）を市街地西端に計画決定をしていた。そして上述の福井市と同様に、丸岡西部土地区画整理事業と調整を図り、国道八号バイパスのルートを重ねたのであった。

なお、当初決定は丸岡町市街地北端の瓜生地係りまでであったが、その後金津町笹岡まで延伸されている。福井市街地と丸岡市街地部のルートが固まれば、その間の農業地域の区間はほぼ直線的につながれることとなった。

バイパス鯖江・武生市ルート

福井市街地におけるルートが固まれば、これを鯖江・武生に向かって、延伸することになる。

まず、鯖江市の当時の状況である。昭和三六年一二月には、国道のバイパス的役割も持つ西縦貫線に着工している。また、同三九年一月には東部工業団地（染色団地）の整備に着手し、鯖江市当局としても、合併後の混乱を乗り越えて、将来の「大鯖江市」を目指して、そのインフラ整備に勇躍乗り出していこうという状況であった。

そしてまず、東西のどちら側に通すかという問題であるが、鯖江市当局は、上述したように八号のバイパス的性格をもつ西縦貫線の整備を進めつつあることや、染色団地にも着工していることもあり、西側案に消極的であり、また東側にしても、現在よりさらに山側ルート（現在の北陸自動車道付近）も考えていた。また、武生市も新国道が西側に整備されたこともあり、東側指向であり、日野川東部の市街地開発構想も持っていた。このようなことから、両市ともに東側指向で一致したが、このころからすでに現在の広域農道である西側バイパスも構想されはじめている。

そして、具体的ルートである。この場合も、福井市と同様に、先行している東部工業団地整備事業区域を南北に貫く染央線・駅北鳥羽線（幅員二七メートル）が注目され、ここにバイパス計画を重ねることになったのである。

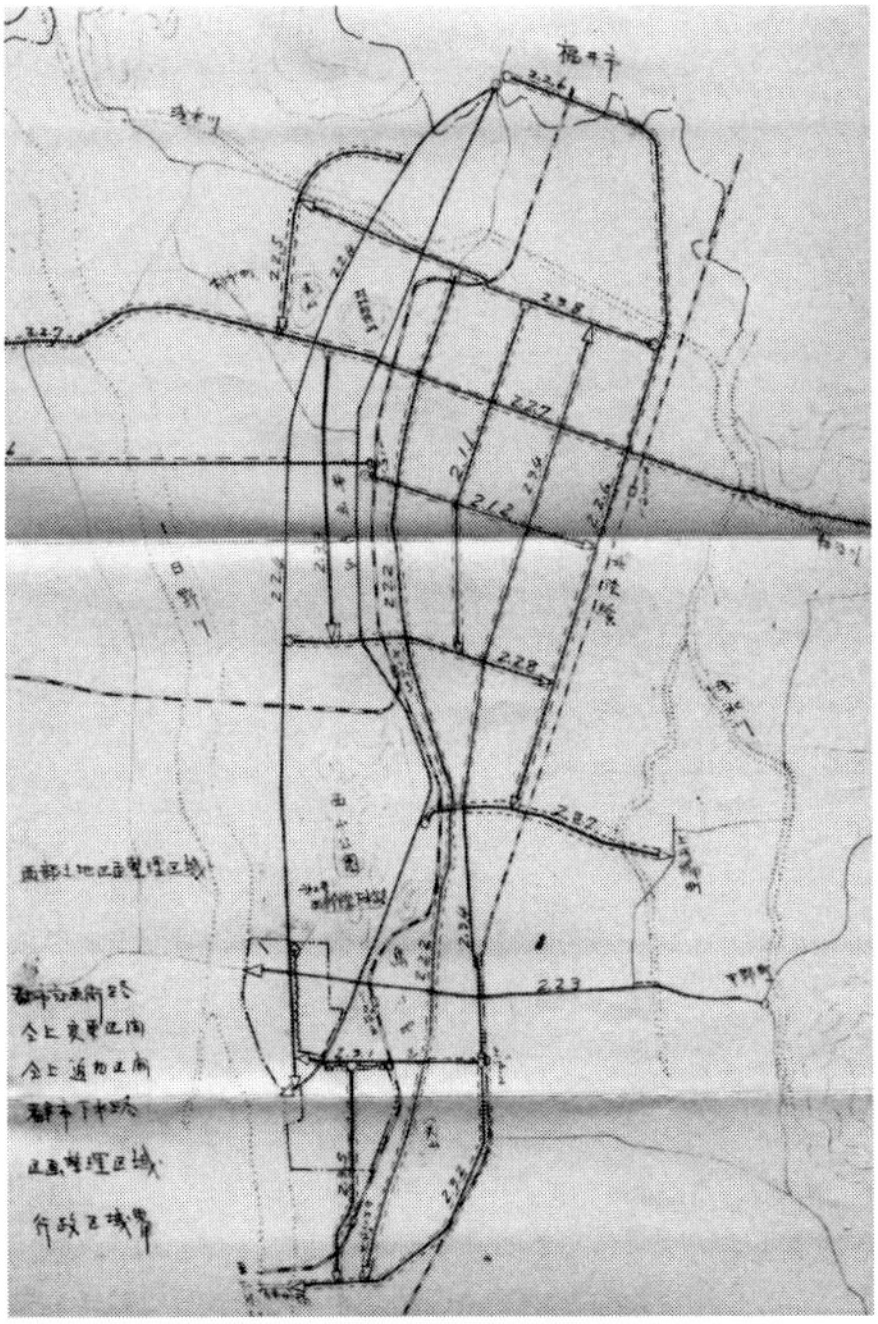

昭和37年７月鯖江都市計画街路網

（出所）都市計画審議会資料.

さらに南部地域に関しては、既成市街地や既存集落を避けるルートが鯖江市・武生市当局等関係者の間で、協議が重ねられ、ほぼ直線で南下するルートで合意が図られた。こうして昭和四五年ごろには、細部はともかくとして、現在のような基本ルートが固まっていった。このうち、武生市区間庄田〜塚原区間に関しては、立体交差問題や水田を斜に通るということもあって、地元協議に時間を要し、昭和五〇年代に計画決定がずれこんだ。

沿道利用と立体交差問題

道路の機能に交通機能と沿道利用機能があるといわれているが、前者に特化したものが高速道路であり、後者の性格が比較的強いのが都市内の街路ということになる。

それでは、福井バイパスはどうか。現実の実態を見てみると、福井県内では農業地域等を通る場合においても、将来的には沿道利用が可能な構造で、また右折禁止はともかくとして小規模な道路にも接続を開放している。

金沢・富山バイパスはどうか。市街地部を除き、農業地域等では高盛土の構造として沿道利用を抑え、接続する道路も限定して、立体交差・ランプ方式による構造を徹底している。

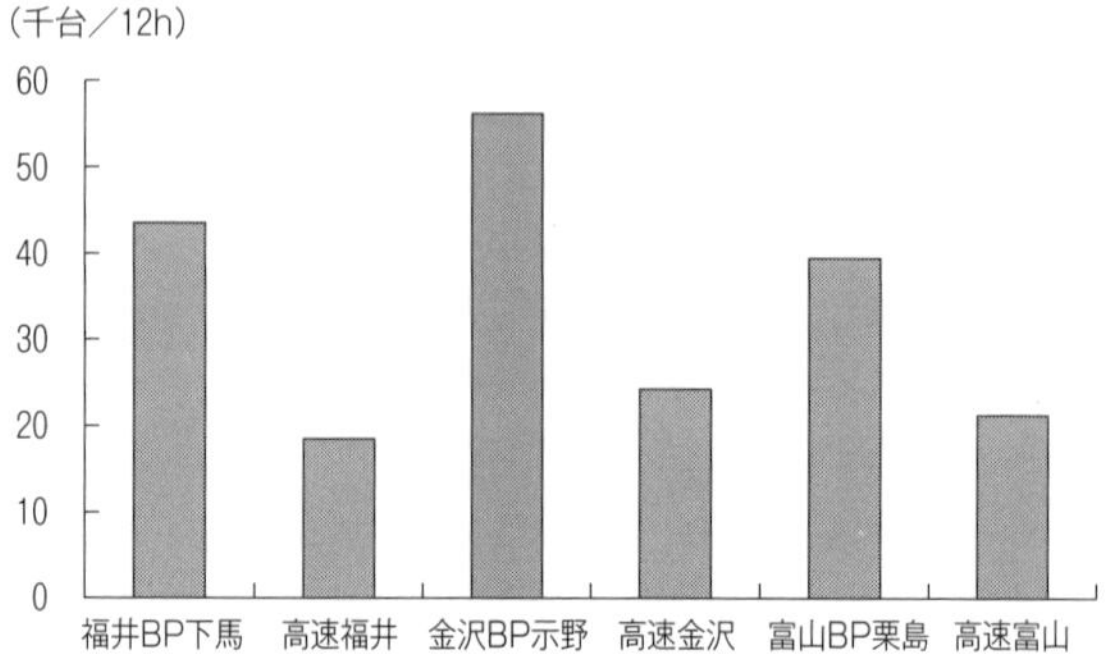

3県バイパス最大交通量　平成17年

（出所）全国道路交通情勢調査資料.

また、立体交差はどうか。立体交差は沿道利用よりも交通機能を優先させる考え方である。上記の三路線とも鉄道との交差に関しては、すべて立体交差構造であるが、道路相互に関しては違いが見られる。四車線以上の道路相互の交差は、原則として立体交差構造とするとされている。福井バイパスを見てみると、この原則で立体交差となっているのは、今福高架橋と渕上高架橋（当初計画は盛土構造）のみで、他の立体交差は鉄道交差や河川橋梁とのからみで、「付帯的」に立体交差になっているように見受けられる。この条件とは関係ない交差箇所、たとえば交通渋滞が問題となっている明治橋開発線（国道四一六号）との交差点、その他吉野福井線、吉谷朝日線（横断一号線）などは平面交差である。

では、金沢・富山バイパスはどうか。特に金沢バイパスは徹底している。市街地区間ではこれぐらいなら全区間高架構造にしてもよいくらいの架道橋の連続である。これでは、直接的な沿道利用も実質的に困難であろう。

これはどのようなことによるのか。一部六車線の区間があるほど金沢・富山バイパスは交通量が多いといったことも、もちろんその理由だろうが、すでに市街地整備サイドで受け皿を用意していたことや、道路に対する県民感覚、道路管理者の姿勢も影響しているのだろう。なお、同じ福井県でも八号敦賀バイパスや二七号金山・美浜バイパスでは接続規制や沿道利用規制を前提とした線形となっている。

国道8号バイパス鯖江・御幸町付近
（出所）筆者撮影.

バイパス整備の主要な経緯

鯖江市御幸町問題

通常、道路事業に関する紛争は用地買収をめぐって生ずることが多いのであるが、鯖江市御幸町問題は環境問題に関する福井県では初めての事件であった。御幸町周辺は、もともとが東部工業団地（染色団地）の一角であり、工業地域とされていた地域であった。しかし、昭和四〇年代に入ると、不況が深刻化し、土地造成は完了したものの、工場建設が進まず、空地になっている土地が多かった。このため、バイパス（予定路線）の西側団地について用途地域を工業地域から住居地域に変更し、この地に住宅団地を造成したのである。

これが、いわば問題の伏線で、バイパスの整備がこの附近に及ぼうとしていた昭和四八年、団地住民からルートの変更要求が出された。反対理由は、事前の地元への説明不足や開通後の騒音や排気ガスで生活環境が侵されるなどというものであった。住民側は「守る会」を結成し、バイパス（予定路線）の東側にあり、工業地域を通る都市計画道路染東線にルート変更することを公開質問状などで強硬に主張した。

この協議は本省をも巻き込み、何度も続けられたが、難航した。結局、昭和五三年に到りルートは変更せず、およそ次の条件で解決が図られた。

①道路の西側に高さ三メートルの防音壁を設ける。
②道路西側の緩衝地帯の幅は五・五メートルとする。

こうして、同年七月から本格的な工事に着工し、五五年八月暫定二車開通した。

バイパスが整備されると競って、沿道利用を図ることが大勢であるが、この御幸町にあっては、歩道もなく高い防音壁（樹林帯）でバイパスに背を向けた異様な光景が現われることとなった。県内のバイパス区間ではこのような沿道光景はこの他にはない。

鯖江市長泉寺町問題

丸岡から武生までの福井バイパスの区間で、最後まで用地交渉が難航し、全線のうち最後に開通した区間がこの鯖江市長泉寺町地係りである。

この区間はバイパスとＪＲ北陸本線が斜めに立体交差する構造である。このため、附近の土地・水田がＸ字型に

国道8号バイパス鯖江長泉寺跨線橋

（出所）筆者撮影.

分断され、また跨線橋と鉄道のため沿道利用もままならぬということが、大きな反対理由であった。

昭和四五年のルート決定以来、地元の拒絶姿勢が続いたが、鯖江市当局の熱意により同六二年頃から交渉が具体化した。

ようやく、平成元年三月にいたり、ほぼ二〇年越しの協議が決着した。福井バイパスの鉄道との立体交差では前例がない本格的な側道を整備するとともに、農耕車も通行できる横断地下道を設置することとなった。新年度からすぐ準備工事に着手、平成二年に同七年の世界体操競技選手権鯖江大会の開催が決定したこともあり、工事が急ピッチで進められ、平成五年三月暫定二車完成し、ここに福井バイパス丸岡・武生全区間が開通した。

丸岡町四車線化問題

丸岡町今福・瓜生間が昭和四六年二月、福井市丸山・丸岡町今福間が同四八年四月にそれぞれ暫定二車開通した。震災復旧事業によりいち早く市街地整備を完了し、上述したように、西郊に環状線を用意していた丸岡町は、暫定供用は比較的初期段階に行われたのであるが、その後、オイルショックに伴なう公共事業抑制策により今福高架橋工事が途中中断されたり、平成以後は鯖江・武生方面に重点配分されるなど、長らく暫定二車の状況が続いた。

そして、本格的に四車化事業に取り掛かったのが、平成八年のことであり、実に約二五年間丸岡町市街地において、暫定二車のまま沿道土地利用状況が進展していったことになる。

それも単純な四車化だけではなかった。すでに用地幅員二二メートルは確保されていたが、車道や歩道拡幅のため総幅員は二八メートルとなり追加買収が必要なこと、さらに四車化に伴い中央分離帯の設置が必要なことであった。前者の用地買収もさることながら、後者の中央分離帯設置は、すでに暫定二車、中央分離帯なしで右折（進入）自由を前提にした商業的沿道利用が進行している状況で、沿道商業者から猛烈な反発が起きた。

中央分離帯設置を前提としたアクセス改善、すなわち信号交差点の整備箇所や、裏通りからのアクセス方法等について、町当局も含めて粘り強い協議が続けられ、平成一五年一二月に主要部分が四車化開通した。

おわりに

昭和四三年の福井国体を当面の目標として開始された福井バイパスの整備は、平成三〇年にほぼ半世紀をかけて金津・武生間が開通した。このころ着工した国道バイパスは福井だけではない。四二年を初年度とした第五次道路整備五カ年計画は、主要な高速道路整備とともに、全国主要都市の一次改築を終了した旧一級国道の二次改築大規模バイパスの整備に一斉に乗り出したのである。もちろん、金沢・富山バイパスもこの時期着工している。

都市計画の先行や土地区画整理事業の施行により比較的早期に整備が進んだように受け止められているかも知れない。しかし、金沢バイパスは昭和五四年、富山バイパスは昭和六二年にそれぞれ全線フル供用して、幹線整備の次のステップにすでに踏み出している。

ところで、この福井バイパスのまちづくりへの影響は絶大である。単に、旧市街地の交通混雑を緩和しただけではなく、郊外への商業エネルギーの発散、新市街地展開の原動力となっている。もちろん、この点は功罪相半ばであり、このことによって、中心市街地が衰退し、そのアンチ・テーゼとして、コンパクト・シティが唱えられるようになった。逆に、バイパスが建設されなかったり、建設されたとしても沿道利用が規制された構造であれば、どうだったであろうか。商業エネルギーは中心市街地に蓄積・充満して、次々と市街地再開発事業が進展していったであろうか。

中心市街地の旧秩序を再編成するためには、相当なパワーが必要である。福井市では鉄道高架化後には駅周辺区画整理事業の施行もあって、旧秩序の流動化が見られるようになり、数カ所で広い意味の再開発・更新事業の動きが出てきた。やはりそれまでは、商業エネルギーは再開発施行までには高まらず、バイパスがなくても、さみだれ的に郊外展開し、直接的な沿道利用を規制・抑制した場合においても、金沢市のようにこれに接続する幹線道路沿いに立地が進んだものと想定される。

バイパス整備は、もちろん大きな影響を与えたのであるが、商業施設の郊外展開だけに限定すれば、疲弊した中心市街地の商業エネルギーにみずからのポテンシャル・アップを図らずとも生き延びる機会を与えたことにならないだろうか。

その後、平成三〇年の大雪を契機として、福井・石川県境の国道八号の再整備が進められている。

第3章　交通の要衝・敦賀バイパス物語

はじめに

福井県内の代表的バイパス道路は福井バイパスと敦賀バイパスである。前者に比べて後れをとっていた敦賀バイパスも暫定二車ながら平成二〇年一一月全線開通し、敦賀市街地の交通の流れは大きく変わった。同じような国道バイパスでありながら、福井バイパスはもはや市街地に埋没、街路化してしまい交差点改良やさらに二次バイパスの必要性が指摘されている。

一方敦賀バイパスの方はどうか。八号バイパスは高架・高盛土やトンネル構造で沿道利用を基本的に制限している。二七号バイパスも一部の市街地部を除き、高盛土やトンネル形式で沿道利用を抑制している。いずれも交通機能に特化したバイパス本来の機能を維持している。

これらの違いは、両市の地形的特質が大きく影響していると考えられるが、これに加えてバイパス道路に対する考え方や北陸高速自動車道ルートの決定経緯も関係しているのだろう。

敦賀の地形・地理的位置と国道整備

敦賀の国道整備を整理するに当たっては敦賀の地勢的位置づけの概要について予備知識を持っておく必要がある。

明治以前

古来より敦賀は畿内地方と北陸を連絡する交通の要衝であった。もっとも古いとされる街道は、いわゆる湖西ルートを通るもので、西近江路とも呼ばれ現在の国道一六一号線にほぼ相当するものである。敦賀以北は木ノ芽峠を越えて今庄に出て北上する。武生までは、現在の国道三六五号線にほぼ沿うものである。現在でも毎春行われている蓮如の御影道中はこのルートである。

最初に開通した8号BP余座高架橋

（出所）筆者撮影．

る。木ノ芽峠が開鑿されるまでは杉津経由山中峠越えルート（旧北陸線・杉津線、現県道今庄杉津線）であった。

一方湖東ルートは北国街道・東近江路とも称され当初は木ノ本から柳ヶ瀬・刀根を経て疋田で西近江路に合流し敦賀に入り木ノ芽峠を目指し旧北陸線・柳ヶ瀬線に沿うもので、現在の国道三六五号線、県道敦賀柳ヶ瀬線および国道八号と北陸自動車道の一部区間にほぼ相当する。

しかしながら、このルートは畿内・湖東から直接北陸を目的とする旅行者にとっては敦賀を経由することにより大きく迂回を余儀なくされるものであった。このため信長の部下で越前・北の庄の地を任された柴田勝家は栃ノ木峠を開くことにより、安土・長浜と越前連絡のショートカットルートを整備したのである。皮肉にも勝家はこのルートを北上した秀吉軍に討たれることになるのであるが、本ルートは越前藩主の江戸への参勤交代にも利用され

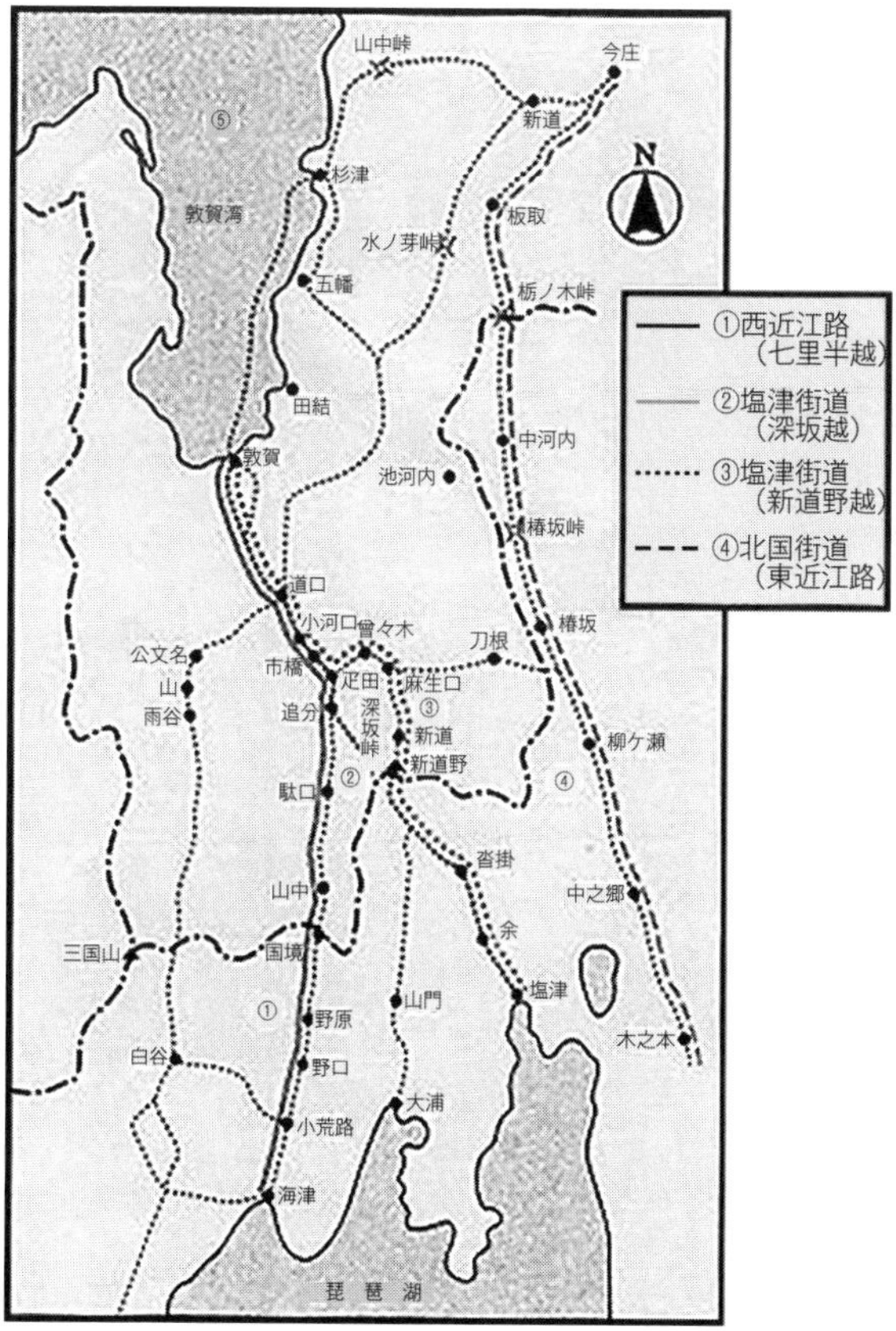

越前・近江国境付近の交通路

（出所）長浜市立長浜城歴史博物館企画・編集『北国街道と脇往還』.

るなど、畿内のみならず関ヶ原を経由して中山道東海道との連絡機能も果たし、北国街道の本筋路線となったのである。これは現在の国道三六五号線にほぼ相当する。

さらに、琵琶湖の舟運から直接敦賀を目指すルートとして塩津を端とする塩津街道があった。これには二ルートがあり、一つは新道野越えといわれるもので現在の国道八号にほぼ沿うものである。もう一つは深坂越えといわれるもので現在の北陸線新深坂トンネルにほぼ沿うものである。

県道今庄杉津線山中トンネル

（出所）筆者撮影.

国道476号木ノ芽峠トンネル

（出所）筆者撮影.

明治大正期

明治一八年内務省は全国の国道を指定している。このときの指定基準は、東京と各府県庁所在地や鎮台を連絡する路線を国道とするもので、福井県の場合には、国道一号（旧東海道）などを経由して福井に至るもので、国道一八号とされた。しかし、敦賀経由とはされず、前出の東近江路栃ノ木峠ルートに沿うものであった。すでに前年の明治一七年四月には、長浜・敦賀金ヶ崎間（柳ヶ瀬隧道経由）の鉄道が全線開通していたが、道路面では敦賀は外された格好になった。

一方、明治一四年に現在の福井県が設置されたのであるが、その当時嶺南地方の滋賀県への復帰運動が激しく展開されており、県当局としては、若越（嶺南・嶺北）の一体化が重要政策であった。その一つとして、明治一八年若越縦貫道路が計画された。問題は敦賀・武生間のルート選択である。当時も主要ルートは木ノ芽峠越えであったが、この整備改良には当時の土木技術としては相当な困難が伴うこと（この区間がトンネル化、抜本的に改良されるのは実に平成一六年まで待たなければならない。しかも、今庄・武生方面は旧北国街道国道三六五号を利用）、さらには明治七年には民間資本により武生から春日野を経て河野浦に出て船で敦賀と連絡するルートが開かれていたことなどを踏まえて、県当局はこの春日野新道と敦賀までの海岸線道路を決定した（敦賀街道と称された）。

この路線が現在の国道八号の基本ルートとなるのであるが、当時も前出の国道一八号と代わる新国道とすべく整備に力を注ぎ、明治二二年全額県費負担の道路とした。そして、明治三七年には本ルートを含み嶺南地方を縦貫する路線が、金沢第九師団と舞鶴鎮守府をつなぐ国道五三号線として追加指定された。

なお、湖東地方と敦賀を直接結ぶルートは、上述したように塩津街道二ルートがあったが、比較的勾配の緩やかな新道野越えが港湾資本の手により整備され、明治一一年頃には車馬の通行も自由となっていた。

このような経緯を経て大正八年旧道路法が制定されて全国の国道網も再整理された。福井県関係では、東京から名古屋で国道一号から分岐して関ヶ原、敦賀、福井を経由して金沢に至る路線が国道一二号に指定された（塩津街道・春日野新道経由）。またこの一二号より敦賀で分岐し舞鶴に至る路線が国道三五号に指定された（旧五三号）。この措置により栃ノ木峠越えルートは県道に降格した。また、福井市街では、従来の九十九橋経由が幸橋経由となった。福井県関係だけに限定すれば、国道番号はともかくとして、経由地としては現在の八号、二七号に相当する基本ルートと同様となった（余談であるが、興味深いのは金沢の地理的位置づけである。金沢は上記一二号の終点とともに東京から長野・富山経由の国道一一号の終点としても位置付けられている。加賀藩の参勤交代の主要ルートは親不知越え信越ルートであった）。

戦　後

昭和戦前においても、細々と国道改修は行われていたが、敦賀関係で主要な事業は昭和一三年に着工した国道一二号の敦賀・塩津間（いわゆる名敦国道）改修である。六〇％程度の進捗で戦時中工事が中断された。戦後建設省は敦賀工事事務所を設置して工事を再開し、昭和二六年頃から塩津浜・木ノ本行きの国鉄バスが運行されるようになり、同二八年六月にようやく竣工したものである。

敦賀・武生間の本格的改修は戦後を待たなければならなかった。冬期間の積雪や降雨期の路面泥濘化による一方通行等の交通状況は深刻なものであった。まず、それまで金ヶ崎・鞠山海岸を通っていたルートを新金ヶ崎トンネル（昭和三二年一二月竣工）、鞠山トンネル（昭和三四年九月竣工）により線形改良、拡幅が行われている。

しかし、最大の難所は武生市・河野村境界と敦賀市・河野村境界であった。これら両区間の改修は当時の道路整備制度では目途が立たず、昭和二七年の新道路法の制定（このとき国道一二号は八号に、三五号は二七号に変更された）による有料道路制度発足により、前者は昭和三一年三月に有料道路として着工され、途中日本道路公団設立によりこれに引き継がれ、同三三年一〇月に開通した（武生トンネル、四三年一月無料開放）。

後者の区間もやはり有料道路方式により、昭和三四年八月に着工し、同三七年七月開通した（敦賀トンネル、四七年一二月無料開放）。

その後、敦賀セメント前スリップ対策工事、鞠山トンネル照明改良、武生有料道路拡張、敦賀トンネル排気改良などが行われ、昭和五三年一一月の新武生トンネルの開通をもって国道八号敦賀関係区間の基本的な一次改良を完了したということができるだろう。

次に国道二七号である。国道三五号と称されていた戦前から舞敦国道として京都府境が改良工事が着工されていたが、戦時中中止となり戦後再開された。この事業は昭和二五年に吉坂トンネルとしていったん開通した。

また昭和二八年九月には世にいう二八災で壊滅的被害を受け一時は海上交通に依存せざるを得ない状況を呈したが、改修工事は進まなかった。このため昭和三三年六月同国道を直轄区間に指定、敦賀国道工事事務所も再設置されて本格的な取り組みが開始された。

敦賀市周辺では、昭和四〇年一月椿トンネルが開通し、その後舗装工事等が行われて一次改修が完了し、同四二年六月国道二七号改修舗装完成式が行われている。

さらに国道一六一号である。戦後県道大津敦賀線として再スタートするが、昭和二八年五月二級国道一六一号に指定され、整備が進み出す。昭和三八年九月疋田から県境山中峠までの県内区間の一次改良を完了した。その後、同四〇年四月の一般国道への変更と直轄区間指定により、滋賀県内の区間においても改修が本格化する。

最後に栃ノ木峠越えルートである。上述したように、大正の国道再編成により国道から外され、県道武生木ノ本線となった。戦後武生・今庄間の県内区間はともかくとして県境部の整備は進まず、ようやく昭和四九年四月に国道三六五号線に昇格した。

県道敦賀柳ヶ瀬線柳ヶ瀬トンネル

（出所）筆者撮影.

近世街道ルートと現代の幹線ルート

古来より畿内・湖北地域と敦賀・北陸地域の連絡は国境の巨大な山塊に阻まれて、そのルートの開発は困難を極めていた。先人が苦労して開削した各地の峠越えルートはいったんは廃止になったり衰微したものがあるが、近現代に至りまた復活していることはまことに興味深い。先人の地形観察の知恵と現代の土木技術の接点となっている。

たとえば、旧北国街道の柳ヶ瀬より分岐して刀根越え敦賀に至るルートは、旧国鉄北陸線・柳ヶ瀬線となり、これが廃された跡に沿って、北陸自動車道が走っている（昭和三〇年代中ごろ、北陸線敦賀・米原間の複線化にあたって、その一方に柳ヶ瀬線が検討されたことがあったが、新深坂トンネルの選択により、本線への復活はならなかった）。また旧塩津街道新道野ルートは国道八号となり、同街道深坂越えは国鉄北陸線深坂トンネルとなっている。さらに木ノ芽峠に国鉄北陸トンネルが

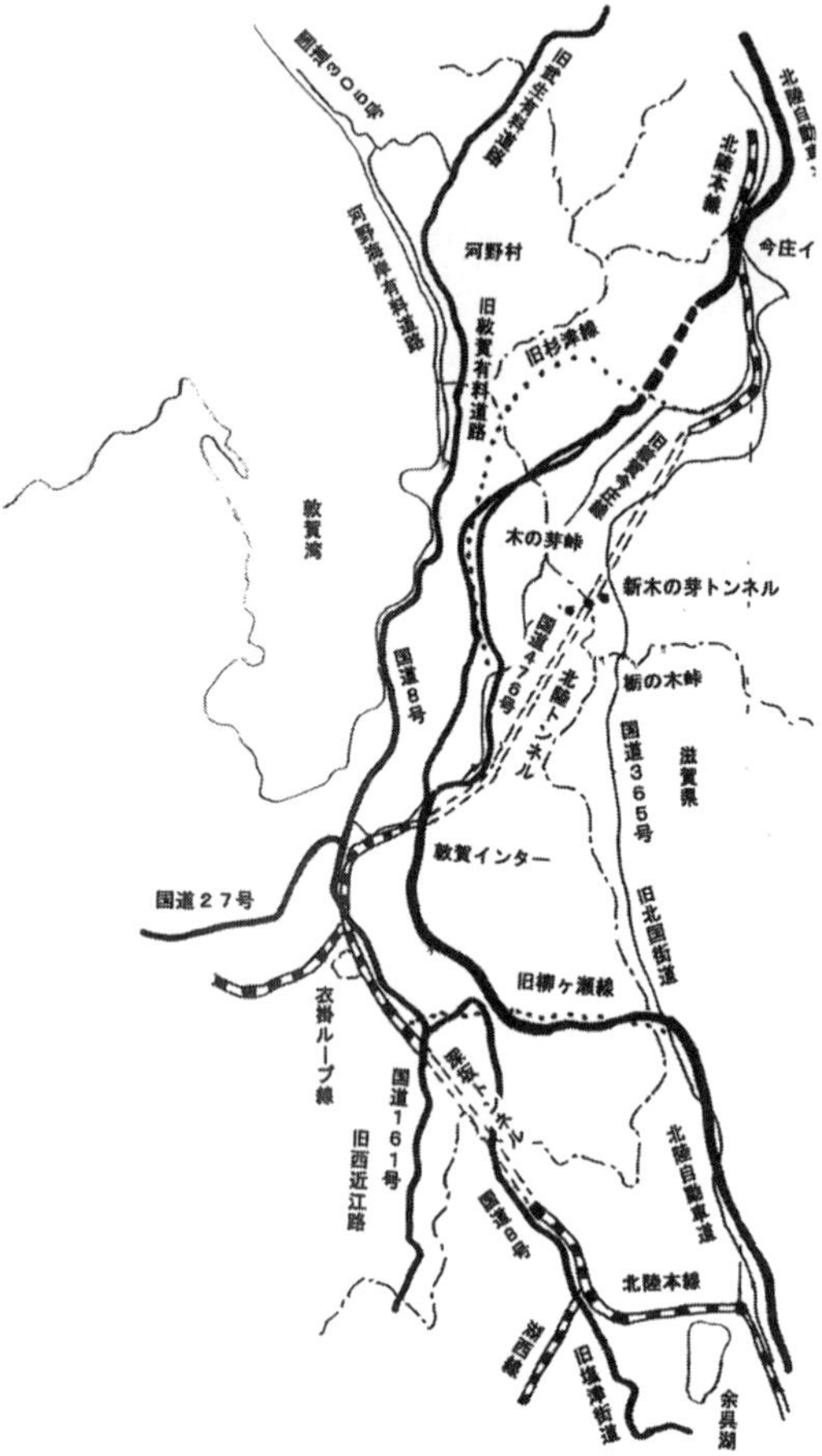

錯綜・交錯する新旧幹線ルート
（出所）筆者作成.

掘削され、旧北陸線・杉津線が廃止されたが、この跡に沿って北陸自動車道が走り、敦賀トンネルが穿たれた。唯一残された山中峠越え区間の国鉄杉津線跡は県道となっている。

市街地国道等の整備

これまでは隣接地域から敦賀市へのアクセスルートを中心に記述してきたが、それでは敦賀市街地内はどうであったのだろうか。

戦後の敦賀市街地の整備も福井市と同様に戦災復興事業により開始される。昭和二〇年七月米軍の焼夷弾攻撃を受けるわけであるが、それまでの市街地状況はどうであったのだろうか。面積は約七〇ヘクタールにおよび、当時の市街地も主として旧笙ノ川以東の一般市街地と東洋紡工場・社宅群であり、敦賀駅周辺もほとんど市街化されていないことがわかる。また、写真（敦賀市街航空写真）は昭和二三年頃撮影されたものであるが、これらをよく見ると国道八号と二七号の市街部の基本原型は幅員等はともかくとしてすでに整備されていたことが判明する（国道八号旧一二号に関しては、付け替えられた新笙ノ川と同時に昭和五年竣功式が行われている）。

敦賀市街航空写真　昭和23年

（出所）井上脩監修『敦賀・若狭の今昔』.

戦災復興土地区画整理事業

一部戦災を受けなかった地域も含めて、昭和二一年五月施行面積約一一〇ヘクタールの土地区画整理事業がスタートした。幹線街路網に関しては、すでに戦前の昭和一一年に都市計画決定されていた。本事業の施行にあたっては、これらを下敷きとしながらも見直しが行われ、敦賀駅港線が幅員三六メートル、国道線が幅員二五メートルなどとされた。

施行者の福井県も、二一年七月敦賀復興事務所を現地に開設して、事業遂行に取り組んだ。この間換地清算問題が紛糾しながらも、二八年には駅前通りの舗装が完成するなどおおむね順

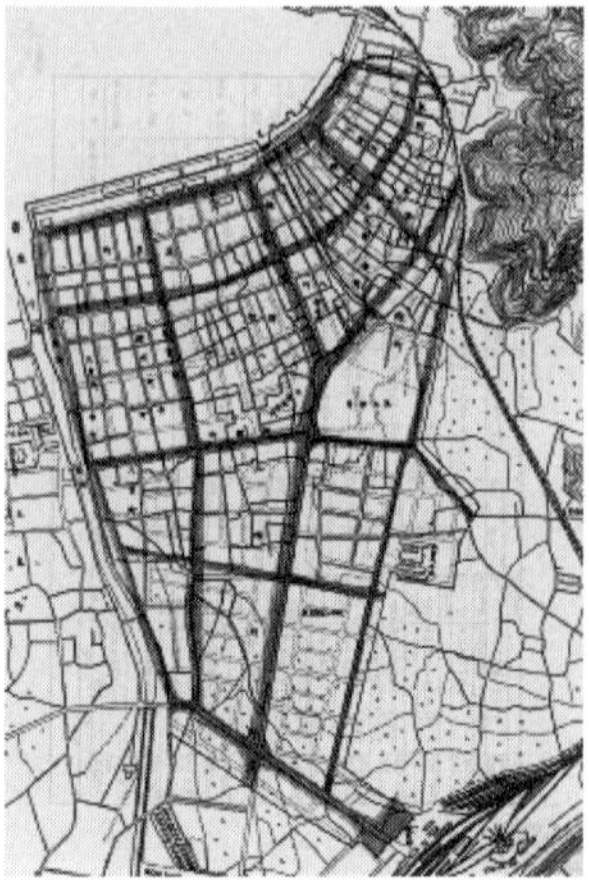

敦賀戦災復興計画図

（出所）都市計画審議会資料より筆者作成.

調に進捗し、昭和三三年一月換地処分が行われた（福井市の場合の最終処分完了は、昭和四一年四月）。

昭和三〇年代　都市拡大の端緒

昭和三〇年代において、敦賀市の将来を左右するような二つの幹線交通プロジェクトの計画決定があった。

一つは北陸線の近代化計画である。国鉄当局は旧柳ヶ瀬線や旧杉津線に代表されるような急勾配や急曲線、小断面隧道などを抜本的に改良するために、さまざまな計画案を二〇年代後半より検討していた。そのうちに有力な案が二つあった。その一つが、現在の北陸トンネル（一三キロメートル単線・複線隧道案）であり、いま一つが敦賀を経由せずに木ノ本から直接今庄に連絡する栃ノ木峠下に一八キロメートル複線隧道を掘削するもので前述した旧北国街道に沿うものでいわばショートカット案であった。このことが明るみに出ると敦賀市議会でも大きな問題となったが、国鉄当局への働きかけや国鉄内部の技術的検討を踏まえて、昭和三二年四月現在の北陸トンネル複線案に決着し、敦賀市迂回ルートは回避された。なお、海岸線ルート案も検討されていたが、この一部ルートは現在の北陸自動車ルートに沿うもので興味深い。

もう一つのプロジェクトは北陸自動車道建設である。すでに昭和三二年に高速自動車国道法が制定、同年名神高速道路に施行命令が出されていた。そして、北陸自動車道の政府ルート案には、またもや敦賀を経由せず名神関ヶ原から今庄に直接抜ける案も検討されていた。この案に反発した敦賀市は湖西コース案を強力に主張し、昭和三五年ごろから滋賀県などと協議を始めている。三六年八月には関係県により促進期成同盟会が結成され、このルート選択は県会、市会を巻き込んで大問題となった。敦賀市など猛運動もあって、現在のような敦賀市経由に決着したのは昭和四〇年一一月のことであった（敦賀市迂回ルート案であれば、毎年積雪期に繰り返される交通混乱は回避され、敦賀市へは枝ルートとして建設されたかもしれない）。

このような時代状況を背景としながらも、敦賀市は戦災復興事業施行区域である旧市街地の周辺部に徐々に市街地が拡大を始めていた。まず敦賀駅周辺である。それまでごく駅近くの市街地だけであったが、北陸線の無煙化の進行とともに、駅周辺にも市街地が広がろうとしていた。また、昭和三〇年の近隣五カ村との合併や同三六年の呉羽紡績の誘致等により旧笙ノ川（戦前は運河として利用されていたが、このころにはその機能はなくなり徐々に埋立が進行していた）以西にも市街化の波が及ぶようになった。さらに、不二越鉱業敦賀工場や日本ＰＳなどが駅東部に進出して、この地域に対する道路整備も必要となってきた。

戦災復興事業も収束に向かい、敦賀市はこれまでその施行区域内（旧市街地）に限定していた都市計画街路を拡充することとした。西側は笙ノ川、南側は木ノ芽川、東側は鉄道を越えて、木ノ芽川左岸で囲まれる区域について、昭和三一年都市計画街路の延伸、路線追加の決定を行った。これらを受けて、昭和三八年には清水地区の区画整理事業が着工した。なお、東部地区に決定された東郷工場線は、後述するがそのままでは実現にいたらず廃止され現在に至っている。

昭和四〇年代　自動車交通の増加と都市拡大

高度経済成長の波は、日本海側の小都市にも及んできた。市内の交通は激増し、周辺部へのスプロール現象も現れてきた。昭和三九年一〇万都市を目指して敦賀市当局は都市計画の抜本的な見直しを行った。

すなわち、都市計画区域を拡大するとともに、用途地域も従来の約三八〇㌶から国道二七号沿線を主として約二・五倍にあたる約九六〇㌶に拡張した。また、都市計画街路網も周辺部に大幅に拡充して図（敦賀都市計画街路網昭和三九年）のような決定を行った。

ここで注目されるのは、都市計画道路鳩原鞠山線と坂ノ下金山線である。前者は道の口地係で国道八号から分岐し、赤崎地係で同国道に合流するものである。後者は前者路線の坂ノ下地係交差点を起点として西進し、途中国道八号と一度、国道二七号と二度交差して、小浜線粟野駅を終点とするものである。これら両路線は、交差方式は平面構造で、また詳細線形は異なるかも知れないが、主要部は四車線の堂々たるものであった。後述する敦賀バイパス、金山バイパスの原型をなすものである。また、岡山松陵線も四車線で同時に決定されていて、いずれも市街地から通過交通を排除するためのバイパスや環状機能を重視したものであることが窺える。

しかし四〇年代初期の当面の課題は、国道二七号沿線の市街地整備であり、同線の拡幅を含む昭和地区および松島地区の区画整理事業が昭和四〇年と四五年に開始されている。そして揉めていた市役所新庁舎の位置も四二年に松島地係にほぼ決定されている。また、鳩原鞠山線に八号のバイパス的位置づけを行うことは、旧市街地の衰退を招きかねないこと、上述した北陸自動車道のルートにも関係することから、当時の建設省は消極的な態度であった。この鳩原鞠山線に関しては、バイパス的意味合いもさることながら、当時トンネル温泉街造成等の中村山開発を視野においていたこともあるのではないかと想定される。

昭和四〇年代中ごろになると、ますます自動車交通が激増し、特に海水浴客等を中心とした夏場の市街地交通の混雑は耐え難いマヒ状況を呈するようになっていた。特に白銀交差点の渋滞を解決するために国道八号・二七号連絡道路（岡山・野神）の必要性が特に認識されるようになり、建設省への要望も行われている。

国道八号と二七号の接続が白銀地係で行われ、関西と嶺南地方の連絡交通をあえて市街地内に呼び込むような形態になってしまった。この接続地点の背景については、上述したように国道二七号（旧三五号）は、金沢第九師団と舞鶴鎮守府との連絡、嶺北と嶺南との連絡さらには敦賀駅との関係が重視され、関西と嶺南地方との連絡は他の諸ルートに担われていたこともあり、八号・二七号を利用しての連絡は相対的に軽視されていたのかもしれない。ところが、戦後直轄事業等により八号と二七号の整備が飛躍的に進行し、関西と嶺南との連絡においても比重が増大していったとみるべきだろう。

そして、この頃になると北陸自動車道の敦賀経由が決着して、昭和四五年二月には具体的なルートが発表され、その市街地アクセスと国道八号バイパスに関しても大きく議論されることとなった。

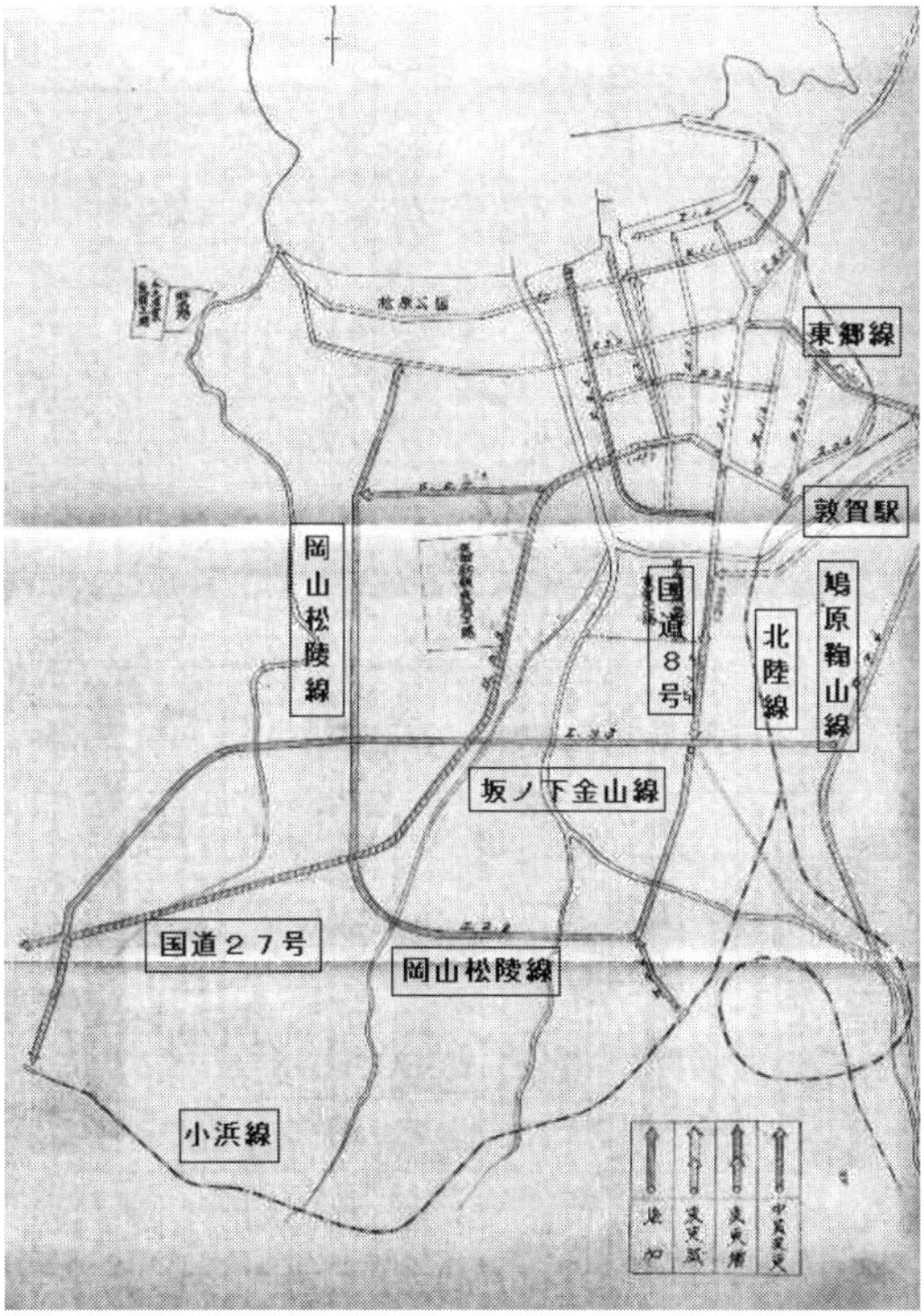

敦賀都市計画街路網　昭和39年

（出所）都市計画審議会資料より筆者作成.

国道バイパスの整備開始

期成同盟会の設立と都市計画決定

北陸自動車道敦賀インターが高野地籍に決定し、市街地アクセスルートが検討されたときのポイントは次のようであった。

①敦賀インターから直接市街地

と連絡するには東郷線を利用して気比神宮交差点で国道八号と接続することになるが、これでは嶺南・国道二七号との連絡において、かえって自動車交通を市街地に呼び込むことになる。

②右記の問題を避けるためには、坂ノ下・古田刈・和久野をつなぐ国道二七号のバイパスが必要である。

③②のルートは長年の懸案であった国道八号と二七号の短絡線（岡山・野神）ともなり、滋賀方向からの敦賀インターアクセスも市街地を通過しなくて済む。

④さらに、将来坂ノ下から東浦方面を結めば、八号バイパス（鳩原鞠山線）が完結する。

こうした観点から北陸自動車道へのアクセス道としてのバイパスの位置づけがなされ、自動車道の着工気運の高まりとともに、さらに激しさを増す夏季の市街地交通の混雑を緩和するためのバイパスの建設が喫緊の課題となってきた。

このような情勢を受けて、昭和四六年一〇月敦賀市長を会長とする敦賀バイパス建設促進期成同盟会が発足した（ちなみに福井バイパスのそれは三七年三月のことである）。そして、建設省等に対して猛烈な要望活動が行われ、同四七年九月敦賀・金山バイパスの路線が発表された。

ところが、この案は前述した昭和三九年の線形とは多少異なる点があり、また坂ノ下交差点がジャンクション方式とされたこと、また坂ノ下区では水田基盤整備が完了した直後のために、主として同区から強い反対運動が起きた。また、これらバイパス案も含めて、敦賀インターと敦賀市街地を直接連絡する道路がないために、このようなルートを設けるべきだとして、北陸高速自動車道建設対策協議会が天筒山麓を通り曙交差点で接続する道路を陳情していた。しかし、北陸自動車道やバイパス建設を急ぐ当局は、これらの問題を先送りして国道バイパスの都市計画決定と市街地アクセスとしての東郷線の変更決定を昭和四九年七月行った（ちなみに、福井バイパスの当初の都市計画決定は同四〇年一二月のことである）。

この都市計画決定の内容は昭和三九年当時のものと比べて次のような変更点がある。まずは明確に国道バイパスの位置付づけのもとに全線四車線とし、鉄道や幹線道路との交差は立体交差とした。また、交差・取付けのとりあいや地形・地質等の詳細調査により若干の線形変更を行った。

この都市計画決定は紛糾した。地域住民から出された意見書の要旨は、

①変更案は道ノ口地区に幹線が集中し住宅環境をおかすものであり、従前案に戻すべきである、

②坂ノ下地区では圃場整備事業が完了しており、変更案はその整備効果をそぐものである、

③従前案は、三八年当時住民との話し合いのもとに決定されたものであり、種々の問題が発生する変更案には納得できない、

④金山地区でも圃場整備事業を計画しており、計画線は区域を斜めに横断し、また集落と農地が分断される、

というものであった。

諮問した一回目の審議会では承認とはならず、継続審議とされた。そして、北陸自動車道敦賀インターの早期着工・供用を期する当局の熱意を考慮して二回目の審議会で了承されたものである。

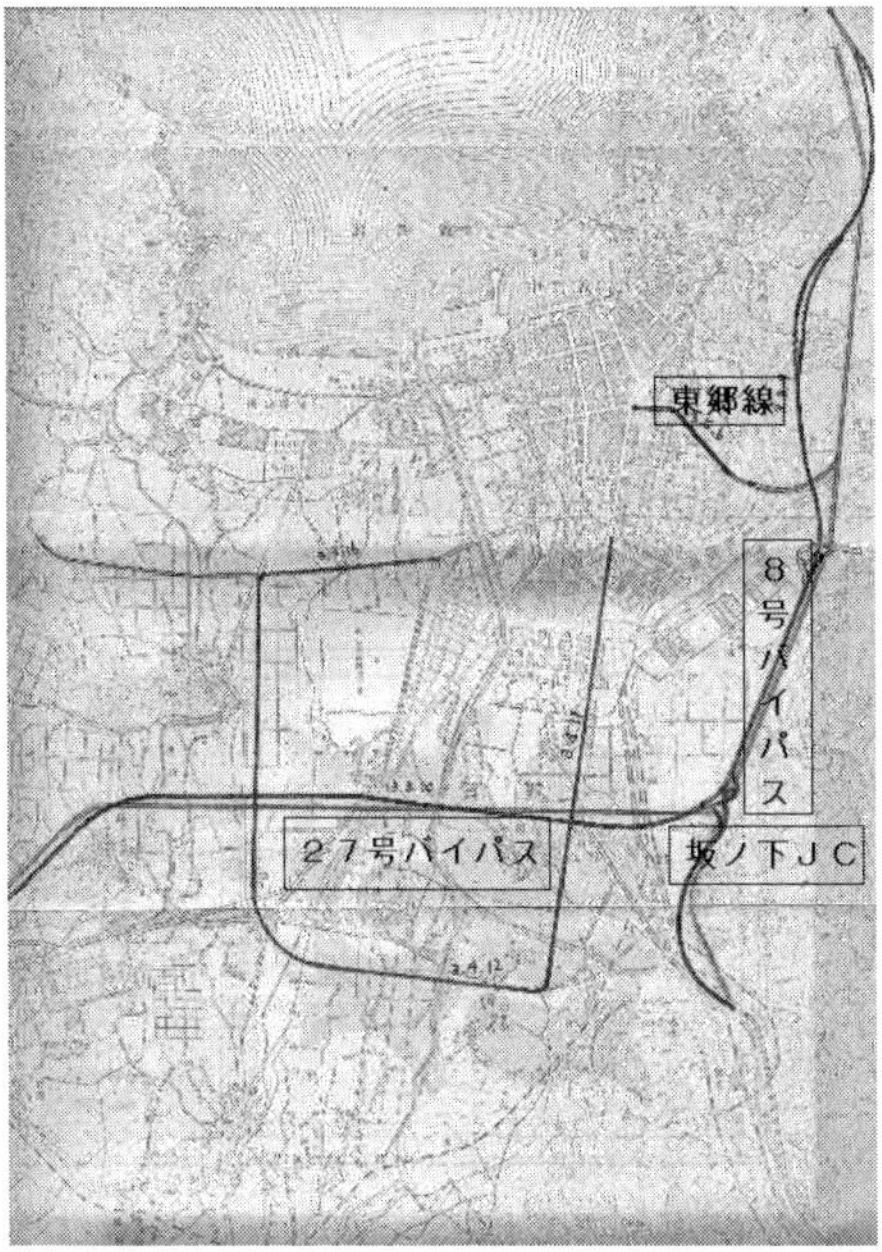

敦賀都市計画街路の変更　昭和49年

（出所）都市計画審議会資料より筆者作成.

北陸自動車道敦賀開通とバイパス整備

難航していた北陸自動車道敦賀インターの地元との設計協議が昭和四九年一二月にまとまり、同五二年秋の開通を目指して、同五一年五月敦賀インターが着工された。市街地アクセスには、当初国道バイパスを八号については余座地係から坂ノ下地係まで、二七号については坂ノ下地係から野神交差点までを同時期に整備して、これを充てようとする計画であった。

しかしながら、上述したようにバイパスの路線決定は遅れ、計画決定後も地元の態度は硬化した。このため、同時供用は絶望的となり、本格ルートは先送りし、暫定的なアクセスルートが検討された。それは敦賀インターとのバイパス接続地点から福井方面に八号バイパスを県道敦賀今庄線までをとりあえず整備し、これをあてることにした。敦賀インターの着工に引き続き、上記バイパス区間（余座高架橋）が同年八月に着工された（福井バイパスの最初着工は昭和四一年九月）。

この暫定ルートを利用して、五二年一二月に北陸自動車道敦賀インターが開通した。しかし予想通り市街地交通は混乱を極めた。それはわざわざ通過交通を市街地に呼び入れるというロケーションや敦賀今庄線の低規格等のためであった。北陸自動車道の名神接続は昭和五五年四月のことであるが、同年七月インターから滋賀方向約四〇〇メートルが供用され、若干の改善はなされたものの、バイパスの全面開通はできず問題はさらに大きくなっていった（福井バイパスの最初供用は昭和四三年一〇月）。

なお、この敦賀今庄線を利用しての市街地アクセスは以前からその弱点が指摘されており、これに代わる都市計画道路余座港駅線がかねてから検討されていた。本路線は天筒山南端をトンネルで抜けて旧国道八号に接続するものであったが、交通公害を心配する地元住民からは、市街地を通らず天筒山真下を通って接続すべきであるとして反対運動が起こされた。このような中でも昭和五一年四月原案の通り都市計画決定されたが、その後の整備を続けることはできなかった。

国道バイパス整備の本格化

国道二七号金山バイパス

結局北陸自動車道敦賀インター開設に間に合わず、市街地交通の混乱が続いている状況で、昭和五〇年代中ごろより整備が本格化してきた。五四年三月には二七号バイパスの最優先整備区間として岡山・野神交差点区間に一部着工した。また、金山地区の反対を受けていた区間について、同地区集落を回避して西進、一部トンネル方式で関地係に抜け、集落を迂回、関峠の手前で二七号に取りつくという変更決定が五四年九月に行われた。

　こうして二七号バイパスの整備が軌道に乗り始め、五六年六月岡山・野神交差点区間の暫定二車開通で白銀交差点の混雑が緩和された。さらに、坂ノ下地区の北陸本線との地下式立体交差に五九年六月に着工し、六二年七月開通した。同時に八号敦賀バイパス敦賀インター・坂ノ下間も開通して、敦賀インターへのアクセスルートが一変した。昭和五二年北陸自動車道敦賀開通以来、敦賀今庄線という変則・貧弱なルートに依存してきた市街地アクセスが、本格的な幹線ルートに切り替わったのであり、実に一〇年を要したことになる。

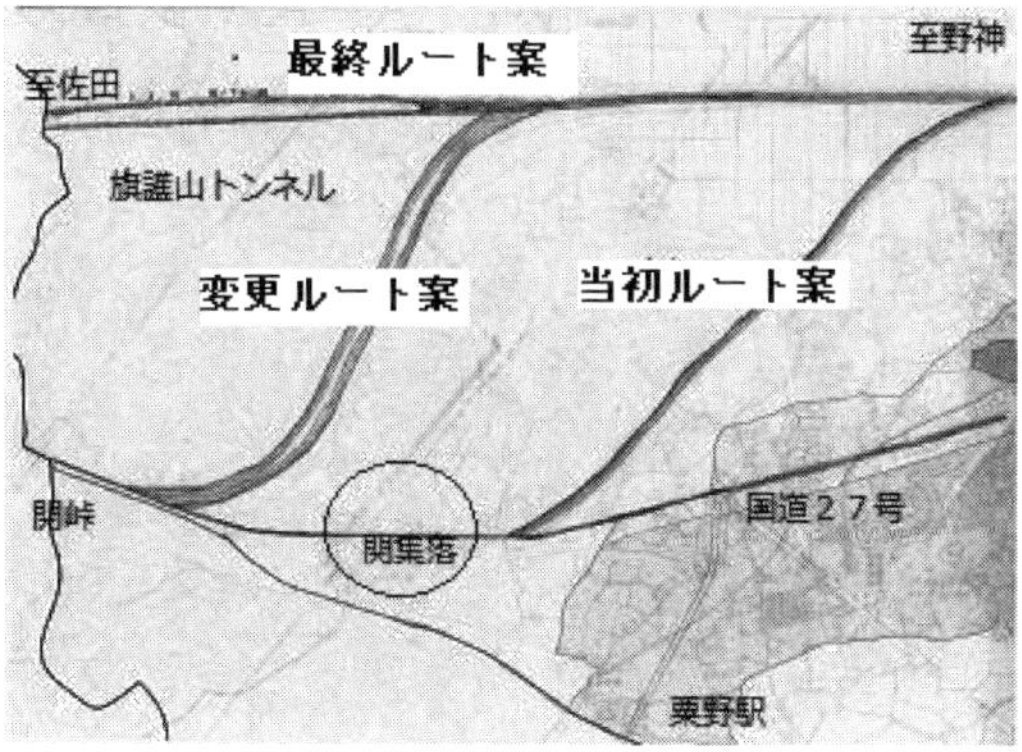

敦賀都市計画街路の変更　昭和62年

（出所）都市計画審議会資料より筆者作成.

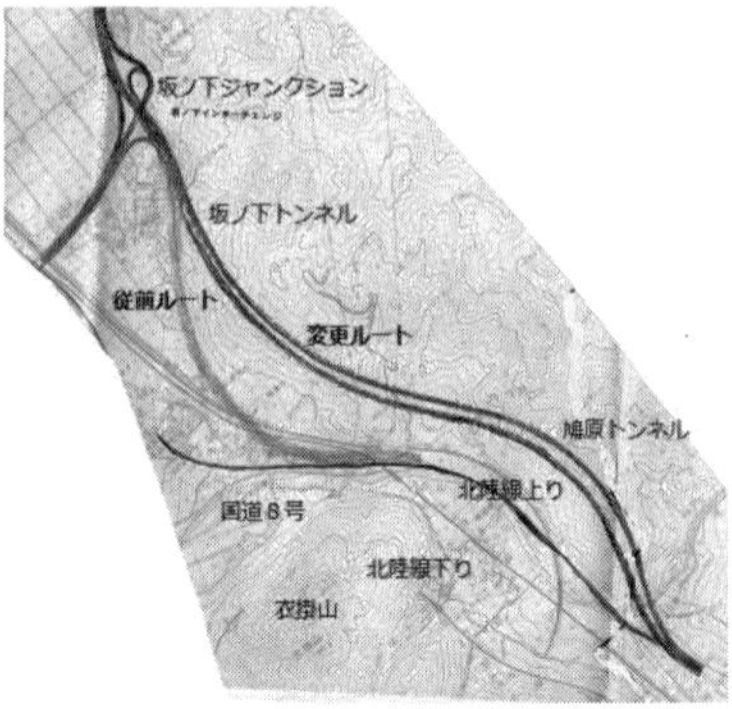

敦賀都市計画街路の変更　平成２年

（出所）都市計画審議会資料より筆者作成.

また、野神交差点から西側に関しても、県道松原粟野停車場線までが平成四年に開通しているが、この間、関峠手前での現道接続計画を昭和六二年五月に変更して、西進美浜町境界に旗護山トンネルを掘削することとなった。これは後の美浜東バイパスにつながるものである。平成元年九月上記トンネルに着工し、同五年四月に完成、美浜町佐田で現道タッチして、一部四車区間を含んで暫定二車ながら全面開通した。当初の計画決定以来約二〇年ぶりのことであった。このとき旧国道二七号は県道敦賀美浜線に降格した。

国道八号敦賀バイパス

一方八号敦賀バイパスはどうであったか。昭和五二年北陸自動車道敦賀インターの供用にあわせて、余座地係で一部開通したのち、前節で述べたように同六二年七月坂ノ下ジャンクションまで開通した。

まず福井方面である。二つのトンネル部分の地質詳細調査や新たな要素となった敦賀新港臨港道路との取り合い等を検討した結果、昭和六二年七月線形を微修正する都市計画変更が行われ、取り組みが本格化した。平成元年九月に樫曲トンネル、翌年二月には田結トンネルに着工し、平成八年三月暫定二者で余座・田結間が開通した。この年の六月には新港のフェリーターミナルが完成し、小樽への超高速船週六便が就航している。

次に滋賀方面である。原ルートでは明神山古墳群に抵触することが判明し、五〇年代半ばよりその解決法が検討されていた。また、原案決定時から鳩原地係の現道への接続方法が問題とされていた。すなわち衣掛山と明神山に挟まれた狭窄部に鉄道・道路が集中し集落環境を阻害すること、さらに北陸本線を近距離で二度交差することなどの工法上の課題もあって法線・構造を変更することとなった。これら二つの問題を解決するために坂ノ下トンネルと鳩原トンネルとを新たに掘削し、さらに現道との接続地点を滋賀方面に延長し小河口地係とした。これらを内容とする都市計画変更が平成二年三月に行われ、坂ノ下以南の整備が前進し始めた。

しかし、この時期は上述したように坂ノ下以北も事業が最盛期のこともあり、この区間の用地買収着手は平成一〇年度にずれ込んでしまった。そして両トンネルに着工したのは平成一六年度のことであり、ようやく平成二〇年一一月に至り二車線ながら全面開通した。八号余座高架橋着手から実に三二年の歳月を要したのである。

余座港駅線高架橋

（出所）筆者撮影.

都市計画道路余座港駅線

計画当初から、八号バイパスとの余座・曙周辺でのアクセスルートが検討され、はじめは東郷線や県道敦賀・今庄線を利用が考えられ、上述したように北陸自動道開通当初は、このルートがあてられていた。

しかし、抜本的な幹線アクセスが必要であるとして、昭和五一年天筒山南麓を通る都市計画道路余座港駅線が決定された。このルートに対して、交通公害を不安視する地元から強い反対の意見が出され、天筒山直下トンネルルート案が主張された。実際に敦賀インターの開設後は、前述の暫定ルートにより交通増加は現実ものとなり、地元の一部住民は、本格ルートの早期整備を要望するなど、地元でも意見が対立するようになり、膠着状態に陥った。

敦賀・福井バイパスの比較

項目	敦賀 BP	金山 BP	福井 BP
延長	8.2km	7.5km	42.0km
同盟会設立	S46.10		S37.3
当初都市計画決定	S49.07		S40.11
最初着工	S51.3	S54.3	S41.9
最初開通	S52.12	S56.6	S43.10
2車全通	H20.11	H5.4	H5.3
4車全通	?	H26.6	H7.3

（出所）筆者作成.

この間、市街地アクセスの主要ルートして国道二七号バイパスの整備が重点的に進められ、また同じ天筒地係に敦賀市公共下水道処理場が昭和五八年整備・供用した。上述したように、六二年これが開通して、上記ルートの交通量は減少した。

このような状勢を受けて、本路線への動きが再び活発となるのは、昭和六〇年以降であった。道路事業・街路事業分担して取り組むことになり、トンネルや高架橋を含み平成八年三月、国道八号バイパス田結区間と同時に暫定二車開通した。こうして八号バイパスから笙ノ川以東の旧市街地方面へのアクセスも改善された。なお、当初主要地方道今庄敦賀線のバイパスとして着工されたが平成五年四月国道四七六号に昇格している。

敦賀バイパスと福井バイパス

敦賀バイパスは当初に全体計画が発表され、福井バイパスは当初福井市中心部が発表され、それが順次丸岡・鯖江武生方面に拡張されていった経緯があるが、両バイパス整備の主要点を比較すれば表（敦賀・福井バイパスの比較）のようである。敦賀バイパスは、福井バイパスよりほぼ一〇年遅れで、促進運動や諸手続きが進行している。福井市街部に限れば、開通も大体そのようなスパンで行われている。大きく差が出るのは金山バイパス開通後であり、すでに福井バイパスが四車化完了したはるか後に敦賀バイパスが暫定二車全線開通し、四車化に関してはメドが立っていない実情である。

また、敦賀バイパスが福井バイパスと比べて大きく異なるのは、沿道利用に対する姿勢であろう。もちろんこのことには、地形的な影響もあることと思われるが、後者がバイパスとはいうものの市街化区域・用途地域のみならず、市街化調整区域や非用途地域内においても沿道利用を許容して、市街地に埋没、準街路化してしまった。

一方、敦賀バイパスの方は、用途地域内・外を区別して、岡山・萩野区間など用途地域内においては沿道利用を許容する構造とし、地域外においてはトンネルはもちろん高架や高盛土構造として、物理的に沿道利用を制限している。つまり、福井バイパスのように漫然として法的な土地利用規制に任せるのではなく、法的な規制のみならず物理的にもメリハリをつけた構造としている。この点に関しては、他のバイパスたとえば金沢や富山バイパスと比較しても、すぐれた特徴といえるだろう。

また、両バイパスのロケーションである。両市とも戦災復興事業がほぼ収束し、戦後の高度経済成長、市街地拡大に向け、昭和三〇年代中ごろから末に向けて、大幅な都市計画の見直しを行っている。それを道路で言えば、福井市の環状西・東線の都市計画決定であり、敦賀市の場合は、坂ノ下金山線・鳩原鞠山線さらには岡山松陵線（令和元年一二月全通）である。そして、両市ともにその後の国道バイパス整備において、これら路線をほぼ踏襲したルート選択が行われた。当時の都市計画立案者の慧眼に改めて敬意を表しなければならない。

27号 BP 高盛土区間

（出所）筆者撮影.

おわりに

北陸自動車道が開通し、さらに敦賀・金山バイパスが開通して、市街地内の旧国道区間の交通量は激減した。通過交通を排除するというまさに手本のようなバイパス整備である。特に戦災復興事業区域内においては、旧国道は幅員三六メートルで整備されており、中心市街地活性化とあわせ、道路空間の再編成が課題となり、令和二年一〇月歩道を拡幅二車線化を完了した。

舞鶴若狭自動車道が平成二六年七月すでに開通し、さらに敦賀バイパスが完全四車化すれば、このような傾向はさらに強まるであろう。いわば、バイパス整備の副次的効果といえようが、敦賀市においては中心市街地の活性化が市政の大きな課題とされている。たんなる駐車空間に供するだけでなく、ハード面でのその活性化策を支える大きな「種」として活用することが望まれる。

第4章　波乱の都市再開発

はじめに

市街地開発事業のうち、土地区画整理事業事業では換地という土地権利交換が行われ、保留地を処分して事業資金を得るという仕組みである。また市街地再開発事業では、権利変換という土地・床の権利交換が行われ、保留床を処分して事業資金を得るという仕組みである。

このように、もともと複雑な利害のもとに権利交換を行い、事業資金は他者の「懐」をあてにするという時の経済状況に関わる非常にリスキーなものであり、土地区画整理事業も困難な事業であるが、市街地再開発事業はとりわけ一層困難な事業である。

そして「事業完了」後も、保留地がなかなか利用されなかったり、やっと保留床を売却しても、テナントが撤退騒ぎを起こしたりとそのアフターケアに関しても、困難な問題が常に内在している。

福井県においても、各都市でいくつかの再開発事業が実施されているが、成功したもの、失敗したもの、中座したもの、未だ評価が定まらないもの等さまざまな再開発がある。

耐火建築促進事業

（出所）筆者撮影.

再開発前史

現在の再開発事業の基本的枠組みを決めたのは昭和四四年制定の都市再開発法であるが、それ以前においても、広い意味での「再開発事業」が行われていた。再開発事業のキーワードは、密集（老朽）住宅地の改善（スラムクリアランス）、不燃・耐火建築化（防災性の向上）、そして土地の高度利用であるが、戦後の「再開発事業」は大体この順番に事業手法が制度化されていき、福井県においても事業が執行されている。

耐火建築促進事業、防災街区造成事業

昭和二〇年代後半、戦災復興事業や震災復興事業が一定の進捗を見せ、朝鮮戦争等の特需による経済復興により、民間建築物についても、本格的建築に取り組む状況となってきた。かねてから、都市の不燃化を都市計画の大きな目標としてきた政府当局は、昭和二七年五月耐火建築促進法を制定した。これは、一定の防火帯を設定し、一定の要件（三階建て以上等）に合致する建築物について、木造構造と耐火構造の費用差額を対象として助成することとしたものである。

福井市においても、これより以前から福井地方裁判所をはじめとして、三谷ビル、福井銀行、日通倉庫、だるまや、駅ビル、北陸銀行、県農業会館等がビル建築・準備進行中であった。

おりしも、昭和二九年八月、大名町交差点東南街区（ハギレヤブロック）で一五戸が全焼するという大火災が発生

した。これを機会に県市当局は、この街区の再建にあたって耐火建築法を適用して、地元に対し不燃化を強力に指導した。国や県、市の助成や融資の確保にもかかわらず、地元の利害調整が難航したが、昭和三〇年一二月に共同店舗が完成した。

この耐火建築促進法は防火帯単位に限定されることや三階建て未満の土地・物件について公共団体が強制収用して、建築後にその建築物の権利等を従前権利者が優先的に取得できるという仕組みであるという問題点があった。そこで、昭和三六年六月、上述の耐火建築促進法が廃止され、防災建築街区造成法が公布された。この法律は不燃化の対象を防火帯から街区単位に拡大し、造成組合制度を創設し、税法上の措置も追加された。

これを受けて、福井市当局はまず大名町交差点西南街区の耐火建築、共同化を推進し、三九年四月第一期事業、同年一一月に第二期事業が完成したところである。引き続き、福井駅前街区、元町街区および駅前南街区で防災建築街区造成事業の促進が図られた。

特に昭和四三年五月に大火にみまわれた元町街区（旧松木屋含む）では、同四四年二月に防災街区造成組合が結成され、その一部である松島中央ビルに「ジャスコ」が進出することとなった（同四六年四月開店）。その他の防災街区については、駅前街区（カトービル等）が三九年一一月、駅前南街

防災建築街区造成事業

（出所）筆者撮影.

越前市善光寺通り

（出所）筆者撮影.

区（旧ひまわり書店、かがみや等）が昭和四四年七月に完成している。

なお、このような法定事業ではないが、広い意味で「再開発」と呼ぶこともできる任意の共同店舗建設方式がある。この種事業で県内最大規模で行われたのは、越前市善光寺通りの街路事業を契機として、公庫融資を受けた延長三〇〇メートル、三棟に及ぶ共同店舗で昭和四五年五月に完成した。この街路拡幅事業を契機とした任意の共同店舗方式は、他にも鯖江市本町、小浜駅前、朝日町などでも実施されている。

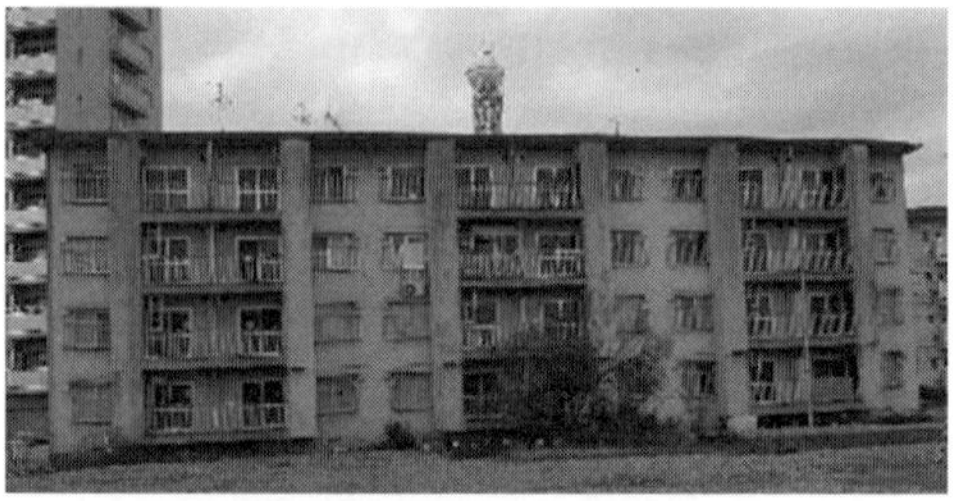

福井市町屋地区改良住宅

（出所）筆者撮影.

住宅地区改良事業

再開発のもう一つの流れは、密集老朽木造住宅地区の改善を主目的とするものである。このための事業法として、昭和三五年五月住宅地区改良法が制定された。原則として、市町村が施行者となり（例外的に都道府県）、対象地区内の特定の住宅を買い取り（収用し）、新たに耐火構造住宅を建築し、従前の権利者に優先的に貸与する事業で、国庫補助の対象とされた。この改良地区は施行者の申し出に基づき、県都市計画地方審議会の議を経て建設大臣が指定することとされていた。

もともと本事業は、主として同和対策事業を念頭においた事業であったが、福井県では戦災や震災の応急住宅が多く対象とされた。まず、昭和三七年三月福井市町屋町地区が指定されたのを皮切りに、鷲町地区、明里地区、さらに春江町江留上地区、丸岡町城内地区、敦賀市舞崎・曙地区、松島地区等が続き、最後に敦賀市桜ヶ丘西部地区を昭和五六年に指定した。結局県施行で二〇二戸、市町施行で一一六〇戸、合計一三六二戸が建設された。

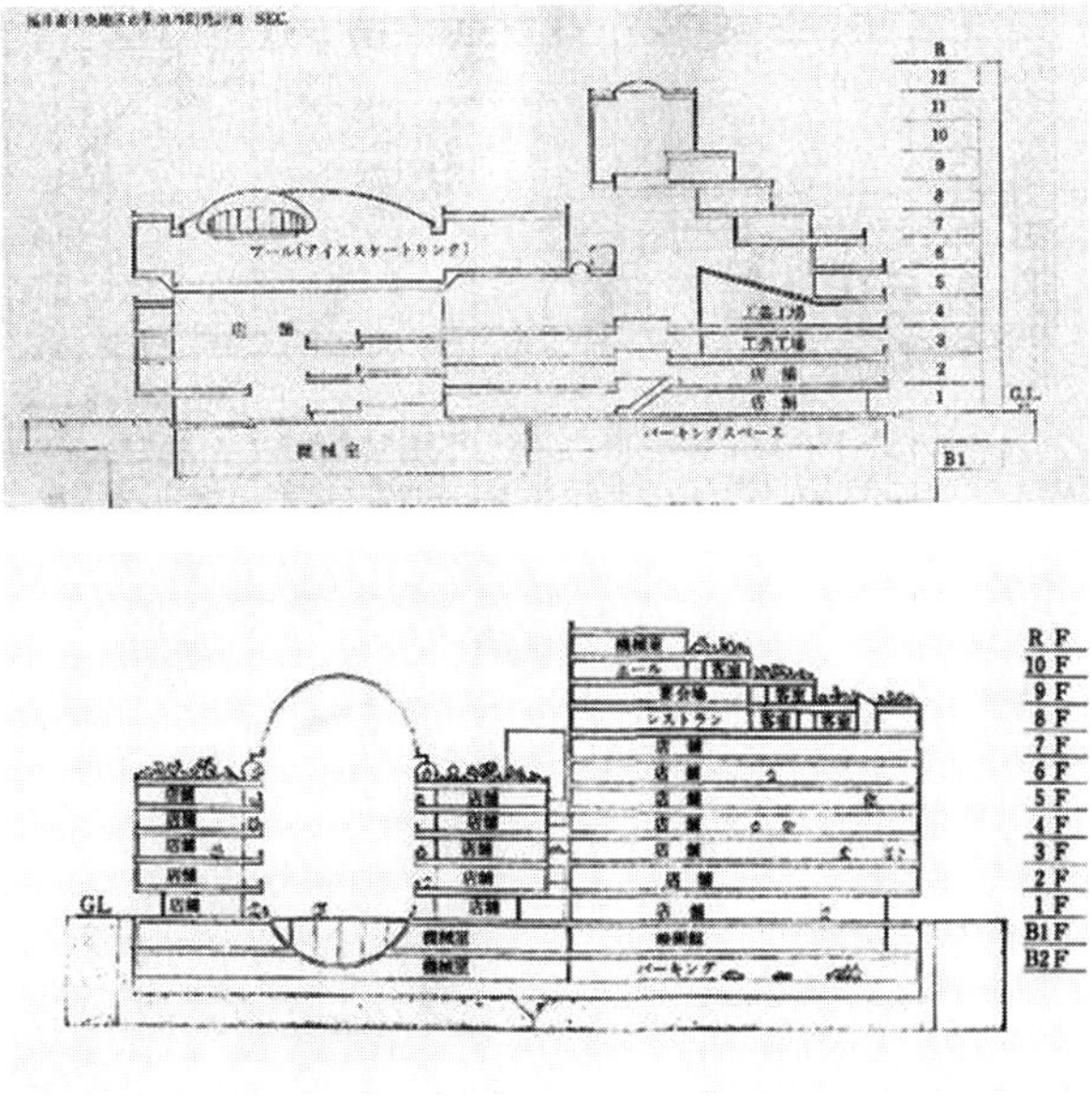

福井市中央一丁目再開発計画

（出所）「福井市中央一丁目地区再開発基本計画」.

まぼろしの福井市中央一丁目再開発

高度経済成長を背景として、また防災街区造成事業の問題点を克服するための権利変換システムと保留床処分による事業費捻出を取り込んだ都市再開発法が昭和四四年六月に制定された。

このころ、福井駅前の商戦は激烈をきわめていた。すなわち、だるまや、ジャスコ（パル）、放送会館、繊協ビル、ほていや（ユニー、生活創庫いずれも撤退）等がしのぎをけずり、福井市当局や商工会議所がこの中央一丁目や仲見世地区の再開発構想を発表していた。

このような状況のなかで、だるまやの不振と県外大手資本と提携のなかでだるまやや伊井興業等を含む街区一帯の再構築がまず課題となり、昭和五〇年三月、市街地再開発事業の福井県第一号の都市計画決定が行われた（図「福井市中央一丁目再開発計画」参照）。本計画は、区域面積約一・五㌶、主要用途として店舗・映画館・ホテル・駐車場で建築延べ面積

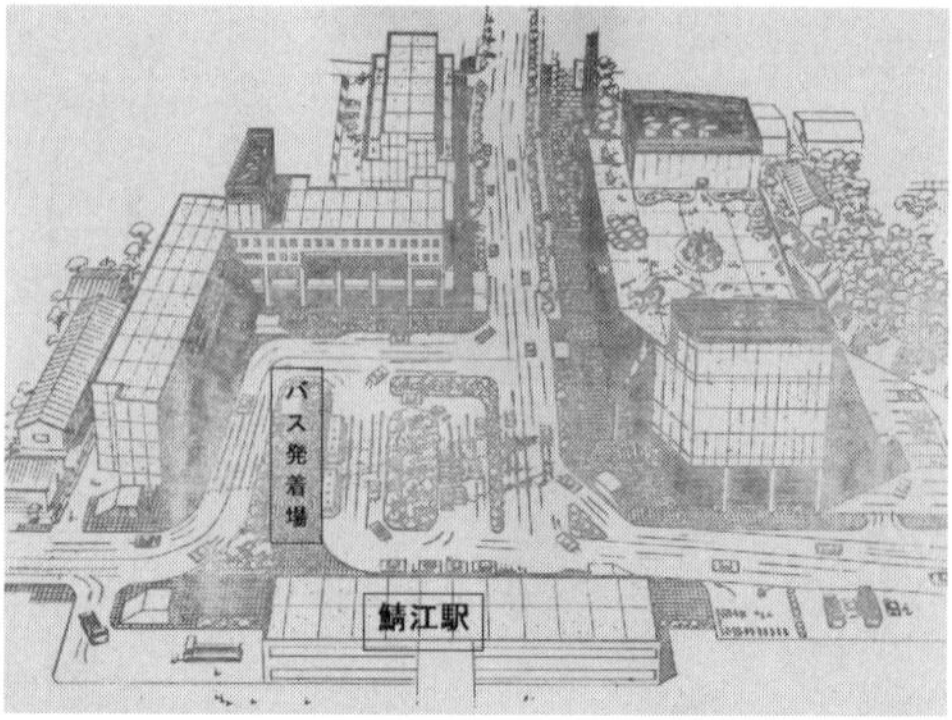

鯖江駅前再開発計画

（出所）全国市街地再開発協会「鯖江市駅前・本町地区再開発基本計画」.

約六万四〇〇〇平方メートルに及ぶものであった。

だるまやは駅前のカトービルで仮営業を始めるなど順調に進むかに見えた。しかし、再開発準備組合の中での利害対立、とりわけ地元資本と県外資本の対立が激しく、同組合は解散の事態に追い込まれ、都市計画決定も同五一年一二月に廃止されてしまった。だるまやや伊井興業等は個別更新の道を歩むことになり、現在の施設配置となったのである。

時あたかも高度経済成長の真っ最中であり、福井の商業エネルギーにもパワーがあった。この再開発事業が成功すれば、その後の福井の商業地図は変わっていたであろう。この事業瓦解後、昭和五二年一一月に「ピア」が開店するなど、郊外指向が一挙に加速されることとなった。

挑戦した鯖江駅前再開発事業

福井市中央一丁目の再開発事業が頓挫した後、そのトラウマか、福井中心市街地のいくつかの再開発種地はなかなかブレークすることができず、福井県における再開発事業第一号の栄誉は、国鉄鯖江駅前が担うこととなった。ライバルである武生市の国鉄駅舎と駅前が昭和四三年の福井国体を前に整備されたこともあり、鯖江市にとって、旧態依然としたその駅前整備は当時の福島市長の懸案であった。国鉄の特急停車や駅舎の改築を働きかけ、前者は五〇年三月に実現し、後者は五一年四月に完成した。また駅の東西を連絡する横断地下道も五〇年四月に開通した。

いよいよ駅前整備である。鯖江駅前の再開発と駅前広場整備は昭和四〇年代末から検討・構想されていたが、同五〇年七月に都市計画決定が行われた（図「鯖江駅前再開発計画」参照）。福井県の再開発事業は後述する分も含めていずれも組合施行であるが、この鯖江駅前だけは公共団体施行であり、市当局の意気込みが知れようというものである。

ありし日の長崎屋鯖江駅前店，横断歩道橋も見える

（出所）鯖江商工会議所創立五〇周年記念事業実行委員会編『鯖江商工会議所創立五〇周年記念誌』.

しかし、再開発事業は意気込みだけではどうにもならない。ご多分に漏れずキーテナント問題が紛糾した。昭和五二年七月に総事業費約九六億円の本事業の起工式が行われているが、このころはテナントとして「ジャスコ」がほぼ決まりかけていた。だが商調協はもめた。すでに、同市本町商店街に大型店の「平和堂」が五〇年九月に開店しており、地元商業者の抵抗は大きかった。

それならということで、この本町の平和堂を駅前に移転入居させることが提案されたが、今度は本町商店街から、この移転は当商店街を地盤沈下させるものであるとして反対が表明された。こうして市当局と商工会議所の対立は激しさを増していった。すでに建築物の工事は進んでおり、タイリミットが迫っていた。また、平和堂は駅前再開発ビルは面積が狭いとして消極的になったこともあり、市当局は「長崎屋」を誘致することになった。これも商調協で大きな議論となったが、売り場面積を四三〇〇平方メートルと大幅にカットすることで了承が得られ、昭和五七年四月、長崎屋が駅前にオープンした（図「**ありし日の長崎屋鯖江駅前店**」参照）。

ところが、これで問題は収まらなかった。開店以来営業不振が続く長崎屋鯖江店は、平成元年一月閉鎖撤退することとなってしまった。駅前のにぎわい不足をおそれる市当局は、別資本による店舗継続を図ったが、種々の利害や再開発事業の特殊性ゆえにこれを果たせず、平成二年四月にいたり地元衣料資本に譲渡されることになった。

しかしながら営業が再開されることはなく、鯖江駅前の一等地に廃墟同然の無残な姿がさらされることになってしまった。この問題に解決の動きが出てきたのは、平成七年の世界体操が鯖江で開催されることが決定し、駅前の幽霊ビルを何とかしなければならないという機運が出てきた平成五年ころからであろう。商業店舗に見切りをつけ、ビジネスホテルチェーンを誘致することになり、旧長崎屋ビルを解体して、平成六年九月ホテルに着工し現在も営業が続いている。ちなみに、平和堂バイパス店の平成八年六月の開業に伴い、この鯖江駅前開発の一時渦中にあった平和堂鯖江本町店も、平成一二年二月に閉鎖されている。

さらに、この鯖江駅前再開発事業に関しては駅前広場問題に触れておかなければならない。従前決定の二一〇〇平方メートルを三六〇〇平方メートルに拡張決定し、これを再開発事業により整備しようとするものであった。この面積規模はともかくとして、駅前広場のデザインは、広場内にバス発着場を設置し、これと鯖江駅との安全な動線を確保するため、駅舎前面から通過交通を排除するものであった。

このため、鯖江駅前を通過する自動車交通は、目の前にして複雑な信号により広場迂回を余儀なくされるほか、景観をそぐ横断歩道橋、ほとんど利用されないバス発着場等があり、市民から苦情が続出した。鯖江市当局は、昭和五九年にいたり、ようやく改修に乗り出し、迂回を解消するために駅舎前に南北直通道路を新設した。その後、平成元年にいたり、タクシー乗り場を隣接地に移転し、横断歩道橋も撤去した（このころから、全国的に横断歩道橋の老朽化、景観問題および利用者の減少等から、その撤去について議論されるようになり、福井県でも数カ所撤去されたが、その第一号である）。

福井市第一号御屋形地区再開発事業

昭和五一年に中央一丁目の再開発事業が空中分解した後、再開発の煙がくすぶりながらも燃え上がることがなかった福井市では、昭和五八年ごろにいたり、ようやく動きが表面化してきた。

それが御屋形地区である。戦後まもなくより佐佳枝廼社境内に引揚者により形成された仲見世商店街は、福井市中心部のポテンシャルがありながら、老朽木造建築約九〇戸が密集するそれこそ福井市当局が、中央一丁目地区にまさるとも劣らず位置づける再開発懸案の地区であった。

昭和三〇年代から、さまざまな構想が練られ流れていった。それは土地所有者が神社のみであり、その他の権利者は零細な借地・借家権者であるということやキーテナント問題がその大きな原因であった。

昭和五八年四月、神社側の決断により準備組合が発足し、テナント交渉が開始された。五九年三月都市計画決定（約一・二一ヘクタール）、五九年末にいたり藤田観光（ワシントン

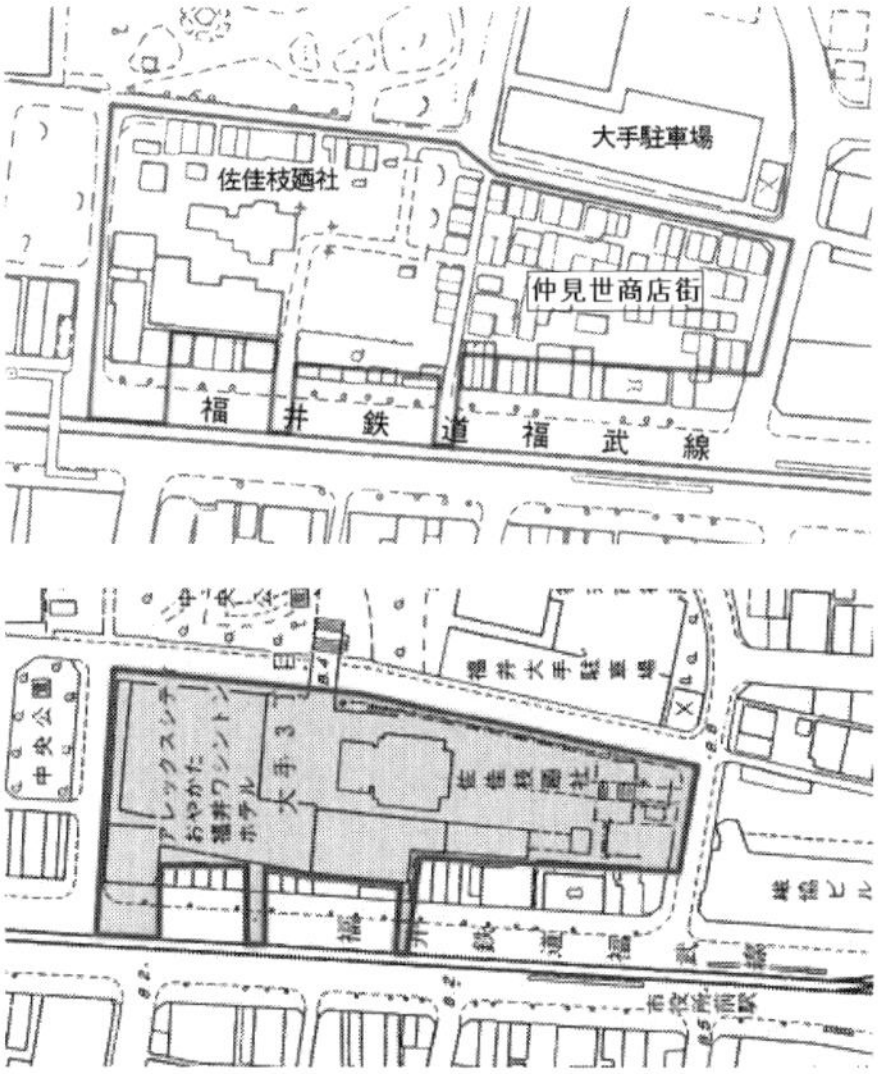

着工前の仲見世商店街と前後の佐佳枝廼社
（出所）都市計画審議会資料.

御屋形地区再開発事業完成

（出所）筆者撮影.

撤去前の旧国道８号横断歩道橋

（出所）筆者撮影.

ホテル）との協議が本格化し、本組合が設立された。

この間、福井市旅館組合のホテル進出反対運動や補償交渉の難航に悩まされながらも、福井市による駐車場床取得、仮店舗の中央公園の一時使用等などのてこ入れ、周辺の交通規制問題も解決し、昭和六三年七月ようやく起工式を迎えた。総事業費約一二〇億円、延べ建築面積約四万一〇〇〇平方メートルで、神社とホテルの一体開発という全国的にもユニークなものであった。

平成四年四月、福井市第一号の御屋形地区再開発事業は完成した。従前の仲見世商店街の権利者はほとんどが地区外に転出し、一階フロアに進出した西武ショップも平成九年に撤退するなど空フロア問題に悩み、最近のホテル・フジタへの改称とホテル・フロントの一階への移動まで続くことになる。

なお前章の鯖江駅前開発でも横断歩道橋があり、このときには鯖江市はあっさり撤去したが、この御屋形再開発に関連した日本生命ビルまえの旧国道八号をまたぐ横断歩道橋の撤去問題は紛糾した。

福井市は景観問題と利用者減少を理由に強硬に撤去を主張した。しかし道路管理者である福井県は交通安全を重視して撤去を拒んだ。結局、市が代替施設を整備することを条件に平成四年三月撤去された。

一二年の盛衰・小浜白鬚地区再開発事業

これまで独自の商圏を維持してきた小浜市も、昭和四二年の国道二七号の全線整備完成や折からのモータリーゼーションの波とともに、敦賀商圏と舞鶴商圏に囲まれて、苦戦を強いられるようになってきた。さらに、小浜市内部でも、昭和五一年の小浜ショッピングセンターの開店を中心に。郊外化に拍車がかかり、市街部商業地の地盤沈下が激しくなってきた。

このような状況を受けて、昭和五六年に「小浜地域商業近代化計画」が策定され、平和堂などの進出の動きに対して、特に衰退の著しい中心部の再開発に取り組むこととなった。各種調査を経て同五八年六月に白鬚再開発準備組合の発足、五九年二月都市計画決定へと進んだ。その後参加者間のさらなる調整を経て、同六〇年六月再開発組合の設立にこぎつけた。

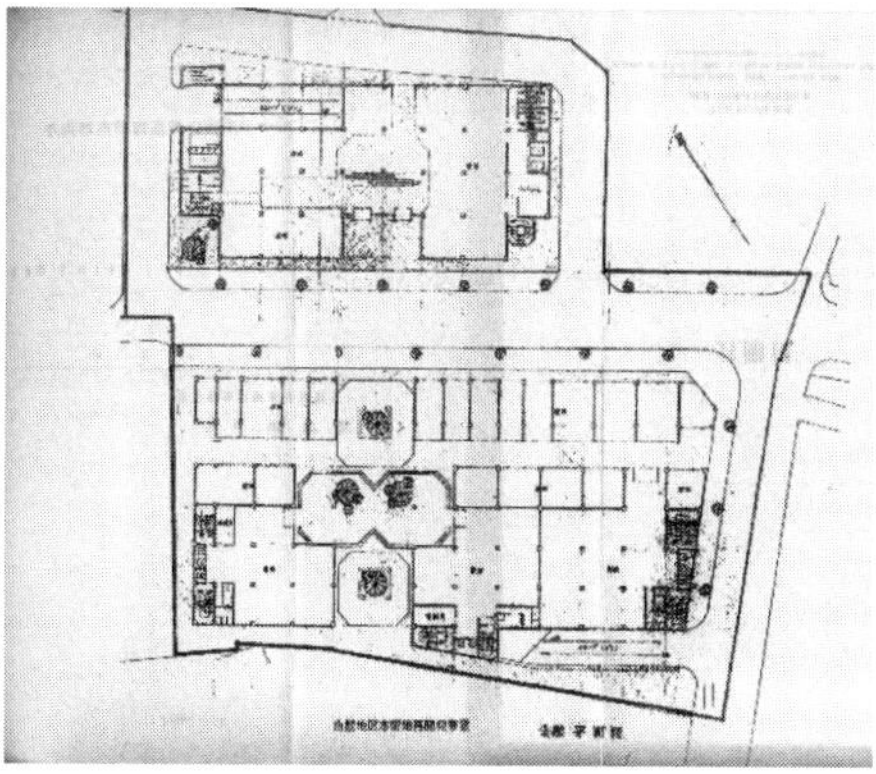

2街区に分れた白鬚地区再開発当初計画

（出所）都市計画審議会資料.

このときの事業計画は、施行面積約一ヘクタル、商業および業務のビル二棟を建設する総事業費約六〇億円であった。テナントには、県外と地元を考えていたが、特に核テナントは県外資本として交渉が続けられた。

厳しい誘致交渉が続く中で、事業計画の見直しが図られ、従来の商業・業務の二棟を変更し、業務棟を業務とホテルに分棟した三棟計画に六二年三月変更された（総延べ床面積約三万二〇〇〇平方メートル、総事業費約八七億円）。

それからは、事業は比較的順調に進み、平成元年には仮店舗の商店

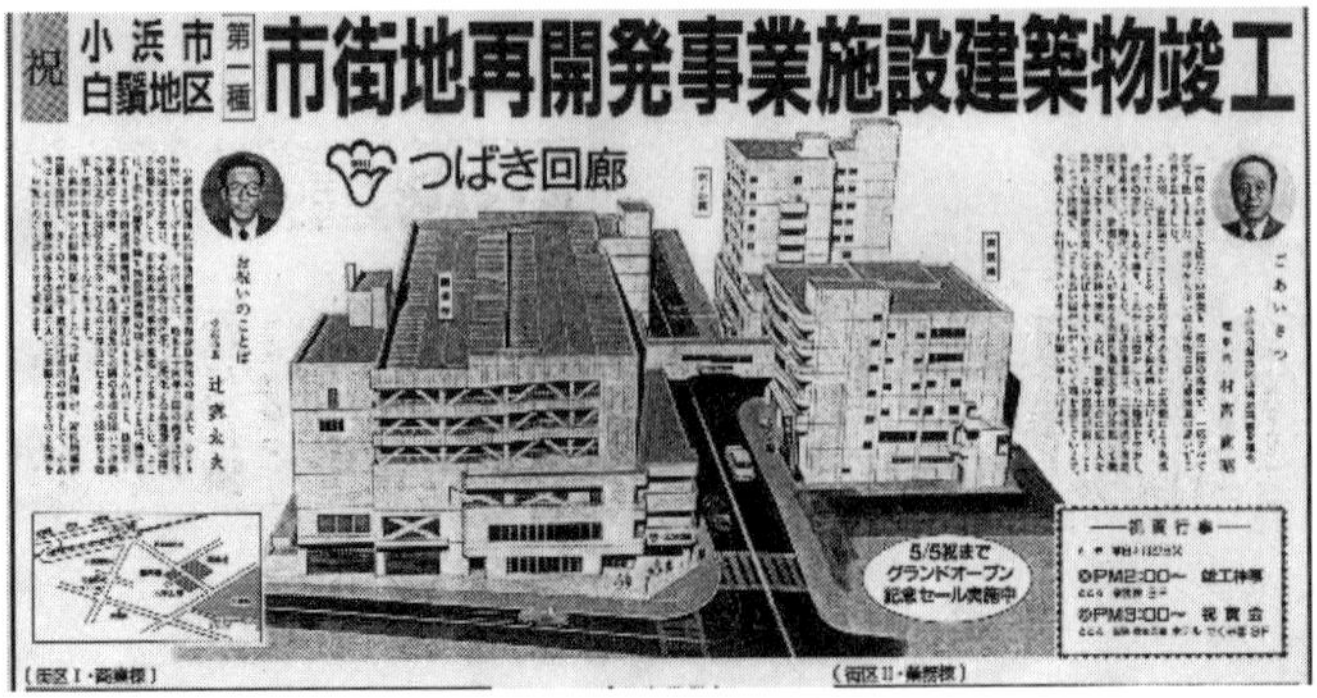

白鬚再開発を祝う新聞記事

（出所）『福井新聞』平成 5 年 4 月27日.

街である「マリンゲート」がオープン、翌年三月には第二街区業務棟に着工した。さらに同二年には、福井県初進出となる「西友」と出店交渉がまとまり、同三年一月には商業棟とホテル棟に着工した。続いてその三月には完成した業務棟に福井銀行小浜支店が移転し、六月には市立図書館が移転開館した。その後、ホテル棟には、地元のしにせ旅館「せくみや」が進出することが正式に決定し、また再開発地区の愛称も「つばき回廊」と名づけられた。平成四年一〇月には西友が開店、翌五年四月にはホテルもオープン、一部未処分保留床はあるものの、小浜市民は再開発事業の完了と街の顔一新を祝ったものである。ちなみに、この再開発事業は、まちづくり部門で建設大臣表彰も受けている。だが残された業務棟三階保留床はなかなか売れず、再開発組合は解散できずにいた。平成一一年四月にいたり、県がこれを購入して福井県消費者センターが入居、組合が解散、「白鬚開発」に管理が引き継がれた。

　だが、破綻は、平成一六年にやってきた。以前にも福井銀行小浜支店が退去するなど、不安な雰囲気があったが、それまでも営業不振がささやかれていた核テナントである西友の撤退である。わずか一二年の営業であった。その後継店舗に平和堂への出店要請も失敗、さらに平成一九年には、地元資本である「ママストア」も撤退し、管理会社・白鬚開発は負債二二億円を背負って自己破産申請を行った。

このような事態の収拾策として、小浜市当局は、商業棟を購入し、これを解体、跡地を再利用すること。また、業務棟（福井銀行小浜支店退去後の一～二階フロアを福井銀行から無償譲渡を受けていた）を地元金融機関に売却し、その代金を上記解体費用に充当することなどの方針を決定した。しかし、商業棟は解体されたものの、その跡地利用、売却協議の不調や業務棟の市立図書館の扱いをめぐってなかなか合意が形成されず、政治問題化したまま膠着状態に陥った。

この問題の解決は、商業棟跡地などにまちの駅を整備し、旧旭座を再建する構想がまとまり平成二八年六月に完成するのを待たなければならなかった。

転進した武生市の再開発事業

大きな災害にあわなかった武生の中心市街地は老朽化した木造密集市街地が各所に分布しており、その整備改善が武生都市計画の大きな課題の一つであった。前述したように、昭和四五年にミニ再開発というべき善光寺通りの整備が終了した後、武生市には大きく分けて、三地区が再開発事業の対象となろうとしていた。

それは昔ながらの商店街である蓬莱地区と昭和四三年の福井国体を機会に国鉄武生駅舎の改築と一定の駅前広場の改修がなされたものの周辺街区の防災化・高度利用が進んでいない駅南と駅北地区である。これらは、苦しみもがきながらも、三者三様の整備の道をたどることになる。

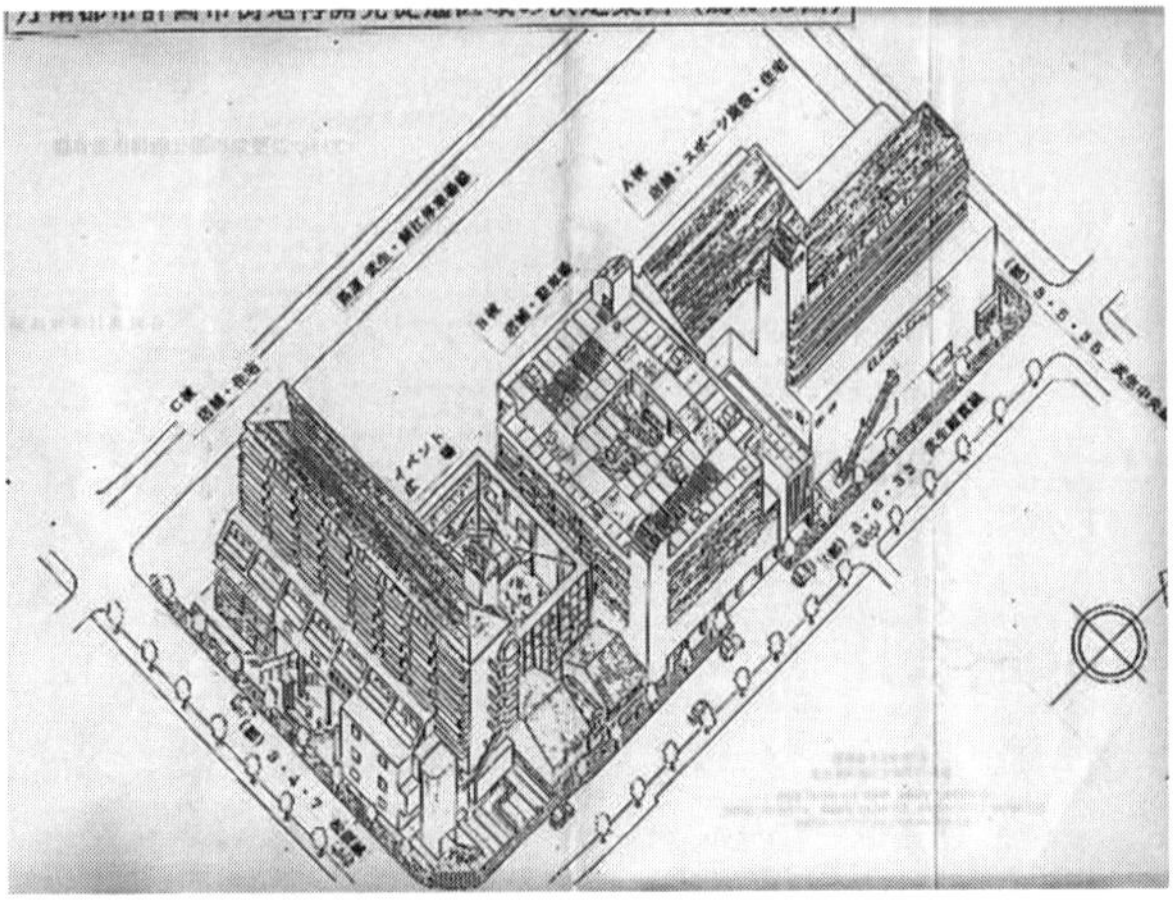

蓬莱地区再開発当初構想図

（出所）都市計画審議会資料.

蓬莱地区再開発事業

前記三地区のうち、もっとも先行していたのは、昭和四〇年代に街路改修を終え、アーケード等商店街整備に取り組んでいた蓬莱町地区である。昭和五九年に武生市の商業近代化計画も策定されて、この蓬莱と駅南地区が最重点地区となり、同六〇年再開発基本計画も決定された。そして、デベロッパーも大手建設会社に決定するとともに、同六二年一一月には約一ヘクタルの範囲で再開発促進区域が都市計画決定され、順調に進展するかに見えた。

しかしながら、テナントの誘致交渉は難航した。大規模店舗や住宅等を中心としたものであったが、すでに武生の商業資本は、郊外化の動きにあり（昭和六三年三月西郊に「シピィ」開業、さらに東部地区にも動きあり）、中心部のポテンシャル低下と商業エネルギーの萎縮は著しかった。

このため、平成元年には、一部区域を拡大したり、テナント誘致をホテルに変更するなど体勢の建て直しを図ったが、事態は好転しなかった。そうこうしているうちに、平成五年、ある意味ではライバルであった駅南地区がホテル誘致に成功し、駅北地区でも大型店を誘致して、事業が軌道に乗りつつあった。

武生駅南地区再開発ビル完成予想図

（出所）『福井新聞』平成6年3月20日.

こうして蓬莱地区への大型テナントの誘致は絶望的となり、高度利用型再開発を断念、平成七年七月には、前述の促進区域の都市計画検定を正式に廃止し、新たな地区計画を決定、まちづくり協定も締結した。

当初の計画決定から言えば、約一〇年間「再開発」を目標にもがき苦しんだ結果になったが、実はこの間においても、「再開発」以外の方法による蓬莱地区の活性化、賑わい回復の方法が検討されていたのだ。

それは、すでに隣接の町内である京町地区で実施されていた歴史的資産を生かした街なみ環境整備事業である。この当時の蓬莱地区においても数カ所の大正期の蔵が残されており、これを種として街なみ環境整備事業により、市街地を再構成し活性化を図ろうとするものであった。

まさに、高度利用計画からの一八〇度の転換であるが、大資本も不要であり、身の丈にあった再整備事業として、関係者の懸命な合意形成努力により、平成一四年度に完成し、「蔵の辻」と命名された。その後も個性的なギャラリーや店舗等も出店し、国交省からまちづくりの表彰を受けるなど全国的にも注目されている。

身の丈、武生駅南地区再開発事業

上述したように、市当局は市街地内三地区を重点地区としていたが、

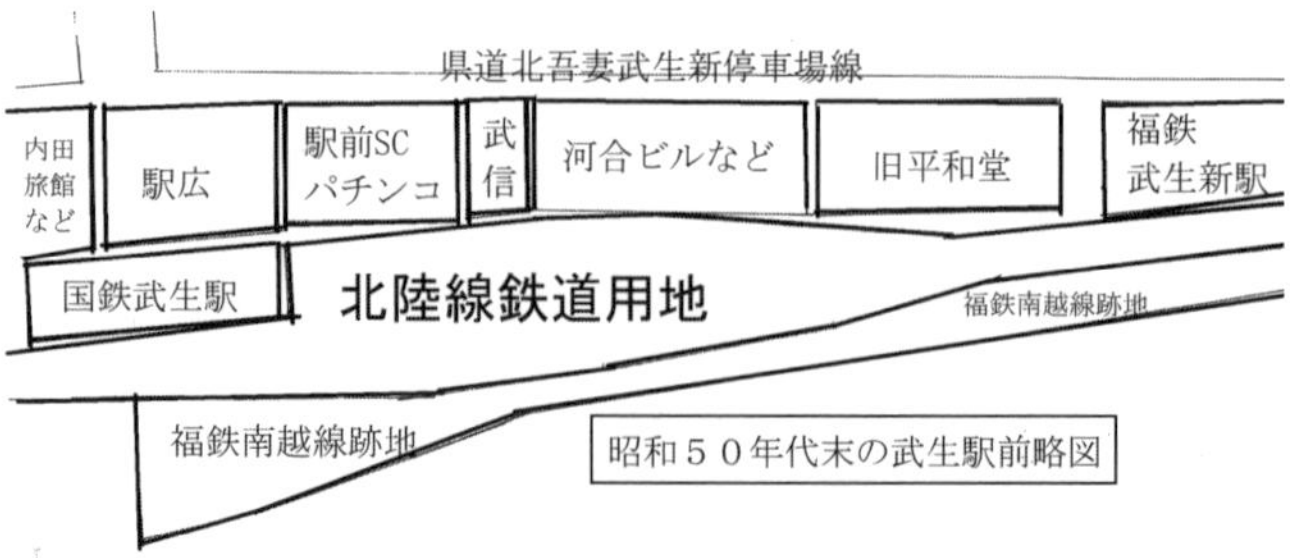

昭和50年代末の武生駅前北地区略図

（出所）筆者作成.

蓬莱地区が遅々として進捗を見ない状況で、駅前二地区にいっそうの期待が寄せられるようになった。また、隣の鯖江駅前の再開発事業が紛糾しながらも、徐々に整備が進んでいく状況を見ながら、武生市の駅前関係者は穏やかでなかった。

昭和五〇年代末の武生駅周辺は、駅舎は改築されたものの、駅南街区は旅館等を中心にした老朽木造家屋が密集し、駅北街区は昭和四四年に進出した量販店「いとはん」が閉鎖された後、パチンコのみがさびしく営業するビルは廃墟に近かった。

このような状況のもとで、まず昭和五六年に駅南地区再開発協議会が発足、翌五七年にはそれが準備組合に発展し、ようやく再開発への動きが具体的となってきた。同六〇年には百貨店や都市型ホテルを核とした調査報告書も取りまとめられた。

しかし、中心市街地の商業はますます衰退し、その後のテナント交渉は、さまざまな案がとりざたされたものの、難航を極めた。県外資本を主として対象としていたが、これに曙光が見え出したのは、平成七年の世界体操大会の鯖江市開催が決定し、これを契機に丹南地区にホテル進出を目論んでいた福井市のホテル会社との交渉が軌道に乗り出してからである。

平成五年七月、約〇・四ヘクタールの区域について都市計画決定、同年一二月に再開発組合が結成され、総事業費約五〇億円に及ぶ事業計画が決定された。そして、翌六年三月に起工式を行い、ビル建設に着手した。

しかし、確定したテナントは福井市のホテルのみであり、改築を予定している武生商工会議所に入居を断わられるなど他の保留床の処分見込みは立っていなかった。このような状況の中で、平成七年一〇月の世界体操の開催の前にホテルを開業すべく、再開発ビルの管理会社の設立が急がれた。だが、保留床処分の見通しの暗い中で、その設立は難航し、市議会も巻き込んだ議論の中で、武生市が一億円を出資した三セク会社を管理会社とすることで決着し、ホテルは開業した。

その後も管理会社は保留床所処分に努力し、一部飲食店を誘致しているが、すべての床は埋まらず、一部は武生市が観光物産センターや消費者センター等として借り上げている。

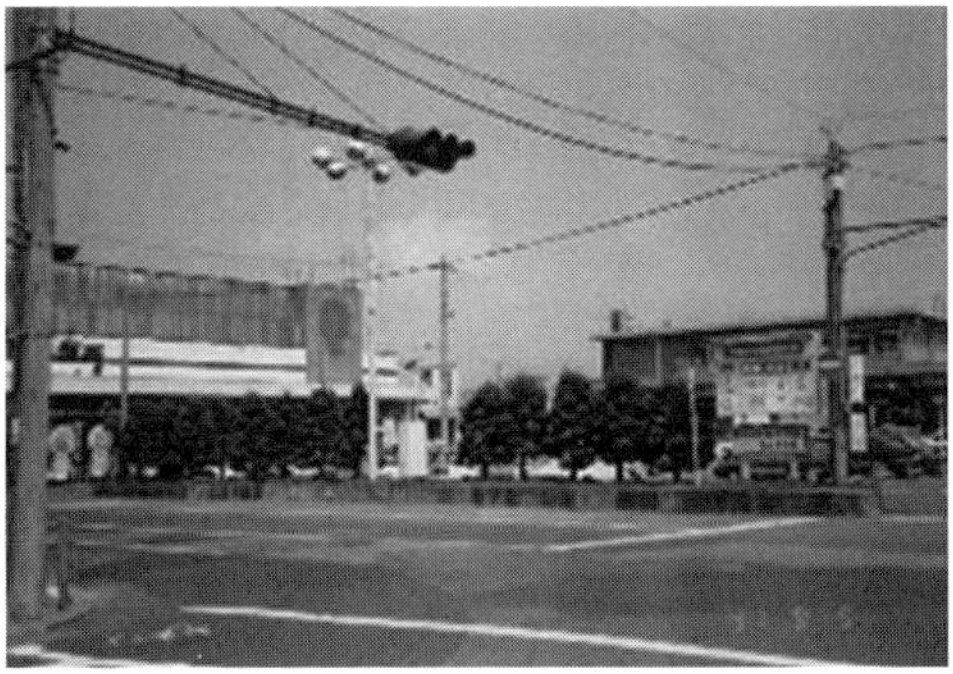

当時の旧いとはん廃墟ビル

（出所）筆者撮影.

再開発事業から区画整理へ武生駅北地区

本地区も、武生市にとって再開発懸案の地区であり、駅前の旧いとはんビルも廃墟化して、表玄関として整備が急務であった。他の二地区に比して駅北地区には次のような特徴があった。

①当地区と北陸線との間にあった旧仕訳線用地を国鉄の民営化に伴い、武生市公社が買収しており、広い未利用地があった（金利負担があり暫定的に駐車場利用をしていたが、有効利用や処分が求められていた）。

②大きな面積の所有者が多く、零細な土地所有者が比較的少なかっ

武生駅北地区土地利用計画図

（出所）都市計画審議会資料.

た。また、この際郊外進出を図りたい店舗もあった。

③福井鉄道駅側に平和堂が旧ボーリング場を買収して小規模店舗ではあるが営業していた（平和堂の福井県進出第一号）。

④前面の都市計画街路武生駅前線（県道）の拡幅改良、駅前広場の拡張再整備が必要となっていた。

また、当時の建設省は新しい事業メニューである「沿道区画整理型街路事業」に力を入れていた。これは、密集市街地において直接買収することは大きな困難が伴うため、当該街路の沿道を区画整理事業の施行区域に含め、減価補償金により地区外転出者を補償するほか、換地方式により、近くの空地を道路拡幅用地に充当し、さらに残された土地も整形・分合しようとするものである。すなわち、街路の拡幅を容易にするとともに沿道建築物に関しても一定の方向に再整備を誘導しようとする内容である。

この駅北地区の条件はこの事業手法に、よく適応するものであり、建築物整備も含む再開発事業にこだわらず、区画整理により土地基盤条件だけを再構成し、建築物の整備は個別民間権利者の事業で行うことを選択したのだ。

それでも、計画策定や大型店等の関係権利者の調整に時間を要し、平成五年三月にいたり、武生市施行の駅北土地区画整理事業が施行区域約二・一㌶の区域について総事業費約六二億円の事業認可を受けた。土地利用としては広場を含む道路用地、大型店の商業用地および駐車場用地の三分類に集約された。

一方福井県は街路事業に着手し、区画整理施行者に公共施設管理者負担金を支払うとともに、街路の拡幅（一一メートル→一七メートル）、ＪＲ駅前広場拡張（三六〇〇平方メートル→四三〇〇平方メートル）、福鉄駅前広場拡張（四五〇平方メートル→一〇〇〇平方メートル）に取り組むことになり、さらに県単事業である都市景観整備事業をあわせて施行した。

ご多分にもれず、核的商業施設の立地が難航したが、平和堂の駅前立地戦略もあり、同店の誘致に成功した。こうして、平成一一年四月新しい駅前広場が完成し、翌年二月大型店平和堂が開店した。なお、この平和堂ビルの余剰床には武生市福祉センターが併設されることとなった。

さらに、ここで駐車場整備について触れておかなければならない。県内の駐車場は、ほとんどが民営駐車場であり、公営駐車場は数カ所しかないが、武生市は三セク経営の駐車場を選択した。大型店にとっては、駅前立地とはいうものの福井県の交通事情を考えれば、駐車場を備えることは必須条件である。また、武生市当局にとっても、上述したように旧国鉄用地を利用した暫定駐車場が潰されたこともあり、駅前・中心部には相当程度の公共駐車場を整備しなければならないと考えていた。民間サイドまた公共サイドにとっても、駐車場の設置と経営のリスクを分散し、一定のサービスを提供するための方式として三セク経営となった。平和堂が七割、武生市が二割を出資して「武生駅北パーキング」を設立し、駐車場整備地区など要件を満たして制度助成を受け平成一二年二月約六〇〇台収容の立体駐車場が総工費約一二億円で完成した。

三の丸地区当初構想図

（出所）都市計画審議会資料.

自力更生！　福井市三の丸地区再開発事業

上述したように三の丸地区も福井市が再開発を懸案とする古くからの

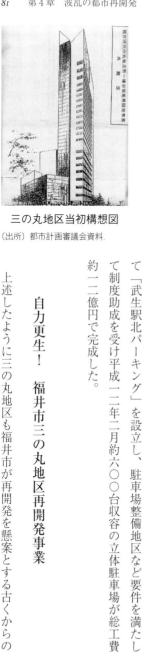

着工前の三の丸地区

（出所）筆者撮影.

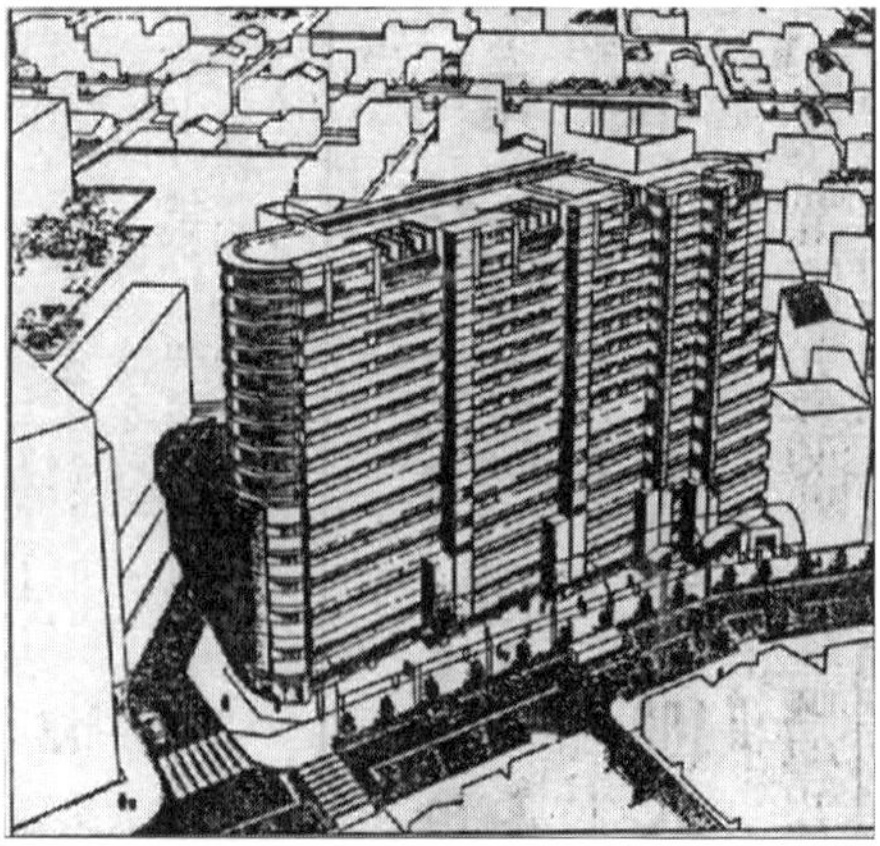

優等生の三の丸再開発変更計画

（出所）PR パンフレットより.

地域であったが、なかなか具体的な動きとはなってこなかった。昭和五九年に関係地権者による委員会が発足。これが同六一年の準備組合への結成へとつながった。そして、平成二年には、都市型高層ホテルを誘致することを基本的な内容とする都市計画決定が行われ同三年九月には延べ床面積約二万三〇〇〇平方メートル、総事業費約一五〇億円とした再開発組合が正式に発足した。

ところが、その後経済情勢が激変、バブルが崩壊し、組合の都市型ホテルの誘致交渉は都市圏・ローカルも含めてすべて暗礁に乗り上げ、平成六年には核テナントをホテルから公共施設へ方針転換を図った。しかし、福井市当局からの色よい回答はなかなか得られず膠着状態が続いた。

事態が動いたのは、平成一一年である。それは県外資本ではなく、いずれも地元の資本である。一つは、本地区に隣接して営業していた田中病院が老朽化し改築が迫られていたこととこれを機会に福祉施設を併設したい構想をもっていた。一方、地元の三谷商事は、高齢化社会にふさわしい都心・駅前立地のマンション建設を検討しており、しかも病院併設であれば、さらに価値があがると考えた。そして、福井市当局も、都心居住を推進しており、このようなコンセプトを積極的にバックアップした。

こうして、変更計画が急いで詰められて、翌一二年に都市計画変更が行われ、一三年八月に着工した。病床一四八床、住宅六八戸、さらにケアハウスや飲食店等および一二〇台の立体駐車場を内容とする複合ビルで、地上一五階、延べ床面積約二万二〇〇〇平方メートル、総事業費約六六億円であった。

この三の丸再開発に特筆すべきことがある。もちろん病院とマンションの連携プレーも大きな特徴であるが、再開発事業の資金計画上での重要な点がある。それはまず保留床の処分先つまりテナントがこれまでであれば、どうしても県外資本に依存することが多かったのであるが、本地区はすべて地元資本で対応したこと。

さらに、再開発事業には制度上の一般的な行政からの助成があるが、多くの場合そのほかに保留床を公共団体等が購入することにより再開発事業を支援したのである。しかし本地区では公共団体による保留床購入は一切なく、別枠の助成としては前面道路の拡幅相当分の用地費程度で、いわば「市場経済」だけで成立したことになる。

このことは、地方都市にとってまさに画期的なことであった。平成一五年三月無事完成した。現在、一部飲食店等の空床問題を抱えるものの、県内の再開発としては、事業後の問題も含めて成功例の一つとして位置づけられるであろう（図「優等生の三の丸再開発変更計画」参照）。

また、再開発に限らず民間個別開発によりそれまで多くのマンションが福井市街地にも建設されていたが、中心市街地では例が少なかった。しかし、この「三の丸」の成功を契機として、駅前周辺にもマンションが整備されるようになった。以後の再開発においても、これまでのように商業施設や公共ホール、ホテルなどのみならずマンションが不可欠のテナント候補となってきた。

なお、この「三の丸開発」は奇しくも平成六年福井市長選を争った三勢力の協力の成果であった。

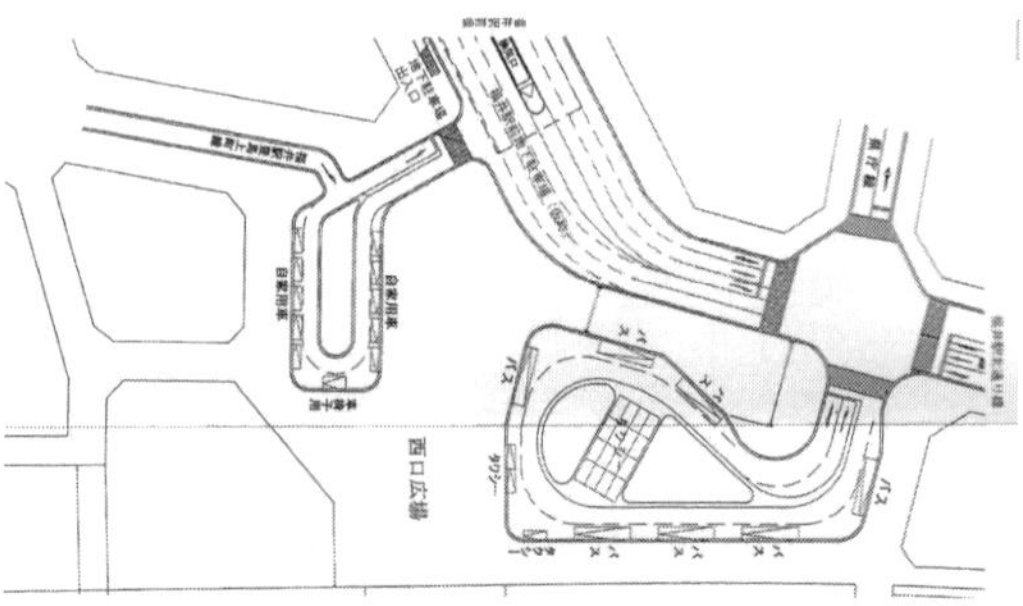

西口広場当初計画　平成３年

（出所）都市計画審議会資料.

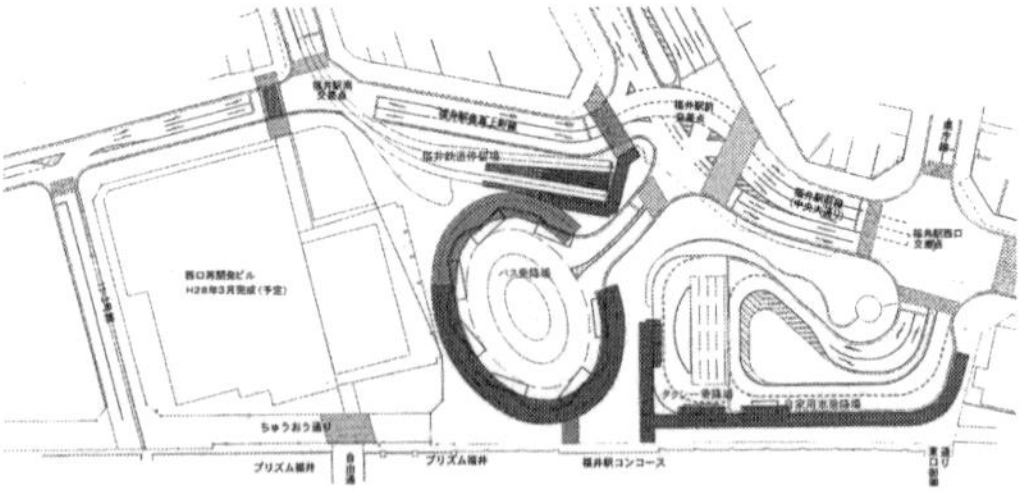

西口広場最終計画　平成19年

（出所）都市計画審議会資料.

福井駅周辺整備事業

福井駅周辺土地区画整理事業と東西駅前広場の拡張整備

この地区は、一度戦災復興土地区画整理事業を経験した再区画整理の区域であり、減価補償金型の区画整理である。後述する福井駅付近連続立体交差事業（鉄道高架事業）と連動して、駅前広場の再整備、鉄道用地の整理・集約、後続する北陸新幹線用地の確保、さらには再開発事業をはじめとして、周辺街区の高度利用の推進などを目的として、敢て施行されたもので、通常の区画整理事業では考えられない多くの困難な課題を解決しなければならなかった。すなわち、鉄道事業との工程調整、仮線等鉄道用地調整、新幹線用地確保費用、再開発参加・不参加問題、再区画整理に伴う減歩問題（原則として一般民地は「ノー減歩」とされた）、早期の仮換地指定などである。

また、東西駅前広場も当初計画はいずれも狭小であることや広場内レイアウトなども問題があるとして変更され、これらはいずれも区画整理換地計画に大きな影響を与えるものであった。東口広場については、平成九年に当初計画の六五〇〇平方メートルが、観光バスのスペースを確保することなどを目的として、南側に拡大、九一〇〇平方メートル

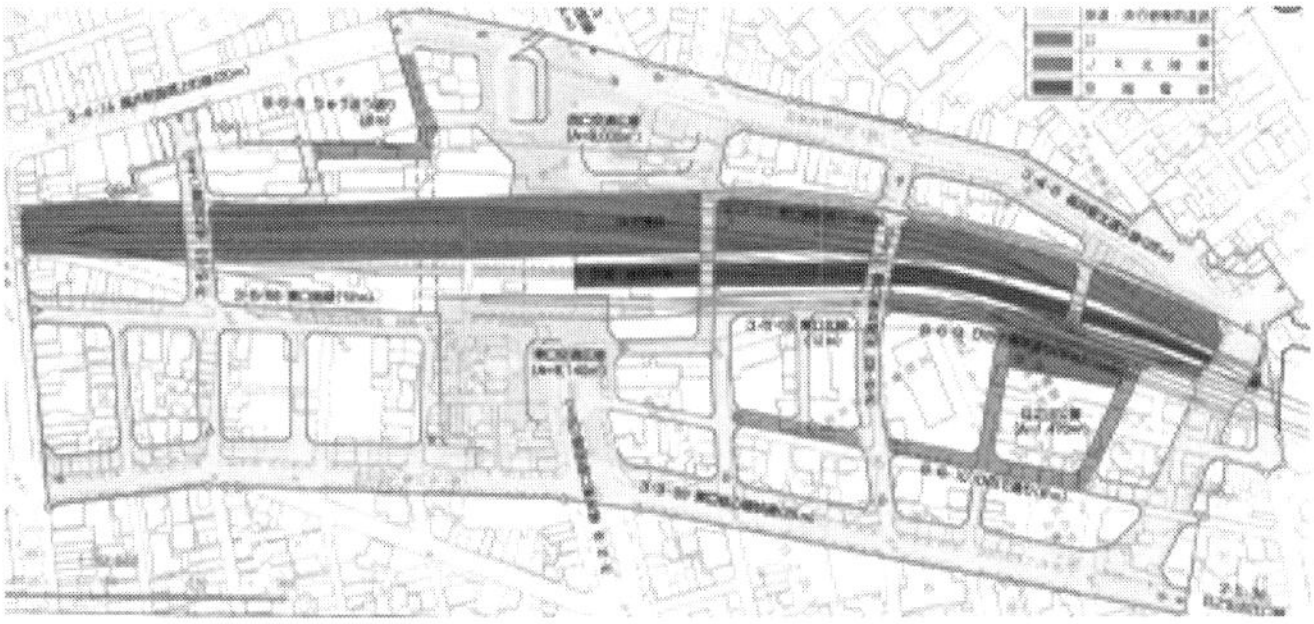

西口駅前広場と土地区画整理事業当初計画　平成3年3月決定

（出所）都市計画審議会資料.

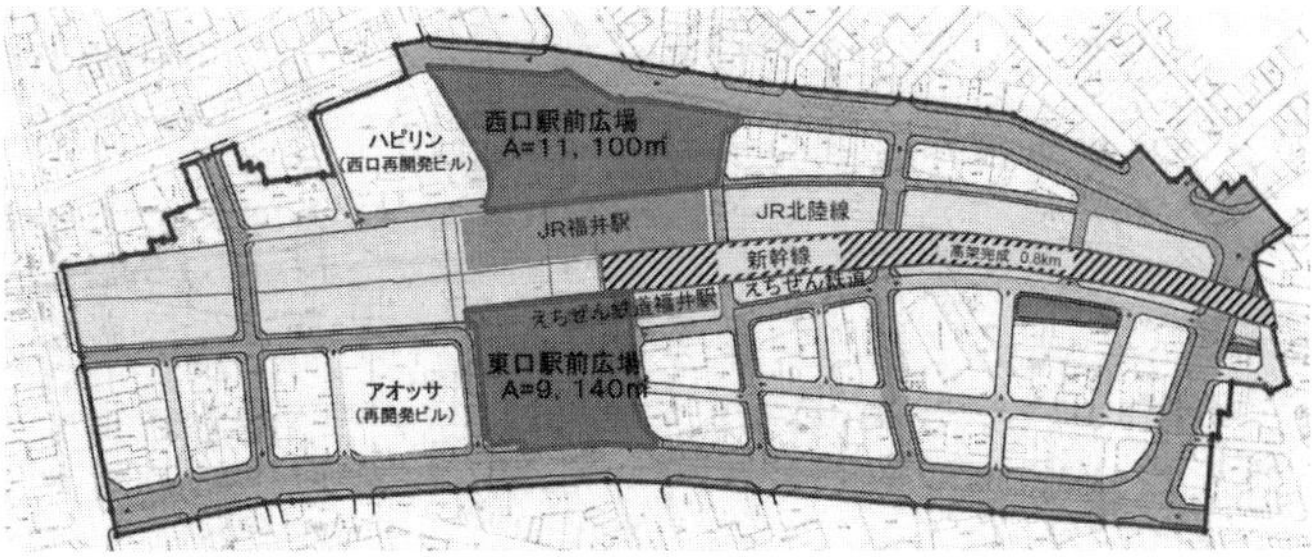

西口駅前広場と土地区画整理事業の変更と再開発の都市計画決定
平成19年12月

（出所）都市計画審議会資料.

に変更されて、後述する手寄再開発と広場整備が行われた。

さらに西口広場である。当初の計画が面積九〇〇〇平方メートル従前の広場に比して倍以上であるが、県都の表玄関としては狭いこと、当初の計画ではバス・ターミナルが北側にあり、再開発ビルと一体的なにぎわいを起すためには、これを南側に移し（タクシー・自家用車乗り場は北側に変更する）、さらに福井鉄道駅前線の駅前広場乗り入れを実現するため所要のスペースを確保するため、平成一九年西口広場の拡大変更と（九〇〇〇平方メートル→一万一〇〇〇平方メートル）再開発の都市計画決定を行った（施行区域面積〇・七ヘクタール）。また、再開発事業の資金負担の軽減や再開発不同意者対策として、再開発区域を含める駅周辺土地区画整理事業の施行区域拡大を同

暫定広場交通処理

（出所）筆者撮影.

暫定広場 FM サテスタ

（出所）筆者撮影.

時に行った（一六・三ヘクタール→一六・六ヘクタール）。平成一九年に拡大変更されて整備が行われたが、その変更内容は図（西口駅前広場と土地区画整理事業の変更と再開発の都市計画決定　平成一九年一二月）のようである。

平成四年一二月の事業認可以来、二六年を経て、平成三〇年一二月換地処分が行われた。総事業費四三六億円、平均減歩率八・九九%の事業であった。

合併施行・福井市手寄地区再開発事業

福井手寄地区の再開発事業は、これまで述べてきた各地区とはだいぶ性格が異なる。

それは、これまでの地区が曲がりなりにも再開発の「種」が古くから地元にあり、行政がこれを支援するという構図であった。福井駅周辺整備事業等による東西市街地の一体化の重要な要素として駅東地区の拠点形成の課題形成があり、この手寄地区再開発は、地元の熱意もさることながら、これに応えるために位置づけられた経緯がある。

また、地区内にあって再開発に参加しない関係権利者は施行者から補償を受けて地区外転出するのが一般的である。しかし、この手寄地区は福井駅周辺土地区画整理事業の区域内にあり、まずこの機会に駅前から郊外等へ転出を希望する権利者は区画整理の補償を受けて、区画整理地区外へ転出する。次に、駅周辺には残りたいが、再開発には参加したくないとする再開発地区内の権利者は区画整理による換地手続きにより、再開発地区外の区画整理事業区域内に移転する。さらに、区画整理事業区域内にあって、再開発区域外にある権利者で、種々の事情から再開発に参加したい権利者は、区画整理による換地手続きより、上述と反対に再開発地区外から再開発地区内に移転することになる。すなわち、再開発事業に積極的に参加したい権利者だけで、再開発を立ち上げるということである（再開発法には「参加組合員」の制度があるが、これとは趣旨が異なり、従前権利者と同じ扱いになる）。いわゆる区画整理事業と再開発事業との合併施行である。この方式は、全国的にも事例が少なく福井県では初めての施行であった。そして、区画整理での換地がいわゆる「照応」の原則から外れる場合があること、また換地処分前の「仮換地」の状態での再開発「権利変換」であることから、慎重な取り組みが要請された。

福井駅周辺市街地総合再生計画

（出所）福井市 PR パンフレット.

以上のような特殊な位置づけ、仕組みをもつ手寄地区であるが、連続立体交差事業や周辺土地区画整理事業等による基盤再整備を踏まえて福井市が平成七年に策定した福井駅周辺市街地総合再生計画をめぐって動きが始まった。この再生計画では、西口について民間施設主体、東口（手寄）では公共施設入居で支援するという基本的な考え方のもとに、その公共施設の内容をめぐって福井市内部での議論も活発になってきた（図「福井駅周辺市街地総合再生計画」）。

一方、地元においても、再開発への参加希望を確認するなどの動きが出て、平成一一年七月の仮換地指定、同一三年三月に権利者一〇人による準備組合が結成された。さらに事業パートナーを決定し、県・市の公共施設や商業施設の検討が行われて、平成一四年八月都市計画決定、翌一五年九月に本組合の設立が行われた。

着工前の福井駅西口地区

（出所）筆者撮影.

この時点での事業規模は、地上一一階・地下二階、延べ床面積約三万八〇〇〇平方メートル、総事業費約一一六億円を予定する官民複合ビルであった。この再開発計画において、少しでも公共サイド取得の床を増やしてリスクを軽減したい組合、少しでも福井県の床取得を増やしたい福井市、逆に再開発事業は一義的に市の担当であるとして、少しでも購入床を減らしたい福井県と三者三様の考えで、県の負担額約四九億円は過大であるとして、県議会でも議論となってきた。こうして、さらに関係者の間で、協議が繰り返され、県負担を約一〇億円圧縮、商業施設を増床するなど平成一六年九月次のような計画見直しとなった。

事業規模は、当初の一一階建てを一〇階に、延べ床面積を約三万三〇〇〇平方メートルに縮小した。県施設は、県内大学のサテライト・キャンパス等を除外し、県民ホール等七・八階のフロアとし（既存の県民会館は廃止）、福井市施設は図書館等四・五・六階のフロアは変更なく、商業施設は一・二・三階のフロアで一部増床した。また地下駐車場も二〇〇台から一七〇台に変更され、総事業費約一一〇億円（市・約三三億円、県・約四〇億円）となった。

その後埋蔵文化財の調査を終えて、一七年四月工事に着工した。そして再開発ビルの愛称をアオッサと命名し、一九年四月事業が完成し、商業施設や飲食店等も開業した。

こうして、県市の公共施設フロアは、それなりに賑わいを見せているものの、一・二・三階の商業フロアは苦戦を強いられている。完成当時から、二階フロアは埋まらず、また三階の飲食店フロアも撤退が相次ぎ、管理会社が賃料不払いで訴えられるなど不安定な状況が続き、安定テナント獲得に向けて努力が続けられている。

難産だった「真打ち」福井駅西口再開発事業

福井駅高架事業や再区画整理事業を中心とした福井駅周辺市街地総合再生事業の有終の美を飾るはずであった駅前一等地の福井駅西口再開発事業はきわめつきの難産であった。

もともと再開発整備地区に位置付けられていたが、三の丸地区の再開発が完了し、また手寄地区の再開発が収束段階を迎えようとしていた平成一六年ごろから具体的検討議論が始まった。当初期待していたＪＲ西日本の参画が得られず（その後ＪＲ西日本はその所有地の一部を福井市に売却するとともに、富山資本のマンテンホテルを建設した）混迷していた。そして平成一三年撤退し幽霊ビルとなっていた旧生活創庫ビルを三の丸地区でマンションを整備した三谷不動産が平成一八年取得して主要なテナントの一部が決まり、同一八年末準備組合が発足し、再開発パートナーに前田建設を決定した。だがその他のテナントとしては、ご多聞にもれず都市型ホテルの誘致を図っていたが、その旗振り役の地元経済界もホテル誘致を断念した。

連続立体交差，区画整理，再開発施行前の福井駅周辺

（出所）国土基本図をベースに筆者作成．

そうこうしているうちに、今度は平成三年に決定した西口駅前広場都市計画に関して再検討の議論が起きて来た。それはバス・ターミナルを南側に移し、福井鉄道駅前線を広場内に延伸、全体としても駅前広

場を拡大しようとするもので、前述したように平成一九年計画変更を行い同時に西口再開発の都市計画決定を行った。

市当局は、市施設による床取得とともに、新たな核テナントの模索を開始した。平成二一年一一月NHKに入居要請、マンション、飲食商業観光施設、市福祉会館（能舞台など）の移転、駐車場、県の一部床取得などで、次第に枠組みが具体化してきた。しかし、同二二年末NHKに入居を断られ再び暗礁に乗り上げた。

そして、翌二三年福井市はプラネタリウム整備と屋根付き広場を提案してきた。これにもプラネタリウムの集客力や採算性などについて異論が続出したが、前田建設に代わる特定業務代行者に竹中工務店を決定するなどして、基本方針を貫き、同二四年六月再開発組合が設立された。その後、同二五年八月事業計画の変更と権利変換計画の認可を受けて工事に着工した。愛称もハピリンと決定し、同二八年四月市内最高の二一階建て九一・六メートル、総事業費約一一一億円のビルが完成した。なお、屋根付き広場「ハピテラス」と命名されて駅前広場と一体利用され人気を博している。この広場は約一〇〇〇平方メートルあり、福井市所有である。

おわりに

福井駅西口再開発事業をもって、平成初頭に計画された一連の福井駅周辺整備事業は一応の完結をみたことになる。

しかし、これら事業に駅周辺のポテンシャルアップ、そして令和五年春に予定される北陸新幹線の敦賀開業により、さらなるポテンシャルアップが見込まれている。加えて、戦後建築されたビルの老朽化・陳腐化の進行、新しい価値観をもつ世代交代、一連の開発事業による土地秩序の流動化などにより、現在福井市の中心市街地においては、個別更新のみならず、民間資本主体のいくつかの再開発事業が進行中である。

第5章　一〇〇年の悲願・福井駅鉄道高架事業　前史

はじめに

平成八年七月一〇日ＪＲ福井駅付近連続立体交差事業の起工式が行われた。そして、この平成八年は、明治二九年七月二五日に、北陸線が福井まで開通し、福井駅が開業してから、奇しくも一〇〇年目にあたる節目の年でもあった。すなわち、これまで鉄道開通以来、福井の都市形態に有形無形の影響を与え続けてきた基本的な矛盾を、解決するための歴史的プロジェクトがようやく一〇〇年目にしてスタートしたということである。この鉄道高架化は福井市にとって、鉄道開道以来の宿願であり、この一〇〇年はさまざまな形で運動が展開され、挫折してきた歴史でもあった。それらの努力がようやく結実したのであり、先人たちの足跡をこの機会にふりかえり、検討整理しておこうとするものである。以下、鉄道と都市との一〇〇年の関係について、高架問題を中心に考える。

城下町福井と北陸線開設

北陸線建設運動

明治五年の新橋〜横浜鉄道開業、明治一三年の金ヶ崎〜長浜開通、明治二二年東海道線全通等の背景の中で、福井県や北陸地方においても鉄道敷設の運動が激しくなってきた。当初は私設鉄道東北鉄道や北陸鉄道会社による鉄道免許取得であり、木の芽嶺の隧道開鑿がきわめて大きな費用を要することもあり、福井・金沢・富山の諸都市や三国（坂井）・伏木等の港湾を連絡する「北陸ブロック鉄道」の色彩が強く、敦賀連絡は後年度事業とするものであった。このような北陸金沢方面の主導は、敦賀より京阪方面との連絡を至上課題とする福井県産業界にとって、きわめて不満の残るものであった（関西方面との経済関係について、同じ北陸とはいうものの、福井県と他の県で濃淡があることは、明治時代でも同様である）。

しかし、この私設鉄道計画は資金難等から実現には至らず、明治二四年政府の幹線鉄道官設官営主義への政策転換があり、福井県等の請願により北陸線は第一期に含まれた。全国幹線ネットワーク形成の観点からも、敦賀連絡を重要視する内容であり、福井県にとっては「悲願達成」であった。ただ問題が一つあった。それは三国迂回ルートであったことである。私設鉄道計画では、北陸の海運拠点をも連絡する地域振興的意味もあったのであるが、全国的幹線網の位置づけからすれば、三国経由は大きな評価を受けず（三国経由にすることにより幹線鉄道が海岸に露出するという国防上の問題もあったとされる）金津直線短絡路線が採用されたのである。この問題は、その後も三国の必死の巻き返し（三国資本は私設鉄道計画時代には中心勢力の一つであった）、金津との確執、三国支線の敷設、さらには時代がさがって、京福電鉄三国芦原線の敷設とその大聖寺延伸構想などの伏線となっていくのである。このような経緯をたどり、北陸線は明治二六年四月着工され、同二九年福井、同三一年金沢、同三二年富山の順で開業した。

北陸線市街地ルート

さて前項で述べたように、北陸線は建設されていくのであるが、当時の都市（市街地）との路線関係、駅位置関係はどうであっただろうか。当時の地方有力層の火輪（汽車）に対する対処方針には二つの極端な立場があった。すなわち、これからの都市産業の発展にとって鉄道は不可欠であり、市街地枢要の地域に引き込むべきだというものと、鉄道（という異文明）は旧来の社会秩序・公序良俗を破壊するものであり、なるべく市街地からは遠ざける必要があるとするものである。県内では、「丸岡駅」が後者の例として、つとに紹介されている。

それでは、福井駅の場合である。福井市街地に関する鉄道路線、駅位置が具体的に問題となりだしたのは、明治二五年牧野伸顕知事（元勲大久保利通の次男で練腕知事として、鉄道の私設から官設への転換や県費支弁の土木事業を拡充したとされる）の時代である。牧野知事は次の三案を提案している。第一は、市街中央の旧本丸を突き抜ける路線、第二は二の丸を通る路線、第三は市街地東方を通過する案である（なお、当時の県庁は城址外にあり、城址内に移転したのは大正末期である）。これらの事実は上述の立場を代表していて興味深いが、知事自身は第一案を志向していたようである。当時の旧城址は旧藩主松平家の差配下にあり、当主や旧藩士族は他の城址部分なら止むを得ないが、旧本丸の通過は絶対反対である旨県庁に出願している。

この路線問題は、牧野知事の後任の荒川邦蔵知事のもとで明治二六年再燃してきた。荒川知事には次の二案があった。すなわち城祉線と堂形《どうぎょう》線案である。前者は幸橋と豊橋（現木田橋）の中間より旧城址（二の丸）を経て西別院近辺を通過するもので、後者は堂形（現在の城の橋陸橋付近）より中の馬堀を経て東北端の志比口を掠めるものである。荒川知事と由利企正らは福井市の発展を考えて城址案を支持したが、旧士族や市議会はこれに反対で堂形案に賛成した。その主な理由は次の通りである。①踏切が多くなり、交通の便を妨げる。②人家密集地域で冬季除雪に支障を来す。③人家密集地域を汽車が通過する際、火の粉、煙害等があり失火の危険を伴い、また衛生上の

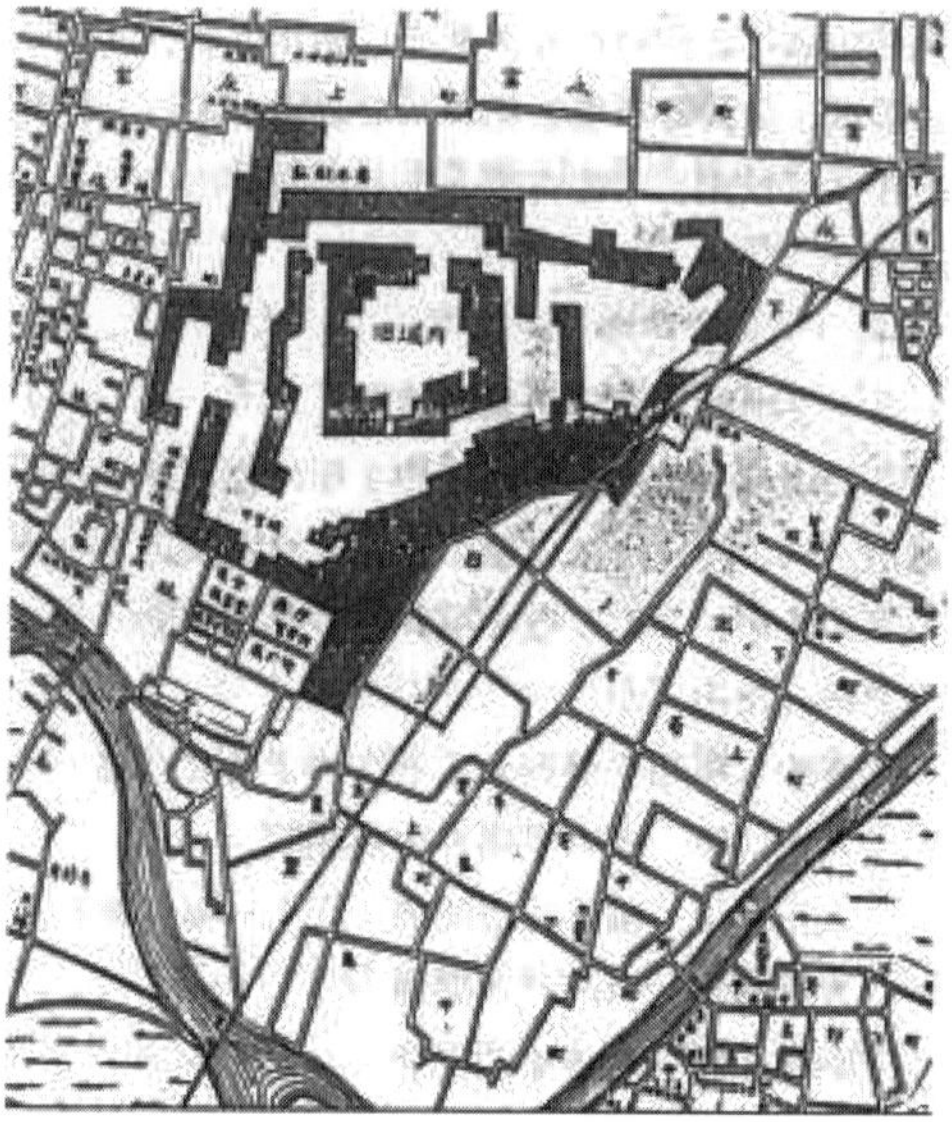

明治27年の福井市街図

（出所）福井市編『福井市史』.

問題もある。④鉄道線路はわずかであるが台地状となるため、これが東西の流水を妨げ溢水のおそれがある。⑤鉄道が市街地を東西に分断して、地域住民の「隣保の団結の習慣」をこわす。⑥城濠の水は従来より防衛のためのみならず、周辺西部農村の灌概用の貯水場の効もあり、これを狭めることは、これら農業にも支障を来す。

このような問題点は、城址線の市術地中央通過による交通至便の利点により到底償うことができるようなものではない。一方、堂形線はこれらの欠点もなく、桑園等平坦地にして工事費も経済的となるものである。

すでに明治二〇年代の鉄道敷設時において、このような鉄道と市街地との本質的関係（特に「地域分断」）について議論されていることはたいへん興味深い。結局は堂形線案が力を得ることになり、着工されて現在見るような線形となった（市街地分断の問題は残された。ちなみに、金沢においては、福井における東部郊外案と同じ考えで、中心地より遠く路線設定がなされている）。

福井駅の位置をめぐって

市街地通過ルートが前記堂形線に決着すれば当時の城郭、城濠位置および商業中心地との関係からすれば、現位置とせざるを得なかったと思われる。当時においても、城下町時代の土地利用の名残があり、商業集積地は旧北陸街道沿いの呉服町にあって、次いで旧北陸街道九十九橋北詰から東に向かう本町通りで、福井城の大手筋にあたり商家が形成されていた。明治にいたり外堀がうめられて片町付近も商業地が集積されようとしていた。そして、この本町通りをさらに東に延伸した現在の電車通りには、城址に移転する前の県庁が立地しており、この通りの突き当たりが福井駅というわけである。

また純地形的にいっても、足羽川を渡り、中心地に近く、城址との関係で駅正面が比較的開けて、まとまった土地が残されている所は、このあたりしかなかったものと思われる。もっとも駅開業時には、正面に百間堀南端の一部が横たわっており、これが埋め立てられ、大名町・本町に向かってまっすぐな駅前道路（幅員八間、現在の電車通り）が整備されたのは、明治三六年であった。そして、開業以来仮駅舎であった福井駅は、明治四〇年本格的な改築を行い、昭和三年の県庁城跳移転（大正一二年）跡地へのだるまや百貨店の開業、同三～四年にかけての福井駅の再度の拡張増改築を経て、駅前は商業集積地としての基礎を築くようになるのである。

昭和初年の都市計画街路網決定

都市計画をめぐる全国情勢

帝都東京の市区改正の苦闘を経て、大正七年ようやく内務省の一隅に都市計画課が設置され、翌八年旧都市計画法が公布された。少壮の技術官僚たちは、東京の改造計画について調査研究立案を進めていたが、実施には至らず、大正一二年の関東大震災後の東京・横浜の復興計画・事業が、最初の本格的な事業実施の舞台となった。この復興事業の計画・事業の経験を経て、さまざまなノウハウを蓄積した技術官僚たちは、都市問題への認識の深まりを背景として、大都市のみならず、地方の主要都市への都市計画行政の展開を企図していた。すなわち、大正九年の旧都市計画法の施行と同時に六大都市に適用され、同一二年に静岡、金沢等の主要都市への適用があり、昭和二年には秋田、宇都宮等とともに福井市にも適用された。

昭和初年の県内情勢

このように、福井市は昭和二年に都市計画法が適用され、同四年には都市計画区域が決定されたのであるが、このころの福井市の都市的動向はどうであったろうか。代表的な事項を整理すると次のようになる。

大正一四年　赤十字福井病院開院
一四年　福井鉄道開通（武生―福井新）
一四年　市内バス開通
昭和　三年　だるまや開店
三年　京福三国線開通
五年　永平寺大遠忌
五年　幸橋ＲＣ架け替え、福井県体育協会設立
六年　東安居村三ッ橋地方合併
七年　福井人絹取引所開設
八年　ＮＨＫ福井開局
八年　九十九橋ＲＣ架け替え、福井鉄道市街駅前乗入れ

八年　陸軍特別大演習
一〇年　福井市新市庁舎完成
一一年　和田村、木田村合併

このように見てくると、昭和初年は繊維産業を中心とした経済発展の中で、「都市化」の進展、自動車の本格的な登場、郊外鉄道の開通、幹線道路の整備、ラジオの普及等一種の「離陸」の時代であり、戦前における一大イベント陸軍大演習に向かう高揚した社会状況を呈していたものと考えられる。

都市計画街路網決定と鉄道

上述のような国内県内情勢の中で、昭和七年櫨井市における最初の都市計画街路網の決定が行われた。この街路網決定の概要や引き続き行われた用途地域等の決定に関しては、別章で記述しているので、ここでは鉄道との関係に限ることとする。

都市計画街路と鉄道の交差方法について、当時の都市計画福井地方委員会で激論が交わされている。当局案（内務省案）では、鉄道との交差方法はすべて立体交差が望ましいとしながらも、費用・地形等の制約から、国鉄線では、城之橋および志比口踏切の跨線橋化、京福線では国道一一二号および芦原街道との交差を架道橋化（京福線については、道路改築時に高架とすることが免許条件）する四カ所に限定されていた。

当時においても、福井市東西の交通は激しいものになっており、城之橋踏切がもっとも多く、ついで観音町踏切が東西交通の障害となっていた。

このため、委員のうちの福井市会議員青水良三と岩堀正の二人が事業の実施時期はともかくとして、福井市百年

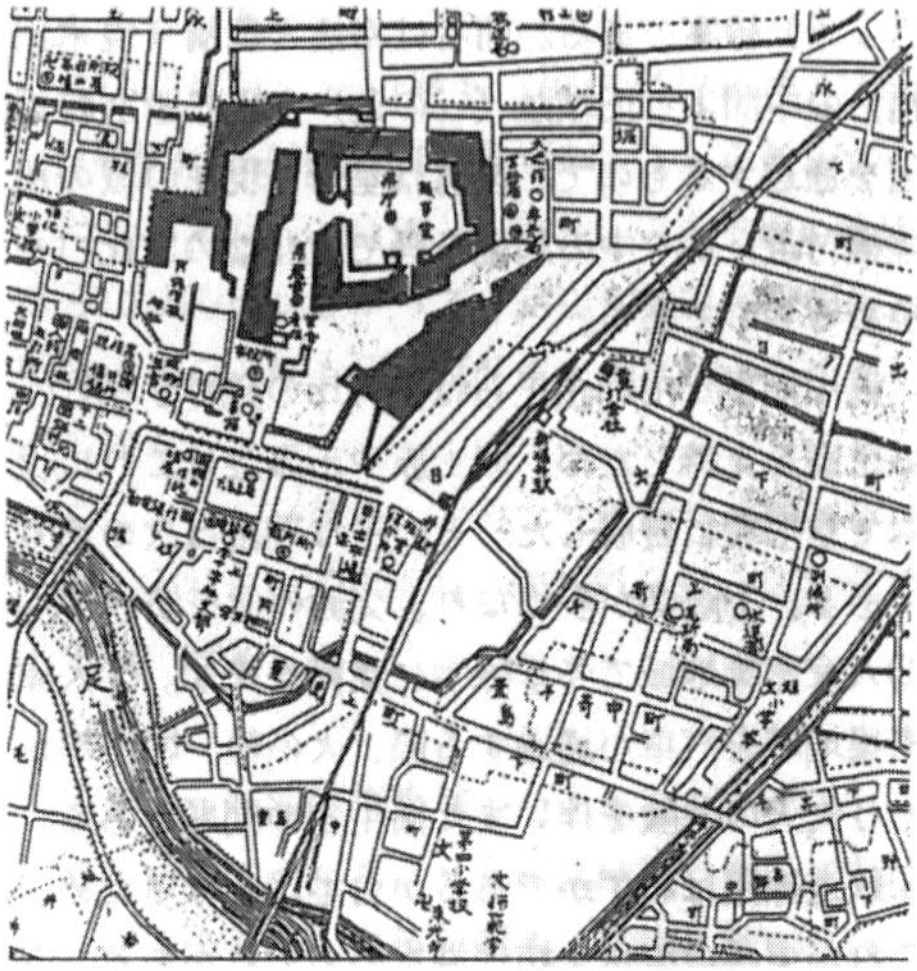

昭和12年の福井市街

（出所）福井市編『福井市史』.

の大計として、特にこの観音町踏切の立体交差化を東京・神戸等の高架鉄道の例もあげ、強く主張した。

　これに対する当局の答弁は次のようなものであった。①観音町踏切を立体化するためには、地形上、鉄道を高架化しなければならない。これには、非常に多額の費用を要するとともに、鉄道事業者の問題であり（戦前の高架化工事はすべて鉄道事業者主導で行われていた）、この場での議論は適当ではない。②福井駅改修に伴う東口の開設（昭和四年）による横断交通の減少や操車場等の郊外移転がかなえば（昭和一五年南福井操車場開設）、踏切遮断時間は緩和される。③自動車や自転車はともかくとして歩行者に関しては、近くにすでに人道橋がある。（昭和四年架橋）④百年の大計とはいうものの、事業実施の見込みがたたないものについて、建築規制のみ行うことは、社会的な問題となる。

　この議論は結局平行線で、福井駅高架について鉄道省へ建議する事を条件として、委員会は決着している。しかし、戦前の内務省絶対の時代において、市会議員がこれだけ抵抗したことは、当時においても東西交通円滑化の問題は相当に深刻であったと想定される。

　明治二九年の鉄道敷設時において、鉄道による市街地分断を憂慮し、開通後三〇年を経て、その分断現象は現実のものとなり、昭和七年、福井都市計画を本格的に論議する最初の地方委員会において、福井駅高架問題が俎上にのぼったことは、道路と鉄道の関係を考える上で非常に興味深いものである。

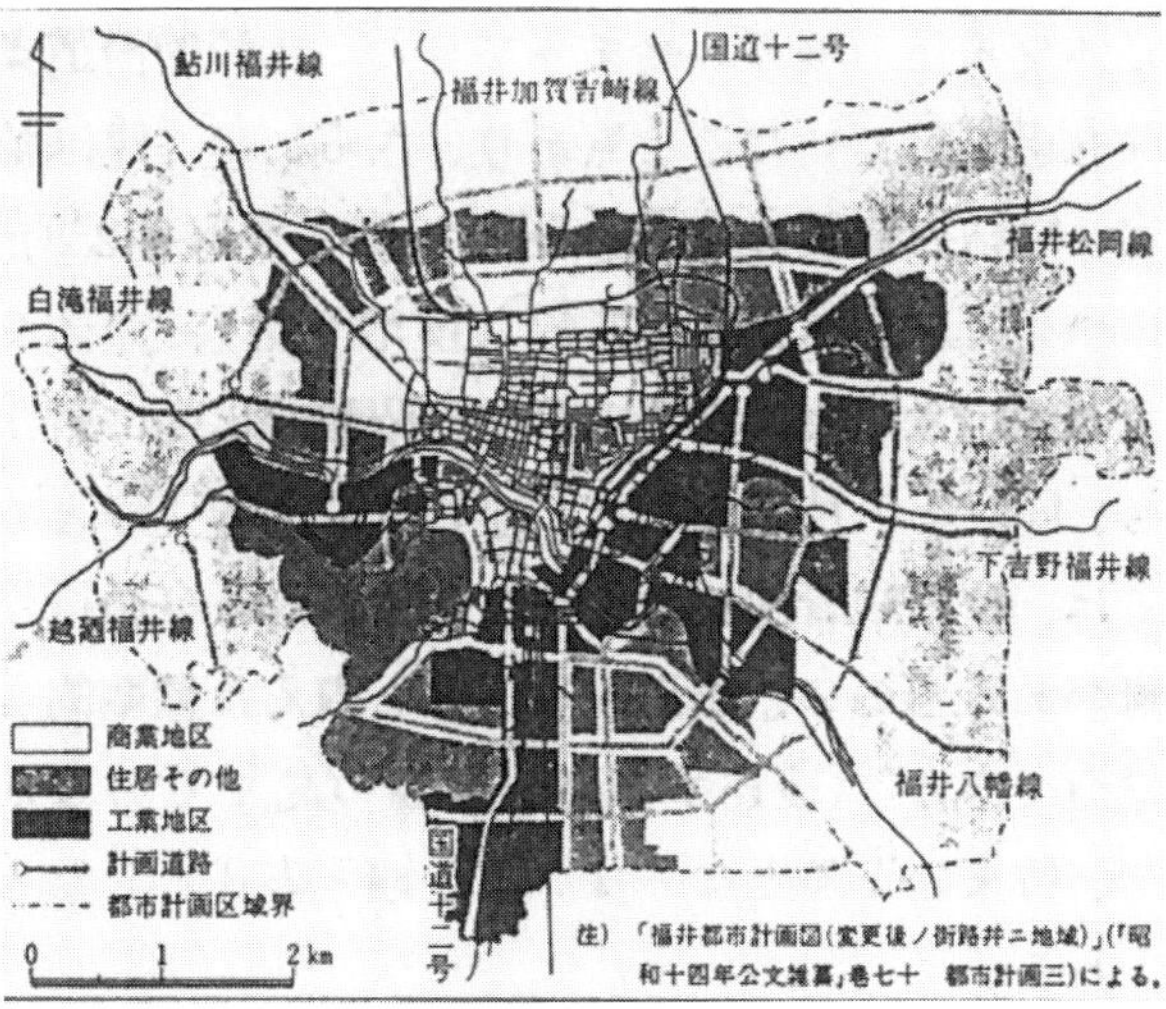

昭和14年福井市都市計画図

（出所）福井県編『福井県史通史編６近現代二』.

ちなみに、大阪駅、名古屋駅の高架化完成は、それぞれ昭和九年、同一二年のことであり、当時の関係者は、その高架化事業を目の当たりに見ていたと考えられる。

首相　岡田啓介

戦前戦後を通じて、福井県出身の唯一の首相である岡田啓介が首相となったのは、昭和九年七月、二・二六事件で総辞職するのが昭和一一年二月である。上述したように、ちょうどこの時期は、戦前において福井駅の高架運動が一定の盛り上がりを示していたときである。地元福井市が首相に陳情し検討されたふしがあるが（退役して城の橋踏切の改善運動をしていた松尾大佐が秘書官に就任）、当時高架化工事が行われていたのは大都市のみであったことや、戦時体制の中でうやむやになっている。なお、このときの首相秘書官を務めていた福田耕（昭和四五年死去）は、後述するように戦後福井駅高架化を唱えている。

戦災復興都市計画事業

全国戦災復興都市計画事業の基本方針

昭和二〇年一二月に閣議決定された戦災地復興計画基本方針の中で、街路網は都市聚落の性格、規模並に土地利用計画に即応し之を構成するとともに、街路の構想に於いては将来の自動車交通および建築の様式、規模に適応せしむることを期し、兼ねて防災、保健および美観に資することとされ、既往計画を見直し壮大な方針が策定された。これを受けて、主要幹線街路の幅員は、中小都市では三六メートルとされ、また鉄道との交差は原則立体交差とされた。

しかし戦後の困難な財政事情や復興事業の早期収束を図る政府方針のため、漸次事業計画は縮小されていった。すなわち、施行区域の縮小、幹線道路の幅員縮小、駅前広場の縮小、鉄道軌道の限定的移設、道路舗装・永久橋梁・立体交差の先送り別途施行化等である。

なお、「道路と鉄道との交差に関する建設省・日本国有鉄道協定（以下「建国協定」）」は昭和三一年一二月、「踏切遭改良促進法」は同三六年一一月それぞれ施行されている。

福井戦災復興都市計画事業と鉄道

福井市の戦災復興事業においても、幅員四四メートルの駅前道路の新没、国道八号（幅員三六メートル）の市街地南北縦貫など抜本的な街路網が決定された。そして、鉄道との関係で特記すべきことは、次のようである。

従来の福井駅前後の鉄道線形の改良も兼ねて、福井駅を北側に移設し、西口駅前広場を拡張するとともに、福井鉄道の市内軌道線を撤去、福井駅に直接乗り入れ集約する当初構想であったが、上述の縮小方針によりこれらは実現しなかった。また、復興事業区域内で国鉄北陸線と交差する都市計画道路は、板垣山奥線（幅員一五メートル、春日踏切）、城の橋線（同二七メートル、城の橋踏切）、中央線（同二七メートル、日の出踏切）および新保境線（同二七メートル、清川踏切）の四路線で、立体交差は後年度別途事業とされ、当面平面踏切として計画された。なお、観音町踏切は都市計画道路としての位置づけもない（中央線で代替）。

戦後の混乱期の中で、百年の大計としての戦災復興事業計画立案において、鉄道の高架化がどのように議論されたかは定かでないが、当時の社会経済情勢では、「超」過大計画として認められるはずはなく、単純な立体交差すらも先送りされていたのである。

春日架道橋と高木跨線橋

国道八号の市街地南端部春日町付近は、戦災を免れ、当初の復興事業区域には含まれていなかったため、板垣山奥線が連続しない問題点があった。しかし、この区域も昭和二三年六月の福井地震により焼失したのを機会に事業区域に包含され、幅員一五メートルの連続した用地確保が行われた。

この板垣山奥線も昭和三〇年代に入り、交通横も漸次増大し、これと北陸線が交差する春日踏切の立体交差化の機運が高まってきた。比較的沿道条件に恵まれていたこともあり、さらには上述した「建国協定」締結の背景のもとで、昭和三二年必要区間二三八メートルについて、幅員一九メートルに拡幅（換地変更）、立体交差が決定された。実際の事業は昭和三五年度に着工し、同三七年七月完成した。地下道式立体交差としては、金鉄局管内初のものであり、自転車通行に難があるものの、側道・歩道等も備えた標準的な構造である（後述する高架運動の高まりのなかで、将来の支障とならないよう地下方式としたとされる）。

なおこの時期の鉄道との立体交差としては、この春日架道橋のほかに、国道八号の北陸線複線化を契機とした高木跨線橋（昭和三六年、戦前の単線時代にすでに立体化されていたが複線電化を機会に改築）、福井鉄道鯖浦線の新水落駅連絡に伴う水落跨線橋（同三五年）があり、いずれも盛土構造である。

北陸線複線電化と北知事の登場

北陸線複線電化と高架化

実は北陸線の電化促進の運動は戦後まもなく再開されている。すなわち、昭和二二年六月には、県議会に電化促進の意見書が提出されたのを皮切りに、昭和二四年一〇月には北陸線電化促進期成同盟会（会長高波議員）が結成された。以来熱心な運動が展開されたが、当時の経済情勢や北陸線の輸送量の状況では、なかなか現実のもとはならなかった。

しかし、国鉄内部では、さまざまなことが準備検討されていた。第一は電化方式である。昭和二八年国鉄内に調査委員会が設置され、通算二六〇回余のあらゆる検討がなされた結果、「商用周波数による単相交流電化方式が日本においても経済的に有利である」との予想のもとに昭和三一年交流方式に決定したという（その後、京阪神からの国電乗り入れのために、敦賀直流化を実現しているが、当時においては国電の北陸線乗り入れなどは想定していなかったか、もしくは相対的には比重の小さい問題であったのだろう。もっとも、その後、交直切り替え運行方法に関しては技術的な問題となっている）。

次に滋賀県境の難所改良である。すでに戦前の昭和一三年から深坂新線に着工していたが、戦争により中断、戦後再開し、昭和二八年には深坂トンネル（単線）は完成していた（明治一七年に開通した歴史的柳ヶ瀬トンネルは支線化、昭和三九年廃線）。

さらに敦賀～今庄間の山塊克服である。昭和二七年より国鉄内部で検討が始められ、敦賀迂回ショートカットルート案等も研究されたが、昭和三二年現線の複線トンネル案に決着している。

そして「もはや戦後ではない」昭和三〇年代の経済興隆期をむかえて、国鉄も同三一年に東海道線全線電化を完成し、同三二年より始まる第一次五カ年計画をスタートさせた。すでに上述のような準備を経ていた北陸線は着々と複線電化工事を進めていく。三二年の敦賀電化と北陸トンネル着工、三七年の同トンネルの開通と福井電化、三八年の衣掛ループ線の開通、金沢電化と続き、最終的には四一年の新深坂トンネルの開通により北陸～関西連絡幹線としての北陸線の輸送力強化の主要事業は完了する。まさにこの時期の北陸線近代化事業は、戦後経済復興をバックとして、積年の懸案を一挙に解決して、北陸に「黎明」をもたらしたのである。

北陸線の変遷・近代化

（出所）「北陸地方における鉄道整備と改良」.

さて、北陸線の近代化記述に深入りすぎたが、福井駅高架計画との関連である。昭和三〇年代までは、鉄遭高架事業は大規模な事業であること、鉄道事業者との調整が複雑であること（後述する「連立協定」が締結されるまでは、先述の「建国協定」がケースバイケースにより、適用されていた）などにより、鉄道事業者が地元要望に応えて（地元負担金を徴して）、複線化工事など鉄道の改良工事に併せて行うことが多かった。したがって、北陸線複線電化の事業計画が固められた昭和三〇年代初期は福井駅高架にとって、一つの絶好の機会だったと考えられる。しかし、昭和三三年六月、ときの熊谷福井市長を会長とする福井駅高架期成同盟会が設立され、県議会への陳情、金鉄局等への請願も行われているが、大きな運動とはならず、昭和三四年三月には福井～森田複線化工事が起工されている。その後次項で述べるように、同三四年四月の北知事の登場により、高架運動が一定の盛り上がりを見せるものの、実現にはいたらなかった。

なお、この北陸線電化にともなって、昭和初年に架設された北陸電力福井支店脇の人道跨線橋の桁下不足が問題となった。昭和三六年九月、この跨線橋の嵩上げ費用をその予算の一部に充当して、跨線橋と観音町踏切を撤去、同踏切を歩行者と二輪車のみを対象とした地下道化（自動車は日の出踏切に迂回）することが国鉄側から提案された。この提案の実施を福井市当局は検討したが、市議会は自動車も通行することを主張、観音町商店街は道路混雑や排水問題をあげて反対、さらに京福電鉄も消極的であり、電化のタイムリミットもせまり、観音町地下道は実現しなかった。その結果、人道跨線橋は国鉄線上空のみ嵩上げされて、京福線上空はそのままとしてその境界に階段が設けられた。福井駅の横断地下道が開通するまでは、もっとも近い鉄道横断橋であり、相当の利用者があったものである。この人道橋も、連立事業初期の平成八年京福線仮線工事のため撤去された。

ちなみに、この時代の電化複線化事業に伴って高架化された鉄道は、北陸線では福井市とは沿線条件や用地条件も異なるが、富山県の魚津と高岡市がある。

北知事の登場

昭和三四年四月の選挙で、北知事が当選した。北知事は、数々の大規模プロジェクトを打ち出した。その中には有名な「阪敦運河」構想（のちに四敦運河、中部横断運河、日本横断運河）、福井空港や国体招致、沖縄貿易構想等があるが、福井駅高架構想もはなばなしく打ち出された。

このときの知事選挙の前哨戦にあたって、前節でふれた福田耕（当時は東京福井県人会理事長）が、福井駅高架事業を掲げて出馬の機会をうかがった経緯があり、また前項で記した福井駅高架期成同盟会（会長：熊谷福井市長）とも連絡があったものと思われる。北知事の高架構想にはこれらの伏線があったことだろう。

三四年七月、北知事はさっそく行動を開始し、国鉄陳情を行った。これを受けて、知事は次のように語った。①福井駅高架は相当困難である、一五～二〇億円必要で、すべて地元負担である。②城の橋と観音町踏切の跨線橋なら可能である。建国協定により国鉄、建設省も負担する。

その後も高架運動が続けられ、上記同盟会の再建強化が図られ、この七月末には、駅東地区の市民の高架促進大会が知事や坪川市長を迎えて、高志高校で開催されている。このときの事業計画案は、次のようなものであった。①高架区間は、足羽川鉄橋から志比口踏切まで、②事業費は約二六億円、③高架下商店街の造成、④人口二〇万人以下の都市では、国鉄は高架としない方針なので、地元で負担する必要がある。そして、翌八月知事、市助役および国鉄岐阜工事局次長の打合会が開催された。国鉄側は次の三案（いずれも国鉄五ホーム、京福三ホーム）を提案するとともに、事業費はほとんど地元負担である、工期は三年、着工時期は複線電化が完成する昭和三六年度以降に検討したいと説明した。

第一案　西口を大きく明けた東側新線案（北電支店の東側ルート）。
第二案　現在線に沿い、京福線を西側とし、駅舎を京福の東側に移す。
第三案　ルートは第二案で、駅舎はそのまま。

このような国鉄側の冷たい態度と膨大な事業費負担、現実には複線電化工事や越美北線乗り入れ工事がどんどん進んでいること、また、知事自身も横断運河や福井空港、国体招致などへと施策シフトしていくなど、当選直後一時的に盛り上がった高架運動も急速に鎮静化していった。次に表面化するのは、日の出および城の橋踏切立体化をめぐってである。

日の出踏切の立体化

自動車交通の激増

昭和三一年には、県内の自動車台数が一万台を突破し、これが三五年には、二万五〇〇〇台となり、さらに四〇年には約七万台、乗用車では、三五年に一〇〇〇台を越え、四〇年には一万三〇〇〇台となるように、昭和三五年前後は、今後迎える自動車時代への「離陸」を図った時期といえるだろう。

自動車交通に関連する諸問題もこの時期に出現している。県内の自動車事故は、昭和三六年に総件数が一〇〇〇件を突破し、事故死者は三六年に一〇〇人の大台に乗り、その後一〇〇人前後で平成一〇年ごろまで推移している。そして、幹線道路の駐車禁止問題は紛糾し、駅前や県庁前広場には不法駐車があふれ出し、昭和三九年には駐車場整備地区が指定され、駐車場問題が政策として取り上げられ始められた。また、幹線道路の整備としては、福井市環状道路が三五年九月に花堂で起工され、三七年三月には、国道八号福井バイパスの期成同盟会が結成され、四〇年代初めの国体開催に向けて諸事業が展開されだしていた。大名町ロータリーが撤去されたのも、このころ三八年一二月のことであった。

日の出踏切の立体化

このような時代、福井市の東西鉄道横断交通は主として、城の橋踏切と日の出踏切により受け持たれていたが、これら踏切の一日の遮断時間は、四時間以上におよび、さらには国鉄の複線電化工事と錯綜して混雑をきわめていた。このため、三五年頃からこれら両踏切の立体化が重要な都市交通問題として再度浮上してきたのである。

そして、昭和三七年二月、踏切道改良促進法が施行されて両踏切の除却立体交差問題が具体的な行政地域問題となってきた。（両踏切は、三七年九月法指定）城の橋は道路局事業、日の出は都市局事業として取り組むこととなった。

しかし、両踏切とも沿道商店街・地元は、立体交差化の必要は認めつつも、跨線橋方式に反対で、鉄道高架方式によることを強く希望、高架同盟会を組織して、着工阻止運動に乗り出した。

同盟会は、国鉄や建設省に働きかけるとともに、市会や県会にも陳情要望を繰り返した。この時期の福井市は地元感情を考慮してか、立体交差に慎重で高架に期待していた。一方、県は高架は長期的課題とし、当面は立体交差を推進すべきであるとの方針であった。

昭和三八年に入り、三八豪雪もふまえて、県会でも高架化論議が展開された。三八年三月議会では、小林修治郎議員は「高架方式をもう一度研究して中央折衝すべき」、辻広善作議員は「高架など二〇年たっても実現しない。一部地元の反対があっても、立体交差方式を推進すべきである」と主張した。ついで六月および九月議会では、中島優治議員が「踏切の立体交差は、地元商店街のために、高架方式とすべき」と主張した。

これらに対する知事答弁は次のようであった。高架鉄道は、現行法規では人口二〇万以上の都市に限られる。事業費を四〇億円以上要し不可能である。以上のことから見通しのない高架方式ではなく、立体交差の実現を期したい。

その後も、地元の反対は続いたが、当局側の粘り強い交渉により、日の出踏切に関しては、三九年二月立体交差に同意することとなり、地元から地下道案が提起された。しかし、この地下道案は下水道の移設、電化高圧線下における基礎杭打設、荒川の氾濫処理などの技術的閉題があるとして、再度跨線橋方式による地元交渉が行われ、沿道商店街への低利融資も講じられた。同年一二月車道は地上、歩道は地下道とする事で、ようやく地元と基本的な合意がなされた。

そして、翌四〇年三月着工され、四三年の国体開催前の完成を目指して、予算立て替え突貫工事が開始された。工事期間中も、ダンプ振動損害などを解決しながら、四一年一二月に車道が開通、四二年三月には地下歩道が完成した（全幅員二七メートル、立体部有効幅員一三・五メートル、延長三二五メートル）。その後、跨線橋下の空間利用について、駐車場、児童公園とする協定を地元と締結している。なお、これに伴う観音町踏切廃止問題は、立ち消えとなった。この踏切存続が平成の連続立体交差事業成立の必須条件となっていることも一つの因縁というべきであろう。

このように、日の出立体交差に関しては、国体前完成の目標を達成することができたのであるが、城の橋立体交差に関しては、地元商店街の反対がより強硬であり、国体前休戦となり、国体後にいわば仕切り直しとなった。なお、この時期には、武生市の立体交差が二カ所完成している。豊橋は昭和三六年着工、同三九年完成、錦町ループ式立体交差は、同四〇年着工、同四二年完成である。すなわち、この時期は福井・武生両市の懸案の踏切四カ所の立体交差事業が同時進行し、うち三カ所が完成、一カ所が先送りされる結果となったのである。

市街地改造計画と城の橋踏切立体化

市街地改造計画

昭和四〇年代に入り、自動車交通は激増し、なかでも都市内交通は深刻な問題となっていた。駅前広場等の混雑、国道八号等幹線道路の渋滞、鉄道横断交通の隘路、都心部を中心とした駐車場問題がまず解決を迫られていた。このようななかで、昭和四〇年一一月旧市内への「車庫法」の適用、同四一年三月駐車場付置義務条例施行、同四一年九月駅前線の緩速車線廃止、中央分離帯設置、同四一年一二月京福バスターミナルの繊協ビル移転、同四二年五月市営足羽河原駐車場開設、同四二年八月市内バスの駅前線路側移転、同四三年一〇月国道八号バイパスの一部開通等の施策・事業が行われている。

また昭和五〇年代から本格的に始まった商業集積の郊外化以前の駅前商業戦争が繰り広げられたのもこの頃である。すなわち、だるまや、放送会館、繊協ビル、ほていや（現ユニー）、ジャスコ等が熾烈な競争状態にあった。また、旧駅前、新栄、仲見世等の再開発構想や大名町地下街構想が策定され出すのもこの時期である。

このような個別事項とは別に福井市当局では、全体的な市街地改造プランを練っていた。すでに昭和三九年八月には、都市計画協会に都市診断を依頼していたが、さらに同四四年八月ＲＩＡに委託して、その基本方針を次のようにまとめている。①県庁郊外移転、城趾公園化、②城の橋踏切早期立体化、③再開発による駅広拡張（北側一五〇〇平方メートル）、④市内バスバースは今後とも駅前大通り（北側も活用すべき）、⑤福井駅横断地下歩道の建設（車道建設はかえって交通混乱）、⑥駐車場整備地区の活用、共同荷扱い場の整備、⑦中央公園に半地下駐車湯の建設、⑧福井鉄道ヒゲ線廃止、モール化、⑨福井銀行本店～繊協ビル地下道建設。なお、これより以前四四年五月には福井商工会議所都市交通委員会が、県庁お堀下駐車場、駅横断地下道（県庁線延伸）を提言している。これらのなかで、実現したのは駅横断地下道、福銀地下道および城の橋立体化である。

鉄道高架に関する制度の整備

一方、鉄道高架事業に関する制度もこの四〇年代初頭に本格的に整えられた。

戦前から昭和二〇年代までは、鉄道高架事業といえば、鉄道事業者の事業であって、公共団体側は、国鉄に要望して（一定の負担をして）国鉄の判断により、事業化されるものであった。しかし、道路と鉄道との交差に関する建設省・日本国有鉄道協定が昭和三一年一二月に締結されて、一定のルールがつくられ、続いて同三六年一一月踏切道改良促進法が制定されるにおよび、徐々にそのイニシアチブが公共団体側に移り、鉄道事業者は、負担金を納める立場となった。こうして、単独立体交差事業が数多く施行されるようになったが、近接して多くの単独立体交差事業を施行する場合には、むしろ鉄道を高架化した方が全体としては事業が経済的であるとか、それほどでもなくても鉄道沿線（多くは中心市街地）の都市空間の合理的利用を踏まえたときには、鉄道高架の方が全体都市計画の面では優れているとの考え方が強まってきた。

こうして、鉄道高架化が少しずつ行われるようになった。しかし、この場合の鉄道側の費用負担分は、単独立体交差の場合を仮想設計し、これに上記の建国協定を適用して決定し、残余を都市側が負担するという煩瑣なものであった。そこで、この不毛な設計協議、費用負担交渉を解消し、鉄道高架化を促進するために、昭和三九年五月、建国協定第四条に基づき、連続立体交差事業に関する覚え書きが取り交わされた。その内容は仮想設計を廃止し、お互いの改良部分を除く基本部分についてその費用を折半するというものであった。こうして、さらに鉄道高架化に関する要望が全国的に高まってきたのであるが、この時期は国鉄財政の悪化が問題となってきたときであり、国鉄負担の困難が事業にブレーキをかける現象を招来していた。この隘路の解決のため、昭和四二年三月より、国鉄基本問題調査会、建設省、運輸省および大蔵省により検討研究が進められた。一時、「高架促進法」等の立法措置も考えられたが、最終的には、昭和四四年二月「都市における道路と鉄道との連続立体交差化に関する運輸省・建設省協定」が締結された。その骨子は、鉄道事業者はその受益相当分を負担する（国鉄一〇%、民鉄七%に単純化）、鉄道高架化は連続立体交差事業として都市計画事業とする等である。こうして、連続立体交差事業（鉄道高架事業）は、名実ともに認知されたのである。

ちなみに建国協定に基づく事業としては、国鉄総武線船橋駅や近鉄奈良線奈良駅等があり、建運協定初期の事業としては、国鉄長崎線佐賀駅や同山陰線鳥取駅等がある。

城の橋踏切立体化

城の橋と日の出立体交差は、ほぼ同時期に着工計画が立案され、それぞれ地元調整を開始したのであるが、沿道商店街等の強硬反対に遭い着工は難航した。そして、昭和四〇年日の出立体交差が着工された後、豊島踏切に関しては、国体後着工をめざして、さらに調整を重ねることになった。

こうして、城の橋踏切立体交差の第二ラウンドの展開は、上述したような地元としては都市交通の変容再編、駅前商業戦争および各種市街地改造構想の立案、全国的には連続立体交差事業の制度化過程を背景として、繰り広げられることになったのである。

昭和四一年六月城の橋踏切に暫定的に歩行者専用踏切が設置された後（図「往時の城の橋踏切」参照）、同四一年八月、福井土木事務所の地元説明会開催通知を契機として、町内会等を中心とした「立体交差反対テモ」が行われ、説明会が中止された。その後、日の出立体交差の開通、中川知事の当選をはさみ、粘り強く協議が続けられた。城の橋踏切の混雑はさらに激しくなるばかりで（一日の交通量二万台、遮断時間七・五時間）、奥越方面からは早期着工が

往時の城の橋踏切　昭和40年代

（出所）福井駅周辺整備事務所監修，ジェイアール西日本コンサルタンツ編『福井駅付近連続立体交差事業事業誌』.

要望され、福井市では地元との板挟みで明確な方針を出せなかった。このような状況のなか、県当局は次のような設計改良案を地元に示した。①橋脚を一柱化し、（駐車場利用のための）高架下空間を広くする（日の出は二柱式）。②人道を地下式とし二本とする（日の出は一本）。③橋の両側に車道を通す（側道）。④アースドリル式施工で工事騒音を減少させる。

それでも、地元の反対は変わらなかった。このため、中央の高架化推進機運も踏まえて、県では昭和四三年八月、高架化検討調査をコンサルタントに依頼し、福井市会も国鉄高架調査に乗り出した。それは建設省が「都市国鉄高架化促進法案」を、地元では「市街地高架線期成同盟会」を準備しているという情報を背景として、同法が成立した場合、福井市は近年中に採択される見通しはあるか、事業費はどの程度か、五〇年度までに建設可能な場合は、豊島立体交差を再検討する必要があるというものであった。また、知事の高架が望ましいとの発言もあって、鉄道高架化機運が急速に高まり、立体交差計画は一時宙に浮いたような状況を呈するのである。

しかし、福井市会交通対策特別委員会の調査結果が四三年一一月、次のように報告され、再び立体交差の方向が示された。すなわち、全国四〇市から現在高架化申請があり、福井市の交通混雑程度では、採択が二〇年以上もあとになるというものであった。また、同年の一二月議会に於いて、知事、福井市長も上述のコンサルタント調査結果（事業費は当時の県予算の三分の一に相当する約九八億円、これまでのルールでは国鉄負担が三分の一であるが、新ルールではそれも困難）も踏まえて、次の理由をあげ高架化困難、立体交差推進を表明した。①時間がかかる。②予算の確保が困難。③日の出立体交差を撤去しなければならない。

こうして、立体交差交渉は、振り出しにもどり、四四年二月県は次のような地下道案を提案し、地元との再交渉を開始した。中央二車線を地下道化し、外側二車線を側道化、駅前南通りとタッチさせる。下水道は現在の高さで迂回させる。事業費約七億円、工期二年。

それでも地元の反対は続いたが、踏切の混雑に抗しきれず、四四年一〇月には同踏切の歩道を縮小して、車道の幅員一七メートル（四車）を二一メートル（六車）に拡幅する工事に着手することになった。

そうこうしている間に、四四年一一月には、北陸高速道路の県内路線が起工され、隔井インター開設時には、ますます混雑が予想されること、鉄道高架化は当分不可能であることなどが地元にもようやく理解されはじめ、軟化の兆しがあらわれた。また、国鉄の強力な意向があったこと、地下道案は工期が長く商店街への影響大として、四五年二月には跨線橋形式の実施設計を発注するところにまでこぎつけた。しかし地元の反対は硬かった。

この間、県議会でも鉄道高架、跨線橋、地下道方式について、さまざまな議論が展開されたが、昭和四六年二月跨線橋方式について了解が得られた。また地元との間でも融雪装置やアーケードの設置に関し合意が図られて、同四六年一〇月、橋梁本体部の着工にこぎつけた。城の橋踏切除却が具体的行政となり出してから、ほぼ一〇年後のことであった。そして昭和四七年一二月まず車道部分が開通し、翌四八年には歩行者・自転車用の地下道が開通している（全幅員二七メートル、立体部有効幅員一三メートル、延長二〇四メートル）。

なお、この時期と前後して、四八年一〇月福井駅横断地下道、五〇年には大町跨線橋、五一年には大願寺跨線橋が開通している。

北陸新幹線計画と福井駅高架化

城の橋跨線橋の着工と完成により、福井駅の高架化をめぐる動きは一時下火となった。次にこの動きが活発となるのは、昭和四七年北陸新幹線計画が決定し、新幹線の福井駅の位置をめぐってである。新駅や別駅併設、現駅併設等のさまざまな議論がなされるなかで、同五七年現駅併設論が優勢を占め、具体的な乗り入れ方法について二重高架方式を採用することとされた。次章の鉄道高架事業・福井駅周辺整備事業につながっていくのである。

おわりに

敷設当初から市街地分断の危惧が洞察されていた北陸線福井駅開設から一〇〇年、ようやく高架化事業（建設サイドでは「連続立体交差事業」と呼ぶ）が着工された。その間さまざまな運動が展開され、沿道市民は主張し、時代の制約・展望のなかで、当局者は苦悩し、葛藤のなかで選択を行ってきた。人に歴史あり、まちに歴史ありというが、道にも歴史があり、橋にも歴史がある。現在執行中や計画中のもろもろの事業にも、すべてその歴史（前史）がある。

第6章　一〇〇年の悲願・福井駅鉄道高架事業　JR編

はじめに

平成八年七月に起工式が行われた福井駅付近連続立体交差事業は、一〇年の歳月を経て平成一七年四月一八日JR線の高架開業を迎えることができた。福井駅の鉄道高架は、福井都市計画にとって戦前からの懸案であり、戦後直後から議論が再開、北陸本線の複線電化事業が進行していた昭和三六年の福井県総合開発計画にも明記されている。それから実に六〇年、北陸本線の高架が実現した。

前章に「前史」として、昭和四八年豊島跨線橋開通までを記述したので、本章はその後の経緯を「JR編」として、JR線高架開業までを概観したい。社会経済変革の荒波にもまれ、北陸新幹線事業と密接に関連しながら、ときには翻弄されながら進行していくのである。

北陸新幹線福井駅乗り入れをめぐって

北陸新幹線福井駅計画前哨戦

昭和三九年東海道新幹線の開業・成功は全国に新幹線熱を伝播沸騰させた。同四二年山陽新幹線が起工後、同四四年新全国総合開発計画が閣議決定され、「北回り新幹線」が位置づけされた。その後、全国新幹線鉄道整備法が制定され、四七年六月に基本計画が決定され、北陸新幹線と改称された。翌年六月には福井県北陸新幹線建設同盟会が設立され、福井県においても促進運動が高まってきた。

当初は、若狭ルートをめぐっての運動が活発であったが、福井駅乗り入れ問題も議論がなされている。当時から、福井市や商工会議所は現駅併設を主張していたが、スペースや騒音等の困難な問題があるとして、地下乗り入れや二重高架方式も提案され、ガス工場跡地（元厚生年金会館）の代替地提供なども論議されていた。

しかし、四八年の石油ショック後の経済不振から、政府は公共投資抑制策を打ち出し、五〇年度予算編成では、北陸新幹線予算は見送られた。この方針は、五二年度には緩和され再び福井駅問題の議論が活発となってきた。

当時の関係者の考え方を整理すると次のようである。

（1）日本鉄道建設公団

現在の福井駅周辺は、戦災復興事業等で都市計画をすでに完了している。鉄道サイドの遊休土地も少なく密集市街地であり、膨大な家屋移転が発生するとともに、騒音問題を解決しなければならない。以上のような理由で、大きな事業費を必要とする現駅併設には消極的であった。

(2) 福井県

当時の県としては、県内に四～五駅の停車駅を確保するのが優先課題であり、「福井駅問題」は次の段階のテーマである。また、現駅併設は膨大な事業費を要すること、福井市当局は現駅併設の方針であるが、市内各種勢力には異論が出ていることなど、以上のような理由で、「現駅併設問題」には消極的であった。

(3) 福井市、福井商工会議所、駅前商店街

福井市のような都市規模では、二心型都市構造は困難として、現駅併設を主張していた。上述のような問題点の解決策としては、二重高架方式とか京福線の上空案などがとりざたされていた。

なおこのときの福井駅分離案としては、森田駅や花堂駅への併設設置や大きく市街地西側へ迂回するルートなどが論議され、それぞれが綱引きを展開していた。

整備新幹線全体の事業進捗がはかばかしくなかったことや県内停車駅の確保問題、さらには福井駅問題と一時膠着状況に陥っていた。しかし、鉄建公団は、昭和五七年三月に高崎・南越間の駅・ルート概要を公表し、新幹線福井駅に関しては、都市計画事業者との協議・調整のもとに現駅併設するとの基本方針が打ち出された。そして同年一二月の高崎・小松間の環境アセスメント公表（小松から福井県区間は除外された）が次の展開を促すこととなった。すなわち、県内では芦原・福井・南越の三停車駅となり、芦原駅は併設、南越駅は新設とされたものの、福井駅を含む福井市街地ルートは先送りされてしまったのである。

「五者委員会」の設置

昭和五七年一二月の北陸新幹線環境アセスメントから福井県区間が除外されたことは、福井県にとって大きな

ショックであった。その一つの原因として福井駅現駅併設問題があげられ、早期解決が求められることとなった。

これまでそれぞれ独自の検討から、鉄建公団は福井駅の現駅併設に難色を示し、福井市は併設を主張して、平行線状態であった。この状況を打開するために、鉄建公団側の要請により、公団・県・市の関係三者による調整委員会（いわゆる「三者委員会」）が五八年五月に設置された。

このような情勢を受けて、県では建設省当局に内々の指導を受けていたが、五八年六月の福井市長から知事への福井駅連続立体交差事業の正式要望を踏まえて、本格的に取り組むこととなった。同年一一月には、建設省・鉄道事業者（国鉄・京福）・鉄建公団・県・市の五者による勉強会を開催し、福井都市計画や福井駅問題の認識を深めた。そして、翌五九年度に正式な五者委員会が設置された。学識経験者として東京大学名誉教授八十島義之助（全国総合開発計画審議会計画部会長）を委員長とし、建設省都市局技術参事官、都市局関係課長、国鉄建設局長、新幹線局長、金沢鉄道管理局長、岐阜工事局長、鉄道建設公団理事、京福電鉄社長、福井商工会議所会頭、福井県県民生活部長、同土木部長および福井市助役等二四名の錚々たる委員で構成されていた。

建設省当局の指導もあって、このような構成となったのであるが、なぜか。そこには当局の次のような問題認識があった。

福井駅周辺は、すでに戦災復興事業が完了し、またその南北には四車線単独跨線橋が整備済みで、一連の都市計画による基盤整備をほぼ終えている。しかし、全国の地方都市に共通の問題であるが、このころすでに郊外への商業施設等の分散拡大が始まっており、鉄道駅を含む中心市街地の衰退が危惧されていた。中心市街地を再活性化するためには、何らかのインパクトを与える必要があり、連立事業は格好なプロジェクトであるが、区画整理済みで遊休地が少ない福井市街地で可能か。

一方、国鉄当局にとって、地方都市の連続立体交差事業は開発利益が少なく、魅力に乏しいものであった。特に福井市では単独跨線橋二橋が整備済みで（結果的に現状の踏切除却は二カ所のみ）、鉄道残用地の発生も少なく見積もられていた。さらに、当時国鉄は困難な財政状況を克服するため、分割民営化に向けての検討作業が開始されていた。このような状況では、国鉄当局は新幹線関連とは言うものの福井連立に消極的にならざるを得なかったのだろう。

また、新幹線サイドでも、時々の政治状況を踏まえながらも、手戻りがない福井駅乗り入れの合理的・経済的方法を決定しなければならない。

以上のように、整備された密集市街地での連続立体交差事業と新幹線乗り入れの空間・用地確保の技術的調整、沈滞した中心市街地に対して、最も効果的にインパクトを与える事業構想・計画の樹立、そして事業に消極的な鉄道事業者を引き込まなければならない、等々の観点から「五者委員会」が組織されたのである。

福井駅周辺整備構想

「五者委員会」は、昭和五九年度から六〇年度の二カ年に渡って継続開催・審議された。単なる新幹線受け入れやこれに伴う鉄道高架計画のみならず、これを契機として福井駅周辺都市計画の諸課題を解決するべく福井駅周辺整備構想を策定した。

課題認識と基本方針

(1) 土地利用と都市機能集積

都心ゾーンにおける都市機能集積は伸び悩みを示し、また立地機能としても、卸売・運輸・電気等が減少し、飲食店・サービス業が増加している。また低層高密な土地利用で、魅力的な商業環境を形成できておらず、北陸線東西でも極端に都市機能集積格差がある。

(2) 交通機能

バス施設が駅から離れており、連絡性の強化が課題であるとともに、駅前広場が著しく狭小である。また商業環境の向上に向けて福井鉄道線の改善が必要である。さらに道路交通としては、国道一五八号が混雑し、都心に宝永・清川踏切が残されるなど円滑なアクセスが確保されていない。駐車場も月極や無料駐車場はともかく、時間制駐車場が極端に少ない。

(3) 基本方針

以上のような問題認識を受けての基本方針は次のようである。

①福井駅周辺地区と郊外拠点地区との機能分担
②新幹線整備によるインパクトの的確な受止め
③情報化社会等新しい社会・経済環境への対応
④既成都心地区の高度化
⑤都心の発展的拡大
⑥モータリゼーションへの対応
⑦公共輸送体系の強化
⑧歩行者空間の充実
⑨積雪時への対応

（4）都心ゾーン整備戦略

そして具体的な整備戦略を次のようにしている。

①都心ゾーン活性化の基礎的事業として、北陸新幹線乗り入れと在来線の高架化事業に期待する。
②鉄道施設の再編を契機として、鉄道残用地を利用するなど、福井駅直近ブロックを再編する。
③都心機能集積の受け皿として、東口開発を推進する。
④交通結節点機能充実のため、駅前広場の拡張・整備を行う。
⑤積雪時に配慮した公共輸送体系や歩行者空間整備を行う。
⑥駐車場整備を重要な活性化戦略とする。
⑦土地利用高度化に向けた再開発の促進
⑧「福井らしさ」の演出その他

また交通施設の整備としては、次のことを提案している。

①東西交通の円滑化を図るために、鉄道の高架化と都心環状道路の整備
②快適な周遊性を確保するため、歩車共存型道路やモールの整備
③再開発事業や高架下利用による駐車場の確保
④鉄道残用地等を利用した新幹線用地空間の確保や駅前広場の拡充整備
⑤歩行者空間ネットワーク整備による大名町交差点の分断克服その他

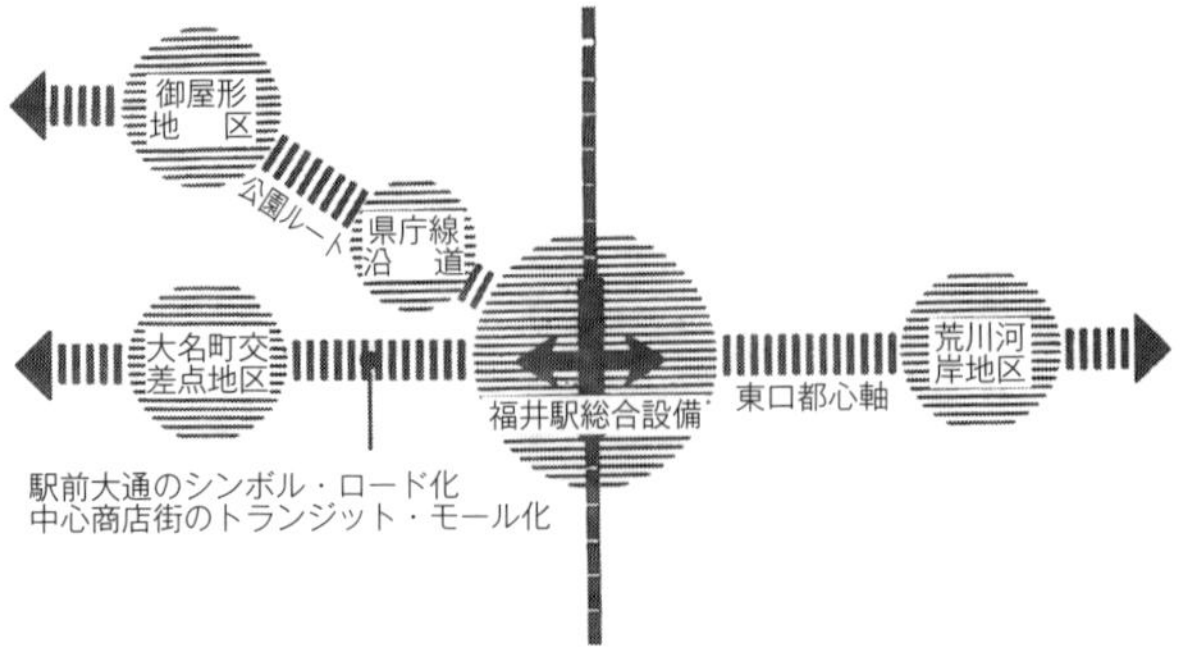

提案された新たな都心構造の骨格

（出所）「福井駅周辺整備構想策定調査報告書」.

連続立体交差事業

五者委員会でも、さまざまな鉄道計画が検討されている。駅西側に鉄道残用地ができるだけ多く発生すること、新幹線の受入に関し、時間的物理的に支障しないよう原則として新幹線・北陸線の事業中は、京福線にはさわらないとの基本方針のもとに、まず次の三案が検討された。

二重高架案（新幹線一面二線または二面四線）、並列高架案（新幹線一面二線）と並列高架案（新幹線二面四線）で、いずれも現北陸線の西側に別線方式とするものであった。

このうち三番目の並列高架案（新幹線二面四線）が、ただでさえ公共施設や都市施設に充当する土地が不足しているなかで、鉄道用地におおきく土地を消費してしまう案であり、検討対象から外された。

そして、さらに前二案について鉄道残用地が有効な規模で発生すること、新幹線及び在来線高架化について物理的・時間的に柔軟性があることなどから二重高架案（新幹線一面二線または二面四線）を基本として、検討が深められた。最終的には、日照阻害の影響を緩和し、また鉄道線形として望ましい案として図（鉄道高架計画の原型案）のような案が委員会で採択された。

これが、福井駅連続立体交差事業の原型とされるものであるが、次のような特徴を持つものである。

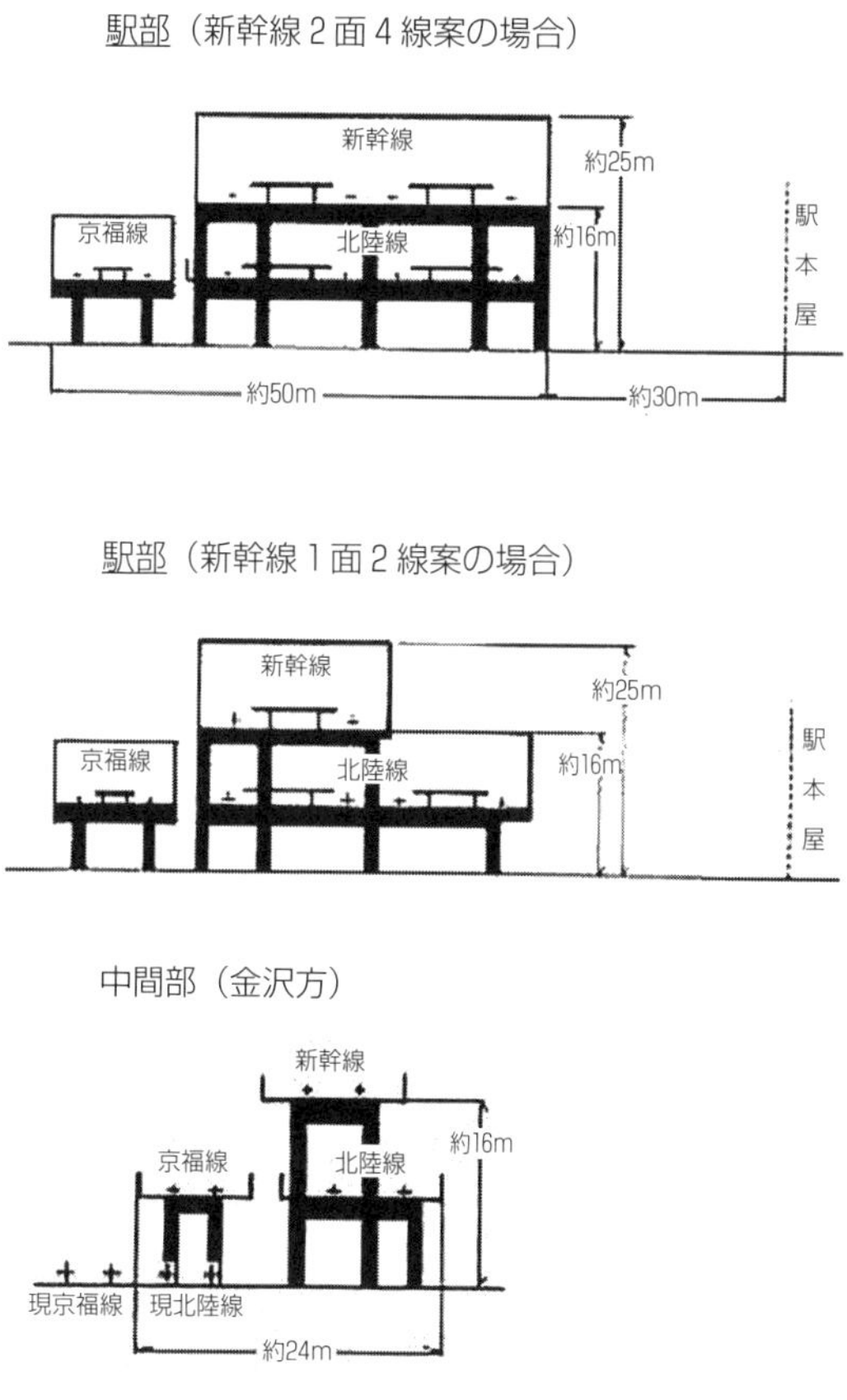

鉄道高架計画の原型案

（出所）「福井駅周辺整備構想策定調査報告書」.

①在来線先行かもしくは新幹線と同時施行とされるもので、二重高架構造物は一体構造物である。

②中間部は現北陸線の西側に別線方式で建設され、駅部ではいったん西側に仮線でふり、その東側、京福線との間に二重高架構造物を構築する。

③京福線高架構造物は、現在の北陸線の位置に建設され、現在の京福線は基本的には側道用地とされる。

土地区画整理事業

福井駅高架化により発生する鉄道残用地は偏在しており、そのままでは駅前広場等の拡張整備には使えない。道路その他の土地需要に関しても、直接買収方式で対応することは困難である。既存の土地利用は混在しているが、換地方式により転換することができる。地域全体に土地利用更新のインパクト・インセンティブを与えることができる、というのが土地区画整理事業の認識である。

福井駅周辺地区は鉄道東西も含めて戦災復興事業施行地域で、一度土地区画整理事業が実施された区域である。しかし、以上のような理由から連続立体交差事業による単なる鉄道高架化のみならず、そのインパクトを利用した駅周辺地区の再整備には土地区画整理事業の実施が不可欠であるという考えで一致した。

こうして、連立事業インパクトの的確な受け止め、偏在している鉄道残用地の集約と活用、駅前広場等新たな公共施設土地需要への対応や建築物更新状況等を踏まえて、南は国道一五八号、北は観音町踏切として鉄道の東西を含む約一七ヘクタル地域を再区画整理する方針が打ち出された。

福井市や福井県はこれまで新規開発型保留地方式の土地区画整理事業には多くの経験があったが、再整備型減価補償金方式の区画整理事業に本格的に取り組むこととなったのである。

駅前広場

福井駅前広場が東西ともに狭小貧弱であり、連立事業や新幹線事業を契機として、拡張整備しなければならない認識はおおかたの共通であったが、問題はどの程度の規模が妥当であるかであった。

当時の基本的考え方は次のようである。

①路線バスやタクシー、自家用車等各種交通施設について、適切な東西分担を図る。

②風格を備えた空間形成とし、修景上のゆとりを持った空間とする。

③駅広拡張のための土地は、鉄道残用地を効果的に活用することを基本とする（いたずらに公共用地のために民間事業用地を減らさない）。

④西口広場の区域設定に関しては、福井駅前線からの正面性に配慮し、また県庁線からの進入も考慮する。

⑤東口広場の区域設定に関しては、西口広場や中央通路との位置関係に配慮する。

こうして、委員会素案としては、西口は約一万一七〇〇平方メートルの二穴式、東口は約六三〇〇平方メートルの一穴式が提案された。

福井鉄道の福井駅乗り入れ

福井の鉄道問題や駅前の都市計画が議論される場合には、必ずと言ってよいほど福井鉄道福武線の福井駅乗り入れ問題が登場する。すなわち、福井鉄道の福井新駅付近から国鉄線と並行して福井駅に乗り入れるというもので、現在でもときおり巷間の話題となっている。終戦後の戦災復興事業においても、本格的に議論され一部実行に付されたふしもあるが、実現はできず現在のような路面走行になっている。

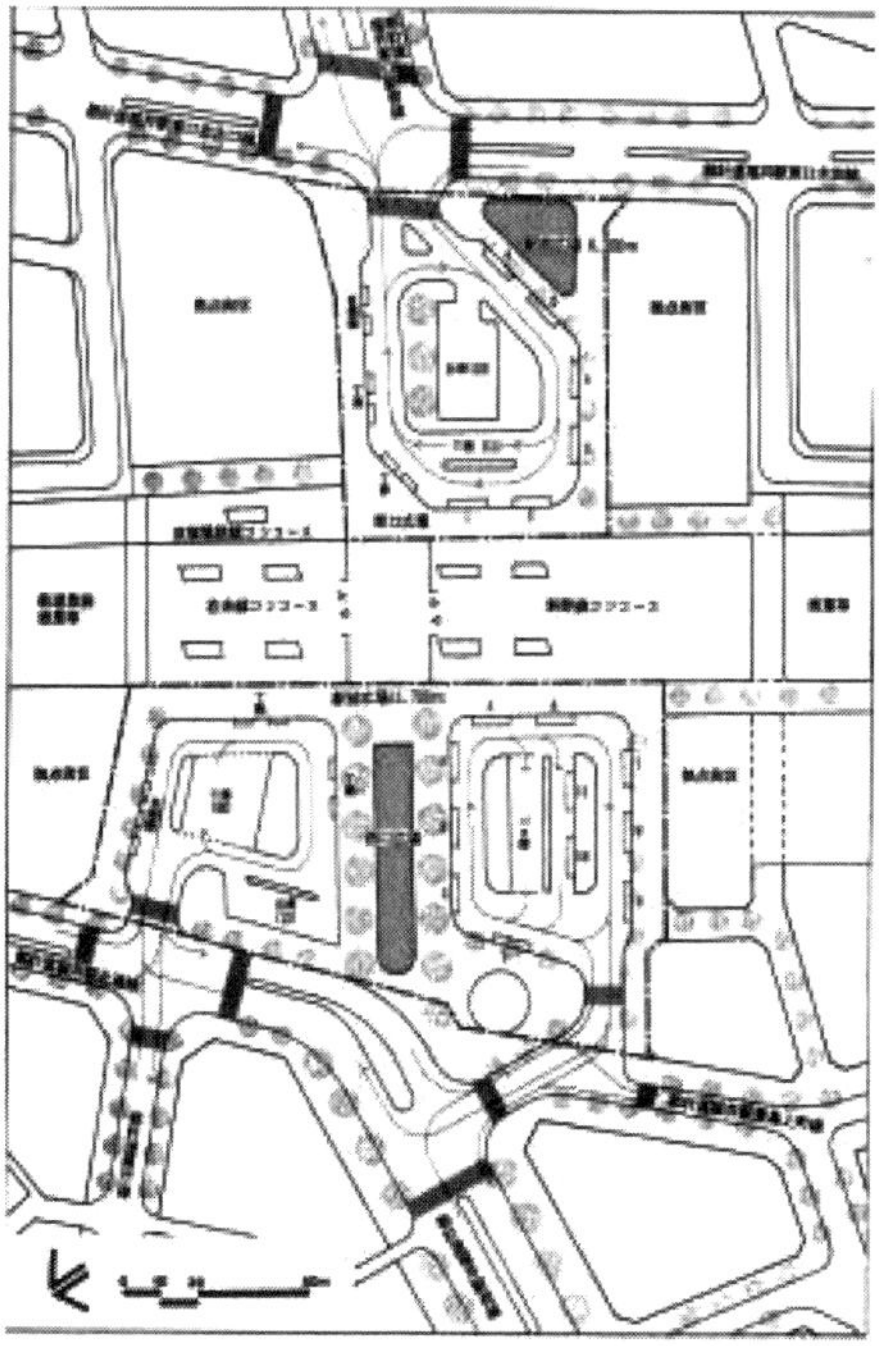

駅前広場計画の原型

（出所）「福井駅周辺整備構想策定調査報告書」.

福井駅高架問題を検討する五者委員会においても、これだけの鉄道施設の再編を行う大事業であり、この際福井鉄道問題も整理しておく必要があるとの認識であった。またこの時期は、幸橋架け替え問題の検討も本格化しており、福井鉄道の扱いはその重要テーマの一つであった。
福井駅乗り入れ案は、路面区間が廃止され、それなりに商業環境が向上することも予想されるが、問題はその事業費であった（最近では路面電車の見直し機運にある）。新規の鉄道用地の確保、足羽川への新橋架設および高架事業費等その整備費は鉄道事業者の可能な投資額の範囲を超えるものであり、別の事業スキームが必要となってくるとした。

福井駅付近連続立体交差事業の新規採択

薄氷の採択条件クリア

連続立体交差事業は、本来的には踏切除却事業である。複数の踏切を除却するとき、単独立体交差よりも鉄道施設を高架化または地下化した方が全体として経済的であるとか、あるいは副次的効果が大きい場合に実施されるものである。

当時の福井駅付近の状況としては、すでにその南北にそれぞれ四車線の日之出及び豊島跨線橋が整備済みであり大きな踏切としては清川および観音町の二カ所しかない状態であった（日之出及び豊島跨線橋の建設経緯に関しては、前章参照）。

そして連続立体交差事業の当時の国庫補助の採択条件は次の通りである。

①鉄道と幹線道路が二カ所以上交差し、その幹線道路の中心間隔が三五〇メートル以上ある鉄道区間において、鉄

道と道路とを同時に三カ所以上において立体交差し、二カ所以上の踏切を除却する。

②高架区間のあらゆる一キロメートルの区間の踏切道において、一日踏切交通遮断量の合計が二万台以上であること。

問題は二番目の基準である。すなわち、日之出跨線橋をはさみ、清川と観音町踏切間の距離は、約九三〇メートルであったのである。これが一〇〇〇メートル以上であったら、採択不可で門前払いとなるところであった（余談であるが、観音町踏切は日之出跨線橋完成時にも、国鉄当局から撤去を強く迫られ、何とかしのいだいわくつきのものである。もともと「日之出踏切」・中央線は、観音町踏切の混雑緩和も狙いとして計画された幹線道路であった）。

福井駅連続立体交差事業は、かろうじて採択基準をクリアしたものであり、「踏切除却事業」としては、非常に効率が悪いものであった。

福井県の街路事業予算

連続立体交差事業は大きな事業費を要し、また短期・集中的な執行を求められるものであるが、都市計画街路事業の一環として執行される。あまりに大きな事業で、また施行箇所も少なかったことから、その特定期間については、それまで別枠予算として計上されていた。しかし、福井の案件が登場した昭和五〇年代末では、施行箇所や要望個所も多くなり、とても別枠扱いは許されず、原則として街路事業の枠内扱いとされることになっていた。

当時の福井県街路事業全体予算は、全国的に最低クラスのせいぜい三〇～四〇億円程度であり、連続立体交差事業を執行する「体力」があるのか、県のみならず本省サイドも危惧していた。またその頃は、福井市では、桜橋・幸橋・足羽山トンネル、花堂線など、武生市では駅北再開発・戸谷片屋線など、鯖江市では北野水落線など、小浜市では臨港線・水取大橋などを実施または準備中であり、おおきな負荷が予想されていた。

福井新聞
63年度予算大蔵原案を内示
公共事業は大幅増
国債減で財政再建も
新規に福井駅立体交差
本県関係 若狭中核団地も

新規採択を伝える昭和62年12月24日『福井新聞』

もちろん、連続立体交差事業の施行に踏み切るのであるが、その後の累次に渡る景気対策補正予算の編成により、多少は緩和されたとはいうものの、他の重要事業の進捗に結果的に影響を与えたことは否めないだろう。

激烈な採択運動

連続立体交差事業は、国交省の国庫補助メニューの中では大都市部を中心として、超人気種目である。このことは多少の差があっても、福井駅が争った昭和六〇年前後でも変わらず、激烈な新規採択運動が展開された。

特に福井駅は、上述したように「すでに四車線単独跨線橋二橋」「踏切除却数が二カ所」「鉄道残用地の発生量が少ない」「弱小私鉄線が並行している」「戦災復興都市計画が完了している」などの「ハンディキャップ」を背負っていた。このような事情から、私鉄線はもとより国鉄当局もたいへん消極的で、非常な苦戦を強いられた。当時争った都市には、帯広市、川崎市、春日井市、出雲市、行橋市、武雄市、京都市、大阪市などがあり、一年に二カ所程度の採択であった。

このため、鉄道高架化に対する都市計画上の理論武装はもとより新幹線とともに経済効果を強調したシナリオが作成された。そして、地元選出国会議員を中心として、当時の大蔵省や建設省、さらには国鉄当局に対して猛烈な陳情活動が展開された。その結果、昭和六〇年度に連続立体交差事業調査都市として採択、二カ年の調査を経て昭和六三年度に連続立体交差事業新規着工都市として採択されたのである。

促進期成同盟会の発足

昭和六〇年度に、福井市が連続立体交差事業調査都市として採択された機会に、福井県土木部計画課内に高架対策室が設置され、執行体制が強化された。そして、それまで新幹線線関係の期成同盟会は既に発足していたのであるが、連立関係の同盟会は無かったため、その設立が検討された。

実は、昭和三三年と四三年にそれぞれ福井駅高架化期成同盟会が結成され、いずれも所期の目的を果たせず自然消滅の形になっていた。六〇年度に、国庫補助調査費も採択されたことであり、全力を挙げて事業の新規採択と事業促進に取り組むべきだとして、再々度結成機運が盛り上がったものである。そして、今回は高架化事業のみならず、駅周辺の困難な再区画整理事業にも取り組まなければならないため、両事業一体の組織が望ましいと考えられた。

事務局をどこに置き、会長を誰にするかがすぐ問題となった。この時点で連立事業を県事業で行うことは決定されていたが、関連の土地区画整理事業の施行主体を県市いずれとするかは、両者の間で合意されていなかった。この間、県市の間で相当の調整協議が行われ、結局変則的ではあるが会長は知事、事務局は福井市とする事で妥協が図られ、その費用は折半することとなった（図「初期のPRパンフレット」参照）。

こうして、国会議員・県会議員・市会議員・関係団体・関係自治会・県市の関係部局等一〇〇名余を構成メンバーとして、昭和六〇年五月に「福井駅周辺整備鉄道高架化事業促進期成同盟会」が発足した。

初期のPRパンフレット

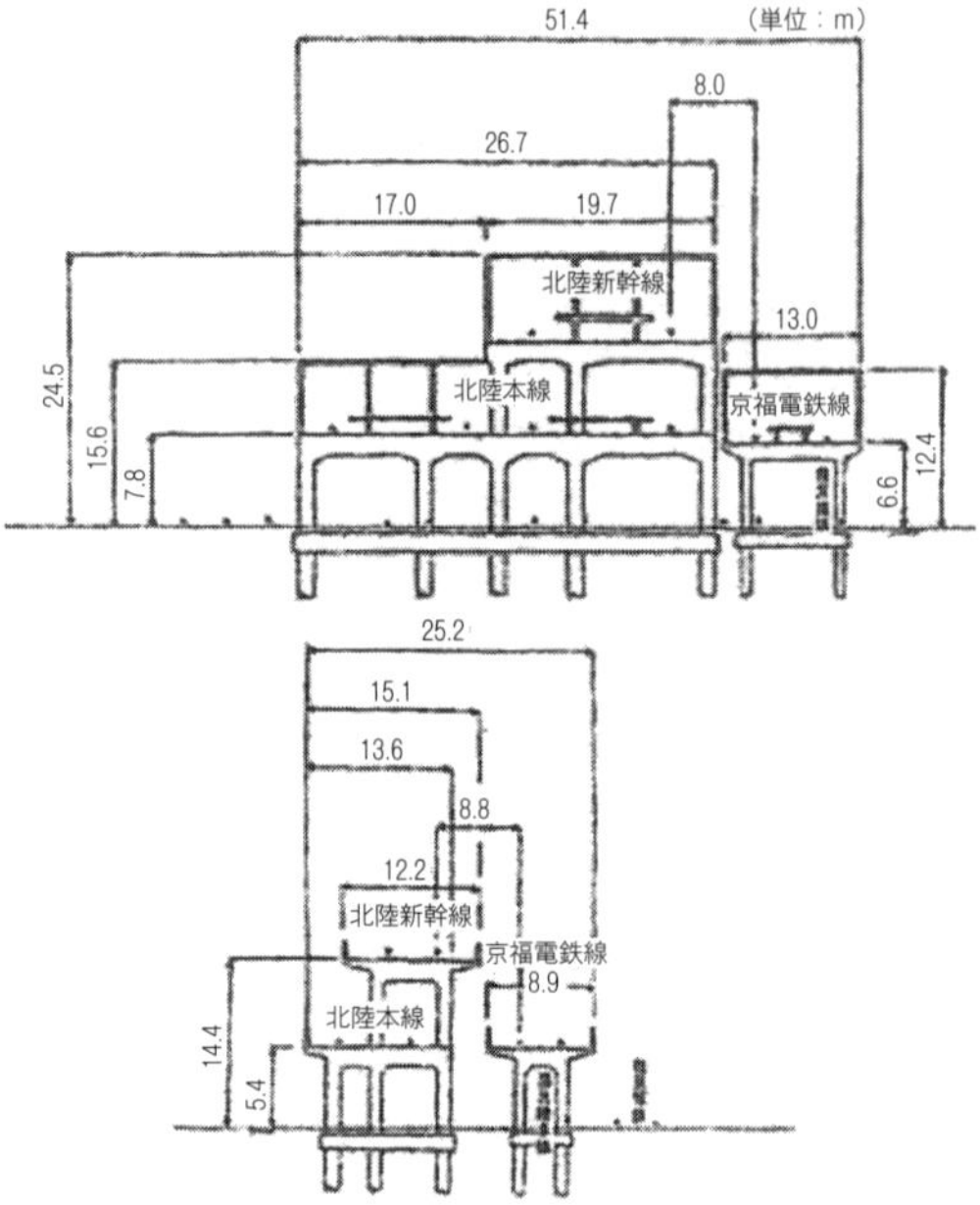

事業採択時点での高架計画案

（出所）「福井駅付近連続立体交差事業報調査告書」.

福井駅周辺整備事業の執行体制等をめぐって

連続立体交差事業調査結果

国庫補助を得て昭和六〇～六一年度の二カ年にわたり連続立体交差事業調査が国鉄岐阜工事局および京福電鉄に委託して、鉄道建設公団とも連絡調整しながら実施された。

この調査の中では、基本案を二重高架別線案、二重高架仮線案および並列高架別線案を三案としながらそれにいくつかのバリエーションを加え計八案が検討された。このとき、前二案は新幹線高架と北陸線高架化で新幹線を先行するか同時施行とすることを前提としていた。一方後案は在来線の高架化を先行するものであった。

これら八案を比較検討した結果、支障物件が少なく、鉄道残用地が多く発生する二重高架別線案を採用することとした。このとき、駅設備規模について北陸線は現状の三面七線を二面四線、京福線は現状一面三線を一面二線として整理スリム化する事としたが、問題は新幹線の設備規模であった。

本調査が実施された昭和六〇年前後は、東北・上越新幹線が開業していたが、国鉄の経営状況が極度に悪化して民営化論議が盛んに行われていた時期であった。東北・上越新幹線の停車駅では、必ずしも拠点駅でない一般駅でも待避線ホームがあるとか通過専用配線が採用されて、通常時ダイヤのみならず、混乱時においてもフレキシブルに対応できる駅設備となっていた。しかし、実際にはこれら設備はほとんど活用されなくて、「過大設備」との意見が出されており、おりしもの国鉄民営化論議もあって、駅設備は必要最小限の規模とすべきとの意見が大勢を占めるようになった。

このようなことから新幹線福井駅の鉄道設備規模は、当初は二面四線の規模が前提とされていたものの、密集市街地でこのような規模設備とすることは、無用に用地を潰し、投資額を増大させるものであり、どうしても必要ならば隣の南越駅で対処すれば事たれりとする意見が有力となり、新幹線福井駅規模は一面二線を前提とすることとなった。

連続立体交差事業と土地区画整理事業

上述したように当時の建設省の指導は連続立体交差事業と土地区画整理事業はセットの事業であり、両事業の新規採択にあたっても同様な方針であった。もちろん県も福井市も連続立体交差事業は歴史的大事業であり、これを機会として、福井都市計画の積年の課題を一挙に解決すべきとの認識では一致していた。そのためにはたとえ戦災復興事業を施行済みの区域といえども、再区画整理事業は不可欠であるとの方針であった。

問題は事業主体をどことするかであった。連続立体交差事業の施行者は制度上「県」とされており、問題はなかったが、区画整理事業の施行者をどうするかが大きな問題となった。福井市は本事業は県都の浮沈に係わる大事業であり、戦災復興事業施行者が県であった例や、連続立体交差事業と密接な関係を有することから鉄道事業と一元的に県施行を強く主張した。

一方、県はこれら事業の責任を県のみが負うのは適切でなく、県市両者が責任を分担しながら施行することが妥当であること、また県には戦災復興事業以来東部区画整理事業を最後として、区画整理事業の実務ノウハウの蓄積が十分でなく、区画整理では全国トップレベルの水準にある福井市施行が妥当であるとして譲らなかった。

この問題は容易に解決しなかったが、全国的に見ても、連続立体交差事業は都道府県、関連区画整理事業は市施行とする例がほとんどであることや、それぞれの執行事務所を県市合同事務所として設け、両事業の密接な協議連携を図ることとして、両事業の施行者問題は決着した。

県市費用負担

施行者問題は決着したが、次の課題は費用分担問題であった。国庫補助や鉄道事業者負担に関しては、明確なルールがある。しかし、連続立体交差事業や区画整理事業に関して、その費用の県市分担ルールはなかった。敢えていえば、連続立体交差事業は街路事業の細目として施行されるので、県施行の街路事業ルールでいけば、福井市は全体事業費の六分の一を負担し、市町村施行の区画整理事業に対しては、県費負担はないというのが従来方式であった。

県施行の都市計画事業に対して、どの程度の負担を市町村に求めるのか、都市計画事業は本来市町村施行であり、県施行は特例であって、どうしても県施行とする場合には受益市町村から一定の負担金を徴するべきであるというのが県の原則的態度であったが、全国的に見れば、府県の財政状況等により市町村負担を全く課していないところもあり、率もまちまちであった。

市町村施行区画整理事業への県費助成制度も全国的に見れば、ばらつきがあり、その中で有力であったのが、施行区域内で県道整備がある場合にはこれに応じて応分の負担をするというものであった。

それぞれの事業の従来方式での試算した県市の負担額では、福井市の負担額が大きく超過していた。福井市は今次の事業は県都の一大改造事業であり、県は従来の事業ルールではなく特別ルールを適用して、県も全体として応分の負担をすべきと主張した。当然、県は特別ルールは認めらないとして、従来方式を主張していた。

結局、この問題は連続立体交差事業では街路事業の六分の一ルールを適用し、区画整理事業では県道整備相当分について、県が負担することとしたが、それでも両事業の合計では、福井市の方が県を上回る結果であった。そして、最終的にはこのような方式を踏襲しながらも、「両事業の県市負担額を限りなく折半に近づける」努力をすると言うことで、昭和六三年第三回県都問題懇談会で決着が図られた。

福井駅周辺整備事務所の設置その他

昭和六二年四月、国鉄の歴史的大改革・分割民営化が実施された。その前年の六一年頃から民営化に向けて国鉄は組織の整理統合と職員の配置転換と政府・自治体への職員の受け入れ要請を続けていた。当初、県当局や福井市には既定の採用計画があり受け入れ困難との消極的態度であったが、鉄道関係プロジェクトを抱える自治体などで受け入れ自治体が相次いでいた。福井県も連続立体交差事業を間近に控えていることなどから、消極的な国鉄当局との関係を少しでも改善しなければならないこと、鉄道関係事業のノウハウ等をもつ職員も必要と考えられるようになった。こうして一部技術職員を先行、六二年一月国鉄職員二八名を受け入れた。

一方、連続立体交差事業の執行体制である。これも全国的には種々の事例があった。なかには一般の土木事務所の一セクションとして「高架鉄道課」を設置しているケースもあった。福井県も、福井土木事務所で執行するケースも考えられたが、今回の事業は、膨大な用地物件補償を含み全体事業費五〇〇億円余、全体事業工期は二〇年以上に及ぶことが予想されること、上述したように福井市事務所と連携を図る必要があることなどに配慮して、個別事業事務所執行とすることとなった。

またその事務所の職員構成である。連続立体交差事業の費用の一部負担を福井市に求めることとしていたが、本事業は福井市のみに受益があるもので、さらに将来とも福井市以外で施行されることは考えにくい特殊大規模な事業である。したがって、県事業とはいうものの費用負担のみならず、人員面でも協力を得ることが相当と考えられるようになった。

こうして、事業執行事務所の職員に関しても、人員・経費ともに県市折半で構成することとなった。連続立体交差事業の新規採択と同時に、昭和六三年四月福井駅周辺整備事務所が、県松本合同庁舎内に設置されたのである。名実ともに独立事務所として、県市合同事務所として県庁お堀端に新築移転するのは、平成五年四月のことである。

都市計画決定、事業認可および工事協定

高架方式の変更

昭和六三年度に新規採択を受けた福井駅連続立体交差事業の基本的な鉄道高架方式は、在来線と新幹線が二重高架一体構造で、在来線が先行または同時施行を前提とするものであった。この方式により都市計画決定手続に向けて準備を進めていた。

しかし、六三年八月の政府自民党による整備新幹線の着工優先順位決定は、本事業に大きな影響を及ぼすものであった。整備新幹線の優先順位は第一を高崎・長野間、第二を盛岡・青森間、第三を高岡・金沢間とするもので、福井駅乗り入れは十数年先になると見込まれたのである。従来の高架方式で新幹線を待っていればいつまでも着工できないことになり、先行着工するとすれば新幹線相当施設部分を、どこかが立て替え負担しなければならないこ

とになる。この問題は六三年四月に採択を受けた連続立体交差事業の出鼻をくじく問題となり、理事者・議会等を巻き込んで大きな議論を呼ぶことになった。

結局、在来線・新幹線二重高架一体方式では膠着状態を打開できないとして、在来線単独高架先行、京福線と新幹線を二階三階構造（構造体は分離）とする高架方式に変更する方針を固めた。しかし、議会側では、この方式変更は新幹線の早期乗り入れを自ら断念するものであり、新幹線建設運動に悪影響を及ぼすとして、反対意見が出されていた。その後一年間さまざまな議論が繰り返されたが、平成元年の九月議会において、高架方式を変更することで決着を見た。

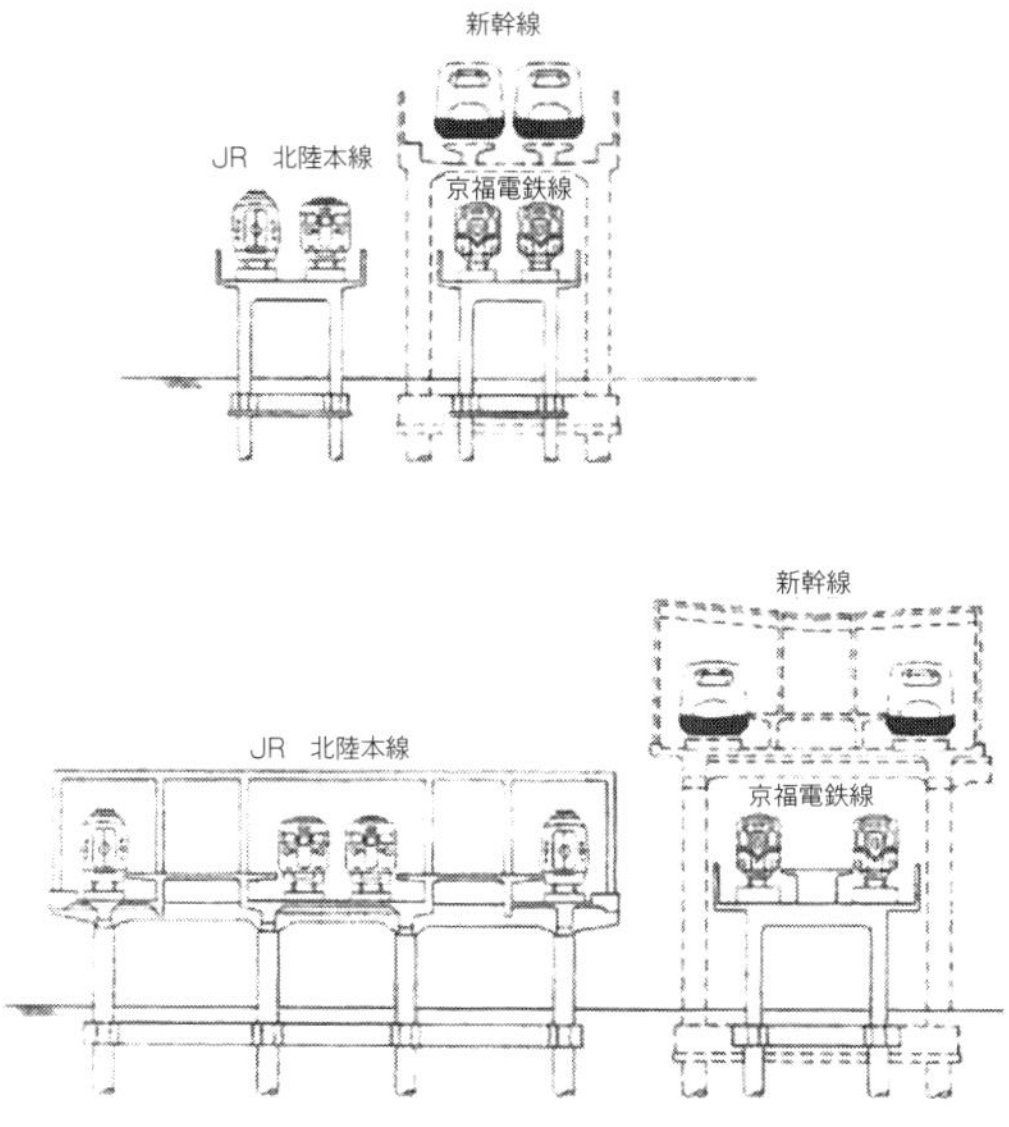

高架方式の変更（在来線先行）
（出所）都市計画審議会資料.

基本線形コントロールポイント

高架方式の基本構造変更を受けて、都市計画決定案の深度化が進んでいた。線形計画のコントロールポイントは次の通りである。

まず縦断線形である。起終点のうちまず北側は国道四一六号（清川踏切）を所定の空高をもって交差した後、京福三国線との立体交差までに所定の勾配をもって現在線に取り付ける。南側は市道東部二―七号線（観音町踏切）を所定のクリアをもって交差した後、福井駅をレベルで通過し、県道福井加賀線（豊島跨線橋）を所定の空高をもって交差した後、河川占用基準に

都市計画決定諸元

JR 北陸線高架	約3.3km
京福越前本線	約2.0km
京福三国芦原線	約0.7km
交差道路幹線	8路線
交差道路その他	19路線
区画整理面積	約16.3ha

（出所）筆者作成.

のっとり足羽川を渡り、貨物車牽引勾配を踏まえて福井操車場の鉄道施設に支障なく現在線に取り付けるというものであった。この結果、木田踏切は存置もできず、また立体交差もできずに撤去せざるを得なくなった。その間、数本の都市計画道路や歩行者専用道路が横断する計画である。

さらに、平面線形案である。従来の鉄道線形も必ずしも好ましい線形ではなく、少しでも改善することも考え、福井駅両端の北陸電力ビルと三谷商事ビルを支障せず、将来の新幹線用地を確保するとともに、用地補償を最少にし、かつ西側に少しでも鉄道残用地を発生させるとの条件により作成された。

その結果、駅部ではまず京福線を現在線の東側に仮線として移設し、その跡にＪＲ線の仮線を敷設して、現在のＪＲ線跡地にＪＲ高架構造物を築造するという福井駅連続立体交差事業の基本構造が固まったのである。

都市計画決定

それまで、福井駅連続立体交差事業の概要については何度も地元説明会が開催されていたが、上述したような都市計画決定案についての説明会は平成二年五月から模型等も利用して地区ごとに本格的に開始された。同時に福井駅近くでは、市施行の駅周辺区画整理事業についても同時並行的に説明会が行われた。

両事業合わせて約七〇〇億円の事業費、支障戸数も六〇〇戸を上回る大事業であり、住民の関心も高かった。説明会では、用地補償方法、代替地問題、騒音対策、電波障害、事業完成見通し、新幹線関連など多岐に渡る質疑応答がなされた。

この間、困難な用地関連問題等も事業遂行のなかで解決することで、両事業は「意見書」提出もなく、平成三年三月都市計画決定された。

事業認可をめぐって

国鉄が民営化された昭和六二年前後から、連続立体交差事業において主として都市側と鉄道事業者側との費用負担を定めた連続立体交差事業建運協定に対して、鉄道事業者側から不満が出されていた。昭和四四年に締結されたこの協定では、本事業実施に伴う鉄道事業者の受益額を踏切除却益と高架下利用受益として、これを平均的に国鉄は一〇％、民鉄は七％とするものであった。しかし、大都市はともかく地方都市では高架下利用がなかなか進まず、その利益が予想ほどでないことが鉄道事業者の不満であった。

このため、国鉄民営化を契機として六一年から建設・運輸両省において協定見直しの協議が開始され、あしかけ七年を要して妥結が図られた。新協定では国鉄（JR）民鉄の区分をなくし、全国を四地域に区分して、鉄道事業者の負担を決めるものであった。それは東京区部一四％、指定都市・大都市圏域一〇％、人口三〇万以上都市等七％、その他地域五％とするもので、福井市には五％が適用された。全体事業費として約四〇〇億円を想定すると、鉄道事業者の負担が約二〇億円減ることになる。

平成三年三月の都市計画決定後、県は国や鉄道事業者等と精力的に協議を続け、全体事業費、費用負担、事業スケジュール等について合意をみて、平成四年三月建設省は、福井駅付近連続立体交差事業を認可し、新年度から本格的な用地買収に着手することになった。

工事協定

平成四年度から本格的に用地買収が開始され、この間JR及び京福電鉄との工事協定締結交渉が続けられてい

事業認可諸元（側道事業等除く）

施行者	福井県
事業期間	平成４～16年度
総事業費	約474億円
内用地	約160億円
用買面積	約34,000平方ｍ
移転戸数	約220戸
JR駅ホーム	二面五線300m
京福駅ホーム	一面二線

工事協定諸元

京福線	仮線事業期間	平成７～12年度
	仮線延長	約650m
	仮線事業費	約９億円
JR線	事業期間	平成８～16年度
	総事業費	約480億円
	内鉄道費	約319億円

（出所）筆者作成.

た。用地買収の進捗から、平成八年度からの工事着手が見込まれ、それまでに工事協定を締結しなければならない。

決定した高架方式では、まず京福線を東側に仮線移転しなければならず、ＪＲよりもまず京福電鉄と工事協定を締結する必要があった。しかし、京福はその経営状態から連続立体交差事業にもともと消極的であり、平成四年二月に越前本線の廃線表明をして、さらに慎重な態度となっていた。

このため、県としては京福サイドの問題は当面仮線工事に限定され、本線工事はＪＲ線の高架化完了後の着手であることから一〇年程度先と見込まれるため、京福電鉄との工事協定は仮線工事だけを対象とし、本工事協定は先送りすることで局面打開を図った。平成七年三月、仮線工事に限定した工事協定を京福電鉄と締結し、翌年一月には仮線工事に着手、九年三月には仮線運行に切り替えられた。

この間、阪神大震災の影響や耐震設計の問題で遅れていたＪＲ西日本とも工事協定締結交渉も続けられ、事業執行分担、土地等財産取り扱い、高架下利用等について、基本的な合意を見て、平成八年三月総額四八〇億円の協定が締結された。同年七月起工式が挙行された。

JR線連続立体交差事業の展開

用地買収と代替地確保

平成四年三月事業認可を受けて、本格的な用地買収に着手した。（JRと京福の鉄道事業者とは、工事協定に先立ち、用地先行買収協定を締結）全体として移転戸数二二〇戸買収面積三万四〇〇〇平方㍍に及び約一六〇億円が見込まれる膨大な対象であり（区画整理区域を除く）、ほとんどが代替地を要求している状況であった。

このため平成二年頃から、県土地開発公社や市土地開発公社（市施行の区画整理事業においても、減価補償金による用地買収あり）は代替地の先行取得に乗り出していた。県公社による先行買収は平成九年まで行われ、約一万八〇〇〇平方㍍に達したが、代替地等に実際に利用されたのは約八〇〇〇平方㍍に過ぎず、大半が処分できずに残ってしまった。しかも平成初期の地価の高い時代での買収であったため、地価下落後公社経営を圧迫していることは周知の通りであり、用地処分に苦労した。

沿線の用地買収にはさまざまな対応があったが、一部の例外を除き、おおむね順調に推移した。

仮線切り替え

(1) 仮線切り替え

今回の高架工事方式では、まず仮線建設をしなければならない。まず、平成九年に京福線が東側に仮線移設され、仮駅も開業した。その後、平成一一年一二月にJR上り線が、一二年六月にJR下り線が京福線跡地を利用して仮線に切り替えられた。現線の跡地に高架構造物が建設されることになるが、そのためには、解決すべき問題がいくつかあった。

（2）豊島跨線橋嵩上げ

京福線やＪＲ線の仮線敷設にあたって、障害となる事項は、用地補償のほかに、横断構造物のクリア確保の問題があった。仮線敷設は観音町踏切から駅部を含み足羽川橋梁までで、その他の区間は現在線をそのまま運行して、西側に高架構造物を構築する別線方式である。

すでに、北電前歩道跨線橋に関しては、平成八年三月に部分的に撤去され、通行止めとなっていた。問題は豊島跨線橋である。ＪＲ線の高架切り替えまでには、まだまだ年数が必要で、支障になるからといって、撤去してしまえば、福井市の東西交通に長期間混乱をもたらすことになる。このため、ＪＲ仮線上空の建築限界を確保するため、若干道路勾配が大きくなるものの、最大約一・二メートル橋げたを嵩上げする方法を採用した。

この嵩上げ工事には、次のような特徴があった。①夜間鉄道のダイヤの間隙を縫って行う。②むろん道路交通は全面交通止めにする。③四八台の油圧ジャッキを制御しながら、数次に分けて慎重に行う。④一晩では全工程を終了できず、二晩を要する工程となるが当日の天候等に左右される。

嵩上げ工事そのものは平成一一年三月末の二日間を使って行われ、付属工事すべてが完了したのは五月のことであった（なお横断地下歩道の東側延長工事も同時期に行われている）。

（3）土地収用

ＪＲ線の仮線用地となる一部地権者との交渉が難航した。このため、代執行もやむを得ないとして、その準備を始めたが、この法手続には特色があった。

通常都市計画決定された事業であれば、事業認定の手続は不要で、都市計画法の事業認可を受ければ、事業認定と見なすというものである。しかし、今回は本体事業用地ではなく仮線用地である。したがって、見なし規定の適用は受けられず、その仮線用地（本体を実現するための仮設工法）の妥当性について、あらためて事業認定を受けなければならなかった。

また、あくまでも仮線用地であるため、目的達成後は返却が原則で、所有権を収用する必要はなく、使用で足りるものである（あくまでも法的整理であって、使用と云っても仮線継続期間は相当長期に及ぶことや、仮線跡地は最終的には新幹線用地となることが想定されたため、現実の用地交渉にあたっては、「買収」としていた。当該地権者も「使用」ではなく「収用」を請求した）。

当該地権者とねばり強く交渉を重ねる一方で、事業認定・裁決申請等の土地収用法の手続も進めた。平成一一年四月裁決が出され、同年六月権利取得、同年一一月明け渡し期限とされた。ＪＲ線の仮線工事はこれを前提として進行しており、行政代執行の準備を進めていたが、明け渡し期限直前に地権者と仮移転で合意が図られ、代執行は回避された。上述したように上り仮線が翌一二月開通した。

埋蔵文化財調査

（出所）筆者撮影.

埋蔵文化財調査

福井駅連続立体交差事業区域は、福井城址をはじめとして埋蔵文化財の包蔵地である。文化財当局との協議の結果、仮線等の仮設工事では地下を乱す恐れがないとして、その時点では調査を行わず、本体工事施工区域について、その着工以前に埋文調査を実施することとなった。

足羽川橋梁部とか宝永北高架橋等のいわゆる「別線」方式の施工個所に関しては、埋文調査が先行・終了しており、前者は一一年一月に、後者も一二年五月に本体工事に着手した。

問題は駅部である。本体高架構造物は「仮線」方式で、現線跡に構築されるため、仮線に移行して現線が撤去されなければ、埋文調査に着手できない。一二年六月ＪＲ線の上下仮ホームが完成後、従来駅設備が撤去され、同年九月から埋蔵文化財調査が一斉に開始された。

平成一六年度の高架切り替えを目標として工事を進めており、上述のような用地問題等から工程が遅れたため、埋文調査に割くことができる期間は限定されていた。また、当時は近敦線や中部縦貫道、県立図書館等の大規模プロジェクトが準備進行中で、埋蔵文化財調査員も手薄な状況にあった。しかも、当初遺跡は二層約二万八〇〇〇平方メートルを予想していたが、実際には四層部分があることが判明し調査延べ面積は大きく増加した。

こうしたなか教育庁の文化財当局やＪＲとも協議が進められ、異例の五班一五〇名体制に増員すること、降雨・積雪時にも調査をすることができるよう特殊なテントを設営したり、掘削後の調査測量をラジコンヘリコプターによる空中写真測量とすることなどで、工期短縮が図られ、平成一三年度には埋文調査を終了することができた。そして、駅部においても、全面的に高架工事が展開され始めたのである。

工事連絡会の設置

埋蔵文化財調査も終了して、平成一三年度から駅部の高架工事も本格化してきた。一方、この頃から懸案の大名町地下歩道改良、駅前線地下駐車場や幸橋架け替え工事などの県事業、さらには駅周辺区画整理事業や賑わいの道整備事業等の市事業も着工・継続中であり、ＪＲ連立事業の最終段階である日之出・豊島両跨線橋の撤去工事工程も視野に入りだした。

周辺の商店街等からも、工事に伴う交通規制等に苦情が出始めていた。このため、当面の錯綜する工事に伴う交通規制を円滑に行うとともに、来るべき両跨線橋の撤去時交通対策の作戦を練るための関係者による連絡組織が不可欠となってきた。

こうして県市のそれぞれの事業関係者、地下埋設物関係者、県警本部交通部と福井・福井南署等を構成メンバーとする福井駅周辺工事連絡会が平成一四年七月発足した。この連絡会では、福井駅周辺の工事調整や交通規制調整、さらには交通処理作戦を立案するとともに、工事状況や交通規制状況を看板やチラシ、ホームページを利用して広くＰＲ、大きな効果を発揮した。

往時の日の出跨線橋高架下
（出所）筆者撮影.

足羽川河川敷仮設道路
（出所）筆者撮影.

日之出・豊島跨線橋の撤去

平成一五年日之出・豊島跨線橋の撤去作戦が開始された。まず、日之出跨線橋である。交通規制や迂回を呼び掛ける大々的なＰＲが始まり、同年九月撤去工事に着工した。全面通行止めとはせずに、両側の側道と仮設踏切を利用して片側一車線を確保し、また鉄道近接工事という窮屈な現場であった。翌年七月Ｓ字型ブリッジが撤去され、実に三七年ぶりに広々とした空間と四車線平面仮踏切が復活した。この「日之出踏切」の前後には近接して道路交差点があり、少しでも交通混雑を緩和するために、踏切遮断時間と交差点の交通信号を連動させる工夫もなされた。

次は、豊島跨線橋である。日之出の場合には両側側道と仮設踏切を利用して、曲がりなりにも横断交通を確保しながらの撤去工事であった。しかし、豊島跨線橋のちょうど下には鉄道分岐設備があり、この部分に仮設踏切を設置することができなかった。国道一五八号は大動脈であり、いくら大迂回を呼び掛けたとしても、何らかの仮設道路が必要とされた。

そこで考えられたのは、足羽川の高水敷を利用する方法であった。すなわち木田橋通りから右岸高水敷に降りて、ＪＲ線鉄橋及び泉橋をくぐり幸橋手前で一五八号にもどるルートである。この道路は河川の縦断占用であり、河川管理者との慎重な調整や交差点協議を経て、極力阻害面積を小さくすることと、占用期間を短くすることや洪水時交通制限などの条件をクリアして、一五年末着工された。融雪装置はもちろんであるが、交通や河川状況を監視するカメラも備えられた。

こうして一六年九月、豊島跨線橋撤去開始・河川敷仮設道路供用を順調に迎えられる思っていた矢先、「平成一六年七月福井豪雨」が襲ったのである。福井豪雨時にはほぼ完成していたが、まだ供用はされていない状態で完全に冠水、泥だらけとなった。足羽川洪水への影響や市民への感情も考慮して、跨線橋撤去・仮設道路供用を遅らせることも検討されたが、平成一七年春の高架切り替えを控えて約二週間程度の遅れで、一六年九月自動車専用二車線空高制限三・四メートルの河川敷道路は供用を開始した。なおこの河川敷道路は、占用期間中実際には洪水で通行止めとなることはほとんどないだろうと考えていた。しかし、同年一〇月の台風二三号出水により実際に一時通行止めとなった。

その他の諸問題

景観設計

福井駅連続立体交差事業は、福井の中心市街地に延長三・三キロメートルにわたって、巨大な構築物を現出させ、新幹線が乗り入れればさらに高い「壁」が登場する。「機能」向上の影で、景観への影響をいかに緩和するか、あるいはいかに新しい景観価値を創出していくかが課題となった。

このような問題認識のもとに、平成九年度「福井駅付近連続立体交差事業景観検討会」（会長・故玉置伸吾福井大学教授）が設置され、一般部および駅部に分けて二カ年に渡り、景観が検討された。

しかし、高架構造物しかも補助対象でコスト面を考えたとき、対応できることは限られており、結局区間を分けて次のような意匠となった。一般区間の内区画整理事業区域外の区間では高欄にスリットを刻み、区画整理事業区域内の区間では、これに加えて柱脚に化粧型枠を利用した。また、松岡菅谷線等の幹線道路を跨ぐ高架区間では、ゲート的意味を込めて柱脚や桁に装飾を施すことにした。全体として、四連ラーメン構造、架線柱も含めかどを取り、丸みを基本とした形態としている。

一般区間で最も目立つのは、新足羽川橋梁である。遠く白山への眺望が開けまたランドマークともなる。さらに福井を訪れ、帰ってきたことを実感するのは車窓から足羽川・桜並木を眺めた時である。技術的にはコスト面と桁下確保も踏まえてトラス構造とPC下路橋の二タイプの内どちらかとされたが、透過性のある三径間トラス構造と決まった（平成一一年一月前田建設工業着工）。

新足羽川橋梁工事

（出所）筆者撮影.

新駅舎デザインイメージ（シンポ）

（出所）「みんなの福井駅シンポジウム」資料.

駅舎問題

県民・市民の福井駅舎に対する思い入れはことのほか強く、そのデザインはさらに大きな議論となった。「福井らしさ」をどう表現するかで、「シンボリック＋明るいイメージ」「シンボリック＋地域性」「地域性＋シンプル」の三つのコンセプト・デザイン案が「景観検討会」で集約された。平成一一年一〇月「みんなの福井駅シンポジウム」が開催された。

その結果、上記第一のコンセプトに基づく図案（新駅舎デザインイメージ）が最終案となった。県はこのデザイン案をＪＲ西日本に提案し、ＪＲは川崎清京都大学名誉教授（県立大学のデザインも担当）に作成を依頼した。一五年六月、県デザインの積雪時の問題をクリアするとともに、ライトアップや維持管理、採光にも配慮した明るい空間が発表され、一五年一一月新駅舎に着工した（大鉄工業）。

なお、旧駅ビルは平成一七年二月商業営業を停止し、高架切り替え後、区画整理事業により取り壊され、新しい駅前広場の一部となった。現駅ビルのテナントの一部は後述の高架下ＳＣに入居することになった。

高架下利用

土地が不足する事情では、都市機能を収容するために高架下は新たに発生する貴重な空間である。

このため事業当初から期待されていたが、地方都市福井のようなポテンシャルでは、駅直近部はともかく一般部の高架下は一部鉄道業務施設（保線区等）とされるだけで、なかなか利用計画は固まらなかった。このことは、JR当局も承知済みで、当初締結した工事協定では、高架下利用について県市は協力をすることとなっていた。

高架下利用についても、JR当局はいつまでも明確の方針を示さず、平成一三年度に県市が高架下利用計画を策定することとなった。駅・鉄道業務施設、駐輪場、駐車場、南側を中心とする商業施設の配置構想が都市側でまとまった。

JRはようやく一五年一〇月にいたり、高架下空間のうち北の庄通りまでの南側八〇〇〇平方メートルについて生活密着型ショッピングセンターを整備する方針を発表した。実際には、JR西日本の子会社「金沢ターミナル開発㈱」が管理運営するもので、その後テナント募集等を行い、一六年一〇月着工し、高架切り替えと同じ一七年四月一八日開業した。

旧日之出跨線橋記念碑

（出所）筆者撮影.

おわりに

戦後の戦災復興事業とこれに続く一連の都市計画事業をさまざまな曲折を経ながらも、昭和四八年の豊島跨線橋完成をもって、一応の区切りを打った福井都市計画は、基盤整備から市街地再開発等に重点を移していた。

しかし、その頃からすでに郊外商業化・中心部空洞化の兆しは、見え始めて再開発計画は頓挫の連続であった。経済界や福井市当局は、一心型都市構造は絶対要件として、新幹線福井駅現駅併設を主張した。このような事情を背景として、福井都市計画は鉄道高架化を中心とした基盤整備の第二ラウンドに突入し、駅周辺を中心とした再整備・再開発へ本格的テコ入れを行った。

ＪＲ線の高架化が完了し、一区切りを迎えたが、その後えちぜん鉄道の高架化新幹線乗り入れ、駅広整備、周辺再開発事業、さらには駅前線地下駐車場、幸橋架け替え事業に進むことになる。

第7章　一〇〇年の悲願・福井駅鉄道高架事業　えちぜん鉄道編

はじめに

平成三〇年六月、ようやくというかとうとうというか、えちぜん鉄道の高架化が完成開通した。これで福井駅付近連続立体交差事業が全面的に完成したことになるのだが、昭和六三年度の新規補助事業採択以来、平成時代を突き貫けて、実に三〇年以上を要した長期事業であった。

本事業自体が困難で大きな予算を必要とする事業であることにはまちがいないが（総事業費約六八六億円うちえち鉄関係分約二三二億円）、それに加えて北陸新幹線事業のさきゆき不透明と着工遅れ、さらには前身の京福電鉄の経営不振、衝突事故と廃線、第三セクター化などと外部要因にも大きく左右され、長期化の原因となった。

戦後、最大の都市計画事業といわれる福井戦災復興事業すら、戦後すぐに着工して、昭和四〇年頃には収束しており、約二〇年の施行期間である。いかに長期に及んだのかが分かろうというものである。

この福井駅連続立体交差事業経緯を記録する必要があるが、すでにそもそもの議論とJR北陸線に関しては記しているので、本章はえちぜん鉄道（京福電鉄）の「波瀾万丈」の高架化と全体の総括について記述しようとするものである。

京福電鉄元福井駅

（出所）福井県土木部都市計画課監修『えちぜん鉄道高架化――福井駅付近連続立体交差事業誌』.

第一回計画変更と仮線移転

駅前広場等の都市開発用地を確保するため、鉄道施設用地を極力スリムにするとし、二重高架方式が昭和六三年の事業採択時の基本構造とされていた（モデルは山陽新幹線の福山駅である。また京福福井駅を北側に移動することも同じ発想による）。このときの二重高架は図（一三〇ページ図**（事業採択時点での高架計画案）**）に示すように、北陸線と新幹線が二重高架・一体構造で、京福線は単独高架とされていた。まさに新幹線がまもなく着工されるであろうとの見通しのもとに計画されたのである。

しかし、事態は甘くなかった。平成元年、やっと高崎・軽井沢間が着工されたものの、金沢や福井の着工見通しが立たず、相当先になるものと予想された。その結果、在来線の高架化もずるずると遅れる不安が生じてきた。

このため、同じ二重高架方式ではあるが、新幹線を待たず、北陸線を先行し、新幹線と京福線が二重高架・独立構造となる基本構造に変更する方針が出された。この方針に対して、県議会筋からは、変更は地元自らが新幹線着工の遅れを認めてしまう格好になり、問題であるとの指摘がなされた。その後も議論されたが、現実論が大勢を占め、変更案による都市計画決定が平成三年、事業認可が同四年に行われ、事業が本格的にスタートした（一三五ページ図**（高架方式の変更）**参照）。

しかし、まだ問題があった。それは京福電鉄の経営である。平成四年には、越前本線の一部と永平寺線の廃線方針を表明していた。県や沿線市町村からの赤字助成をうけて、ようやく営業していた。もともとこのような状況から京福電鉄は連立事業に対して、及び腰であったのだが、事業着工に先立って、施行者は鉄道事業者と費用負担などを定めた工事協定を結ばなければならない。最終的な態度決定を迫られる。

しかも、京福線が仮線に移転しなければ、北陸線事業に着工できない工事方式であり、問題解決が迫られた。このため、全体の工事協定は先送りし、京福線の仮線移転のみを対象とした工事協定が平成七年に締結され、続いて翌八年にはＪＲとの協定が締結され、同年七月に福井駅付近連続立体交差事業の起工式が挙行された。

平成九年三月京福福井駅が仮移転開業し、北陸線高架工事が本格化した。

京福線事故・廃線とえちぜん鉄道の誕生

京福活性化協議会など京福電鉄への三セク方式も含む行政支援継続が検討されているさなか、平成一二年一二月および同一三年六月に続いて衝突事故をおこし、運輸省から全線運行停止を命じられた。同電鉄は運行再開のための安全設備投資は困難として、同年一〇月廃線届を提出するにいたった。

京福線の全面停止・代替バス運行で、沿線住民は期せずして、鉄道廃線後の日常交通を実感することになり、鉄道存続の要望が強く出された。しかし、鉄道存続は京福単独では到底無理であり、沿線市町村を含む公共団体の支援の在り方が議会なども巻き込んで検討が続けられた。

その結果、平成一四年五月県と沿線市町村の間で、三セク方式による存続と費用負担ルールが合意された。いわゆる上下分離方式と呼ばれるもので、県が下部構造インフラ部分を支援し、運営費用は市町村が負担支援するというものである。永平寺線は廃線とすることも合意された。

こうして、同一四年九月事業承継会社としての三セク・えちぜん鉄道会社（以下えち鉄）が発足した。えち鉄は京福電鉄から資産譲渡を受けるとともに、運輸省から事業譲渡について認可を得て、安全施設の整備を行い、平成一五年七月に一部、同年一〇月に全線の運行を再開した。

実に三年弱の鉄道不通期間であった。その経緯を略述したがもちろんさまざまな紆余曲折を伴うものであり、詳細に関心のある方は、福井大学・川上洋司教授の論考「えちぜん鉄道再生の経験からの教訓」（『都市計画』（日本都市計画学会）二八一、二〇〇九年）をぜひ参照されたい。

えち鉄高架化の動揺

京福電鉄（えち鉄）の不通期間や三セク等の検討時においても、JR北陸線の高架工事は着々と行われていたが、京福線の高架事業に関しては、鉄道そのものの存続が議論される中、新幹線問題も加えて、当然再検討されることになった。

京福電鉄仮福井駅

（出所）筆者撮影.

連立事業発足当時から不安視されていた問題を、正面から検討せざるを得なくなったのである。

まず、まだ一度目の事故の前である平成一二年一二月、運輸省が福井駅連立事業と新幹線建設との関係について特別措置の方針を打ち出した。それは、福井駅についてまだ新幹線の認可がおりない段階においても、新幹線高架下に建設される京福線高架構造物を新幹線を前提とした一体設計で築造しておこうとするものであった。

しかし、これらの提案も京福線の二度の事故と運行休止・廃線、三セク化の過程のなかでいったん議論は冷めていった。この議論が再開されたのは、県・沿線市町村の負担合意、京福（えち鉄）線の存続が確定して以後である。

この間、県は京福高架に一貫して消極的であり、福井市は高架乗り入れの姿勢を堅持して対立していた。平面・高架のそれぞれの利害得失が議論される中（さらに福井駅乗り入れをやめて、田原町でえち鉄線を福武線に乗り入れて中心部にアクセスしようとする特殊案もあった）、平成一五年七月えち鉄の福井駅乗り入れの費用について、平面なら約七〇億円（鉄道事業者負担約三五億円）、高架方式なら約一二〇億円（鉄道事業者負担約二〇億円）の試算値を公表し検討が具体化してきた。これらの費用は、上述の三セク合意の枠外とされているものである。

そして同年九月にいたり、県から高架の場合の鉄道事業者負担の肩代わりについて、沿線市町村が応分の負担をするならば、高架再考の余地ありとの方針が出された。福井市当局は、沿線市町村の福井駅高架乗り入れについて、意思統一を図るとともに、その鉄道事業者費用負担分の分担について、県が三分の二、沿線市町村が三分の一を負担し、沿線市町村負担分の七割を福井市が、二割を勝山市と三国町、一割を残り松岡町など残りの六町村で負担するスキームが、平成一五年末に合意され最終的に高架乗り入れ方針が確定したのである。

旧京福電鉄車両基地

（出所）筆者撮影.

車両基地の移転整備

えち鉄線の高架化にはまだ課題があった。それは車両基地の移転整備である。京福線時代の福井口駅にある車両基地を借りて利用していた。高架にした場合、物理的にこの現在の車両基地に進入することが不可能となり、対応が迫られた。

その費用は三セク合意時の初期投資費用とはされず、上述の高架に伴う費用とされ、沿線市町村にも分担が求められた（高架のための鉄道事業者負担は約二〇億円で、うち車両基地移転関連費用は約一一億円。これを上記の沿線市町村三分の一ルールで分担することになる)。

五カ所の候補地から、北陸線と三国芦原線に囲まれた松本地区に平成一七年一一月に決定され、用途地域も工業地域に変更し造成に着手した。この造成工事には、平成一六年福井豪雨を受けて施行された足羽川激特事業の掘削土砂も利用され、平成二一年三月完成した。

新幹線福井駅整備とえち鉄単線化

平成一六年二月北陸新幹線の金沢着工暫定開業が決定される過程で、福井駅の取り扱いが焦点となり、駅部分だけの点着工を認め、その際にはえち鉄高架との一体施工(二重高架)が一〇〇億円以上も節約できることも関係者の認識であった。

しかし、平成一六年末に北陸新幹線の富山・金沢間(富山までは、平成一三年着工済み)と福井駅部の一七年度新規着工が政府決定された。福井駅部の着工が現実的となり、少しでもコストダウンを図ろうとする国交省当局は、新幹線福井駅部の構造は従来の三階構造(えち鉄線と二重高架)より、新幹線単独の二階構造の方が、経済的であるとして、この二階構造方式を同一七年二月突然提示してきた。しかも、福井駅暫定開業を想定したとき、在来線と乗り換えがスムーズであるとされた。

この新幹線二階構造案では、三階から二階にすることによる新幹線事業費縮減はあるかも知れないが、ルート変更に伴う用地費の増大やえち鉄線を単線化せざるを得ないこと(一般部は単線であるが、途中新福井駅は複線ホームで列車交換は可能。ダイヤ編成が窮屈になるが、単線化自体は工事費縮小に働く)、さらに施工途中段階においては在来線・えち鉄線・新幹線の複雑な振替使用をしなければならない、新幹線延伸時におけるえち鉄線の運行休止(バス代行)が想

平成17年当時の福井駅最終イメージ

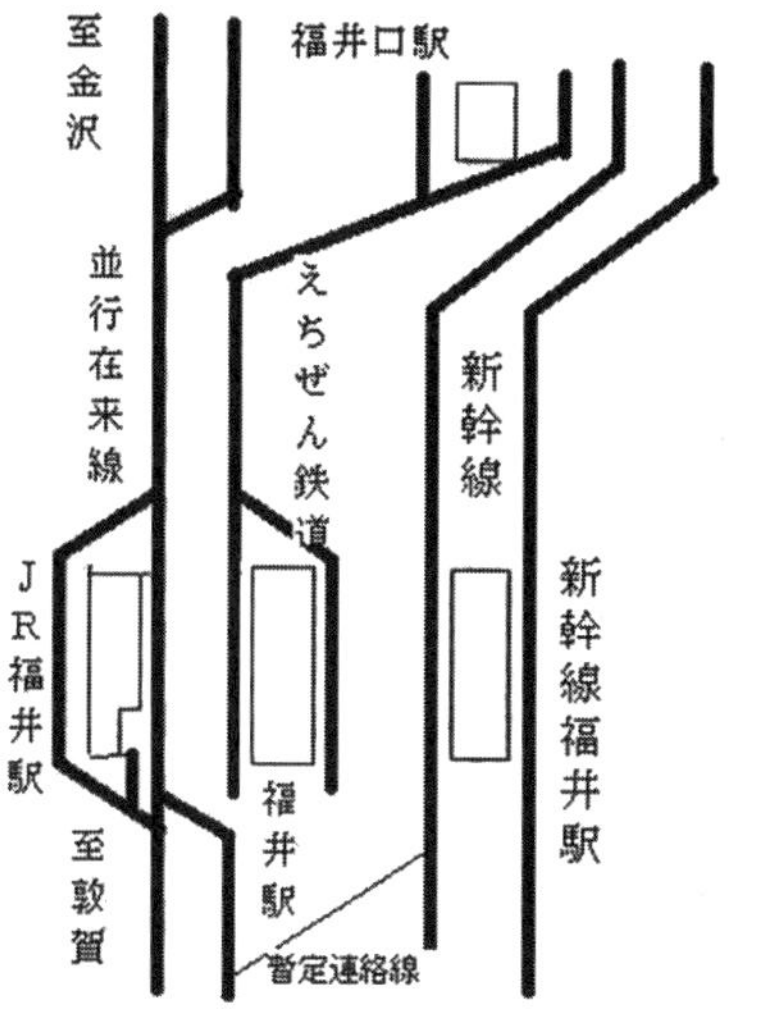

新幹線福井駅は当時の在来線高架ホームとえち鉄線仮ホームの間につくられ，えち鉄線は在来線の上りホームを転用して利用する．えち鉄線のみならず在来線も北側一部で単線となる，なお新幹線駅部が完成した段階では，これをえち鉄が利用し，その間にえち鉄高架を建設する．新幹線福井開業時の在来線連絡は新幹線ホームの一部に在来線を引き込んで同一ホームで乗り換え出来るようにするというものである．いずれにしても，複雑・変則的なもので，配線設計や施工時期手順等について大きな問題をはらむものであった．

（出所）筆者作成．

定されることなど問題が山積で、事業費縮減とはいうものの全体的な検討はなされていなかった。

この問題は、国・県・市・鉄道機構・えち鉄などの間で大きな議論となった。だが、富山・金沢では、平成一七年六月（JR福井駅の高架開業は同年四月）の新幹線着工を予定しており、福井駅も何としても同時に着工し、同時開業を目指すのが県当局の方針であった。このため二階構造への変更に伴う事業費縮減額は、約五〇億円と県が独自に試算、付随するもろもろの問題は今後とも継続して検討するとして、構造変更に同意、三県同時の起工式が行われた。

こうして福井駅より北約八〇〇㍍について、新幹線構造物が建設されることになり、まず埋文調査から開始され、平成二一年二月完成した。なおこの工事時点でも、敷幅を確保するために八〇〇㍍に隣接・並行するえち鉄仮線は複線から一部単線化されている。

なお、新幹線自体は都市計画の内容対象ではな

えち鉄仮仮線新幹線躯体への昇降路工事

（出所）筆者撮影.

いというものの、二重高架を廃止し、新幹線・えち鉄を単独高架とすることは平成三年に都市計画決定された内容とは大きく異なるものである。福井駅八〇〇メートル以外について新幹線認可前であること、当面の工事は既定の都市計画の敷幅の中で納まることから、都市計画決定を変更しないという特例的な扱いとされた。

新幹線躯体への仮々線移転と新幹線福井駅先行開業

その後、さらにえち鉄の高架方式が検討されるとともに、一方ではえち鉄の新しい車両基地の造成などが進められていた。この間、新幹線の金沢以西の着工を求める運動が強く展開されていたが、金沢福井同時開業は、民主党政権事業仕分けもあり、なかなか進展が図られず、平成二四年に至りようやく金沢・敦賀間が認可・着工され、同三七年度末の開業が予定された。金沢開業が同二七年であり、一〇年後の開業目標であった。それではあまりにも遅いということで、敦賀開業を三年前倒しすることが認められ、さらに福井駅の先行開業も俎上にあげられることになった。

えち鉄の高架方式の検討では、平成一七年にスタートした富山駅連立事業において、対象のＪＲ富山港線を高架化することなく、同事業の中で平面ＬＲＴ化したこともあり、平面乗入へ逆行するような動きもあったが、高架乗り入れの基本方針は変わらず、平成二四年二月に新幹線と並行してその東側にえち鉄の専用高架線（単線）を建設する見直し案が県から示された。

この方式により都市計画が正式に最終変更決定され、三〇年の福井国体までにえち鉄の高架化完成を目標として事業を進めることとなった。この案では、仮線を含み当時運行中のえち鉄線敷地に高架構造物が建設されることとなるため、高架工事中の「仮仮線」として先に完成した新幹線福井駅部の躯体を利用することとされた。

このえち鉄「仮仮線」線は平成二五年に着工し新幹線躯体八〇〇㍍区間は、高架仮線となるため先行したJR線高架とともに、期せずして日の出など平面踏切が撤去され、全線完成より前に「高架」の効果が発揮されることになった。平成二七年九月新幹線躯体を間借りしたえち鉄「仮仮福井駅」が開設された。

敦賀に先立ち福井駅の先行開業・在来線接続も正式な検討課題として俎上に上げられた。もちろん、財源問題もあるのであるが、技術的課題も山積していた。

福井駅の新幹線留置線の確保、えち鉄高架化事業との調整、配線やりくり、工事中のえち鉄の運行確保、新九頭竜橋などを含めた工期短縮、試験運行期間の確保、用地買収の促進などである。再び、上述した金沢同時開業を目指したときのような福井駅構造の検討などが進められた。

しかし、それらの技術的困難とこれらを解決するための追加的投資が先行開業効果に見合うものなのかが焦点となり、さらに石川県内を含めた用地買収が間に合わないとして、この福井先行開業論は平成二九年事実上断念された。

こうして、えち鉄高架をめぐる外部課題も「解決」され、工事は着々と進行した。東京大学名誉教授・内藤廣から助言をもらった新しいえち鉄福井駅も完成し、国体前平成三〇年六月高架線が全面開通した。これまでの平面踏切が除却さ

新幹線躯体下のえち鉄仮仮福井駅

（出所）筆者撮影.

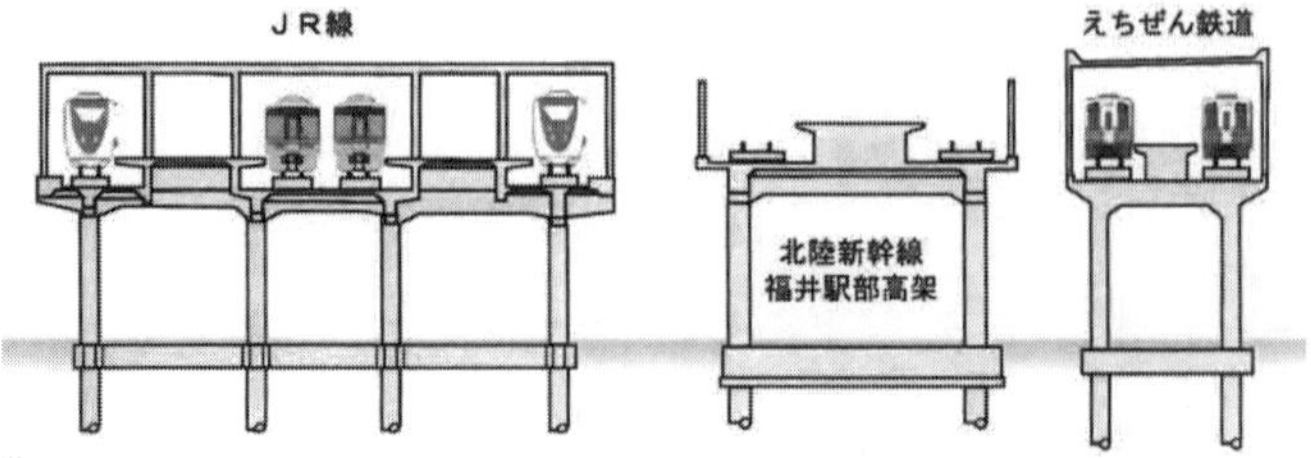

福井駅高架構造の最終型，えちぜん鉄道一般部は単線

（出所）福井県土木部都市計画課監修『えちぜん鉄道高架化――福井駅付近連続立体交差事業誌』．

完成したえちぜん鉄道高架福井駅

（出所）筆者撮影．

れるとともに新たな鉄道横断道路も新設され、東西市街地の分断が解消された。

なお、これらえち鉄の仮仮線や高架線の工事はえち鉄から鉄道建設・運輸施設整備支援機構に委託実施された。

おわりに

現在、令和六年（二〇二四年）度の新幹線敦賀開業に向けて、福井駅周辺で再開発をふくむ民間投資が盛況である。

これらの流れの引き金となったのが平成初頭にスタートした福井駅付近連続立体交差事業である。そしてこれに連動した福井市施行の総事業費約四三六億円の福井駅周辺土地区画整理事業である。これらの事業により新幹線を含め鉄道用地の確保はもちろんのこと、東西駅前広場の拡張整備、道路の整備が行われるとともに、戦後牢固として動かなかった駅前土地秩序の流動化を促した。

一連の再開発事業やホテルなどの新規立地は連立事業や新幹線期待によるポテンシャルアップが大きな後押しになっていることはまちがいないが、区画整理による土地流動化も重要な要素であり、高く評価されなければならない。平成時代の三〇年間を通じて施行された総事業費一〇〇〇億円をゆうに超える歴史的都市計画事業がさまざまな紆余曲折を経て、関係者の努力により完成した。

第8章　時代を切り拓いた都市計画道路

はじめに

道路の着工前と着工後の沿道風景の大変貌で目を見張る県内道路では嶺北縦貫線が一番ではないだろうか。道路はもちろん交通を捌くものであるが、沿道利用も通じてまちづくりに大きく影響を与えるものである。

昭和四〇年代以降国道八号や二七号、さらには五〇年代以降国道一五七号や一五八号のバイパス整備が進められたが、これらは国直轄事業かもしくは国の大きな後押しを受けて施行されたものである。

しかし、戦災復興事業がようやく一段落した昭和三〇年代から県または市町村の独自の企画により、新構想による道路整備が国道バイパス等に先行して進められていた。そしてそれらは、高度経済成長に伴う都市の発展に重要な役割を果していったのである。

冒頭の嶺北縦貫線がこれらの代表格であろうが、その外にも福井市の環状西・東線、鯖江市西縦貫線、朝日神明線などがあげられる。現在では、なかなかこの種の「まちの骨格」を構成する道路事業は見当たらないが、これらの道路整備の計画、事業経緯などを知ることは将来世代にとっても参考となるに違いない。

以下代表的路線についてその概要を記述する。

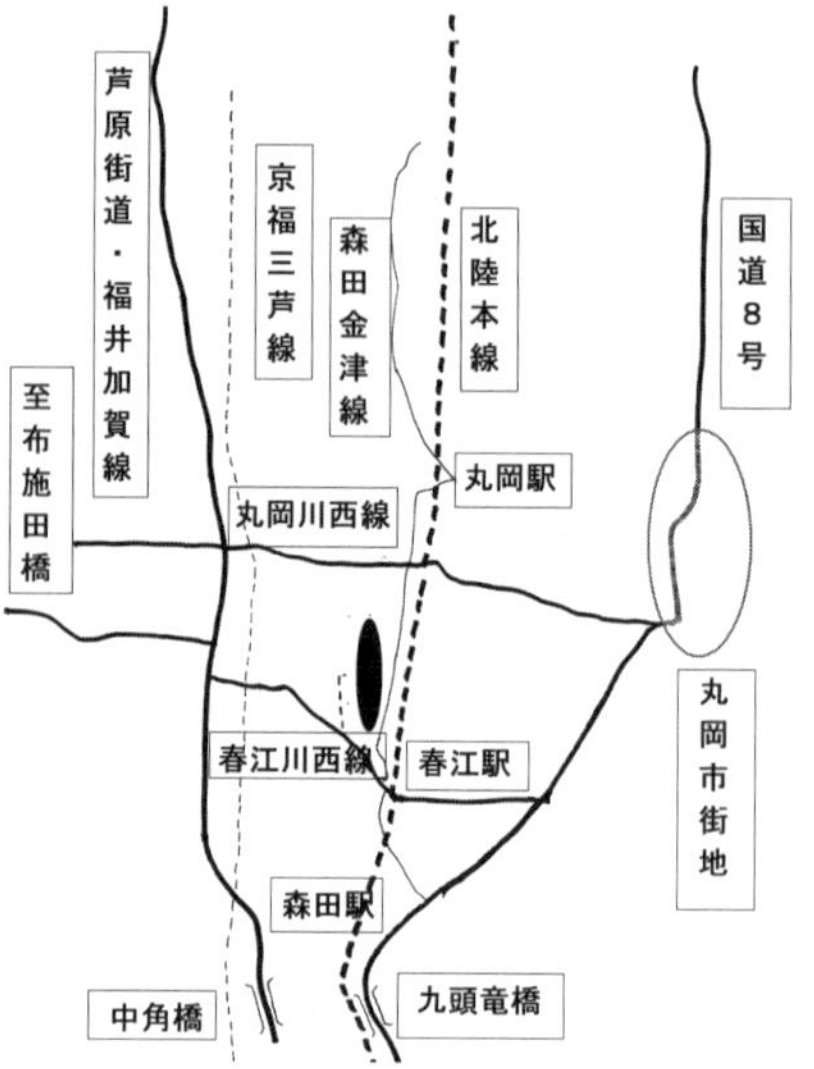

昭和30年代坂井郡関係主要道路網

（出所）土木事務所管内図より筆者作成.

嶺北縦貫線

昭和三〇年代にいたっても県内の道路整備は遅々として進まず惨憺たる状況であった。坂井平野を南北に縦貫する幹線道路は国道八号線と芦原街道の二路線のみでこれらはすでに飽和状態であった。

そこで昭和三六年、坂井郡内からこれら両路線の中間部あたりにもう一本の南北幹線道路を建設すべきであるとの声があがってきた。この中間部には、幅員約四メートル前後の県道森田金津線が春江町沖布目から金津に向かって走っていた。そこでこの県道を幅員六・五メートルに拡張するとともに屈曲を矯正して南北幹線道路にすべきとの意見が浮上してきた。

そして同三六年九月竹本・坂井町長を会長とした坂井郡縦貫道路改修同盟会が結成され、坂井郡内の第三の南北縦貫幹線道路の必要性が共通認識となってきた。一方昭和三六年には小松空港が軍民共用として開港し、富山空港も神通川河川敷きへの設置が認められた。北陸地方にも空港整備の機運が盛り上がってきた。

このような情勢を受けて福井県当局でも空港整備構想を練っていた。

同三五年の三月県会において、当時の北知事が福井空港の具体的候補地を選定することを言明し、福井県においても空港整備が動き出した。いくつかの候補地から同三七年八月春江町随応寺に決定した。決定した空港建設地は水田地帯の真ん中で直接主要な道路には面せず、工事用道路をどうするか、開港後の主として福井市からのアクセスをどのようにするかが問題となった。

まず工事用道路である。空港建設には約一七万立法メートルの大量の盛土材が必要とされた。土取先は芦原町や川西町の山砂や布施田橋付近の九頭竜川浚渫土砂が充てられることになった。そしてその主要運搬道路として県道春江川西線を利用、随応寺地係から分岐して北進する工事用道路（延長約九五〇メートル、幅員七メートル）が建設された。同三八年九月この工事用道路に着工し土砂運搬が開始された。沿道からの騒音・ほこり等に関する苦情がたえなかったと伝えられている。なおこの工事用道路は後述するように嶺北縦貫線の一部となるものである。同三九年三月空港起工式が挙行された。

次に開港後の空港へのアクセス道路である。

これまでも福井市と連絡する本格的な道路新設が構想されていたが、これは昭和四一年に予定される空港開港に間に合わない。このため開港後の暫定的なアクセスルートが検討された。それは国道八号を経由して森田町に出、その後森田・春江停車場線で空港に到達するとされた。

また本格ルートである。芦原街道を経由して九頭竜川中角橋を渡り森田町の水田を斜めに横切って空港に直行する道路新設案が検討されていた。ただこのルートは将来の森田町や春江町のまちづくりに密接に関係するため、都市計画道路とされ、また上述の坂井郡縦貫道路とも関連するため建設省の指導のもとにさらに検討が深められることになった。

その結果、昭和三九年八月に至り、現在の嶺北縦貫線のうち新中角橋（天池橋）を含み福井市から坂井町までの区間ルートについて都市計画決定を行うことができ、同四〇年度県施行着工も決まった（従来の森田金津線は空港を挟んで東側であったが、新ルートは空港西側となった）。ただこのルートは特に坂井郡内においては郊外の水田地帯を貫く立地条件であり、都市局事業とするか道路局事業とするかが協議事項となった。この問題は、後述するように同じよ

嶺北縦貫線沿道の平和堂
福井空港の空域制限に抵触し変更した.
（出所）筆者撮影.

うな立地条件で昭和三七年都市計画決定し街路事業で施行している朝日神明線等の例もあって、本路線については一般部を都市局所管、両端の取付けを含み新中角橋（天池橋）を道路局所管とすることで決着した。

この間同四一年六月に福井空港が開港し、福井市街地からのアクセスは上述のような国道八号または芦原街道利用を余儀なくされていた。これと前後して同四一年三月春江西部地区の土地区画整理事業と嶺北縦貫線の金津町延伸の都市計画決定が行われ、同年七月に至り残りの区間も決定され、坂井平野をほぼ真北・直進縦貫する計画全線がつながり、第三のルートが確定された。

しかし十分な予算が確保できず、また少ない予算も用地費に充当されて工事が進捗しない状況が続いていた。四五年時点で完成した区間は空港前を含む春江町区間がほとんどであった。

このため、県当局は四四年度に新設した土地開発基金を活用することとし、未買収区間の先行取得を急いだ。

昭和四七年にいたりようやく新中角橋（天池橋）に着工し、同四八年一二月暫定二車で開通、空港が福井市街地と直接連絡するとともに、金津町の一部を除き嶺北縦貫線が開通した。さらに、その後残り区間の整備や歩道設置工事が進められ、平成元年一二月には天池橋の四車化が完成し、翌二年三月には完成式が挙行された。着工以来実に二五年を要しての全面完成であった。

昭和五一年三月福井空港の定期便が休航し、空港アクセス道路としての役割は実質上なくなった。しかし文字通り坂井平野を貫く幹線交通の一翼をにない、沿道の発展状況には目を見張るものがある。福井県街路事業の代表例となった。

なおこの天池橋・中角橋をめぐっては後日談がある。この九頭竜川の新橋については計画・工事中とも仮称・新中角橋と言いならわされていた。ところが、昭和四八年一二月の開通式を前にして新橋梁名称が「天池橋」であることが地元に知られて中角町民が名称変更するよう猛烈に反発した。この声は県当局の受け入れるところにならず天池橋は定着していった。

さらに中角橋に悲運が襲う。中角橋は国道の九頭竜橋とともに九頭竜川に架かり坂井郡と福井市を結ぶいずれも歴史的橋梁である。江戸時代には渡し舟が運航され、中角に木橋が架かったのは明治七年のことであったという。そして昭和八年の陸軍大演習を前にして鉄筋コンクリート橋に架け替えられた。

撤去前の中角橋

（出所）筆者撮影.

昭和二三年の福井地震により破壊され、応急復旧された。しかし、予算不足のため抜本的な改修工事は施されず、局部的な洗掘防止工事等が行われたのみであった。そうこうしているうちに天池新橋の構想がもちあがり、将来撤去の方向となった。その後天池橋開通に伴い県から福井市に移管されさらに維持管理が困難となってきた。老朽化が進行、重量制限が行われ、出水時には通行禁止にするなど悲惨な状況となった。

地元と橋撤去について粘り強い話し合いが行われた。地元の歴史的橋梁である橋への愛着と通行不便を理由として難航したが、ようやく平成一四年にいたり、中角地区の嶺北縦貫線・天池橋への新しいアクセス道路を整備すること、同位置に歩道専用橋を架設し地元の便宜を図ることなどで合意が図られた。また行政内部では河川管理者である建設省の撤去についての協力が得られ、中角橋撤去の方針が確定した。

平成一七年一〇月橋撤去を前に地元の人たちは橋の清掃を行うとともに盛大な「渡り納め式」を行い、歴史的名橋・中角橋との別れを惜しんだ。撤去工事、歩道橋架設工事が着工され、同二一年三月モダンな斜張橋・中角歩道橋が開通した。

福井市環状西線・環状東線

昭和三〇年代に入り、戦災復興事業も一段落して、福井市当局はその余勢をかって新しい市街地造成区画整理事業を企図し、全体的な都市計画街路網を研究していた。

昭和三三年一〇月北部第一土地区画整理事業（現在の藤島高校や県立美術館などを含む一帯）と後に環状西線の一部となる都市計画道路町屋牧の島線を同区域内に決定し、勇躍戦災復興事業フィールドから離れた都市整備に乗り出した。

そして同三五年三月、これからの都市発展に備えるため、これまでの都市計画街路を全面的に見直した新しい同街路網を決定した。この中には福井市都市構造の骨格となる環状西線や環状東線が含まれていた。同年九月花堂地係で循環道路（当時新聞など一般には環状道路のことを循環道路と称していた）の起工式が行われ、環状線整備の一歩が踏み出された（二九ページ図（**昭和三五年三月福井都市計画街路網**）参照）。

環状道路計画が発表されると、経済成長・市街地拡大の機運を背景として、これら環状道路を含む近郊地帯から区画整理施行の要望が強くなってきた。そして、福井市は東西南北四方八方に区画整理を施行して行くことになる。北部は第七、南部も第七、西部は第三、東部も第七まで及ぶのであるが、これら市施行の外に組合施行等もあり実に市街化区域面積の七〇％を超える「区画整理施行王国」の端緒であった。

福井市は環状道路整備十カ年計画を策定し、昭和四一年には環状西線では国道八号花堂から社北小まで完成し舗装は社南小まで完了しており、折からの四三年福井国体までに整備を急いでいた。環状東線も同四三年に開発から高木までが完成している。

ここで国道八号福井バイパスとの関係について触れておかなければならない。その詳細は第2章に譲るが、昭和三〇年代後半からバイパス整備の機運が高まり、その福井市内ルート位置も検討されていた。この時代、環状東線を含んで東部地区土地区画整理事業が着工されようとしていた。そこで両端部を除き福井バイパスの線形位置を東環状線に重ねることにして、幅員も変更して同四〇年一二月「東縦貫線」として都市計画決定し、その用地は区画整理により生み出されることとなった。バイパスは翌四一年九月着工し、福井国体前の同四三年一〇月大町・丸山間が暫定二車供用された（三一ページ図（**昭和四〇年一二月第一次福井バイパス決定**）参照）。

現在でも上述したように開発から高木までの区間が環状線でもないのに「環状東線」と称されるのは、もともとの本体区間が八号バイパス「東縦貫線」として位置づけを変えたものの残り区間に名前だけが残されたものだろう。また、現在でも両環状線とバイパスとの連絡交差形態をみれば、バイパスの線形方針と施行中区画整理事業との折り

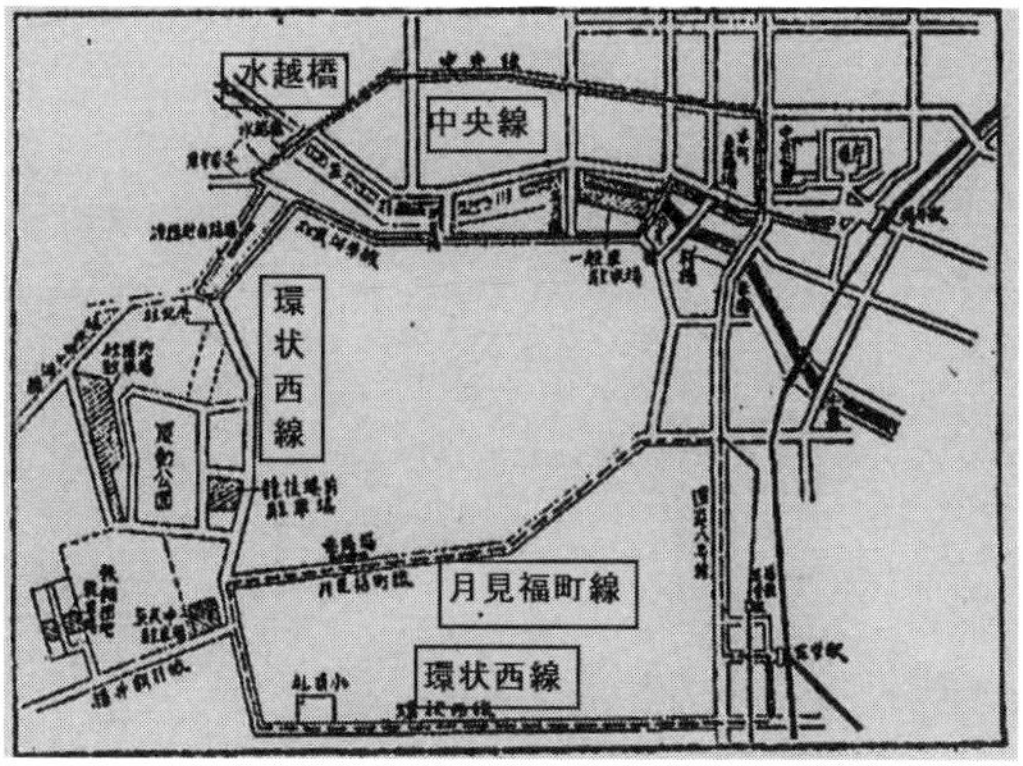

昭和43年福井国体会場アクセス線

（出所）『福井新聞』昭和43年３月27日より筆者作成.

合いについての苦労がみてとれる。

その後も朝鮮人学校用地問題などを解決するとともに、沿道地域の区画整理事業施行もあり、昭和四八年一〇月大瀬橋の開通、そして同六三年三月の開発跨線橋開通により全線の整備が完了したのである。

これら環状西・東線さらにはバイパス東縦貫線が福井市街地の健全な発展に寄与したことは間違いないであろう。一方、これらは現在では市街地に埋没してしまい、交通機能としての環状機能は著しく低下してしまった。その外側には明治橋開発線等が整備されたが、さらに外側に環状機能をもつ路線整備が期待されている。

鯖江市西縦貫線及び朝日神明線

昭和三三年一月鯖江市長に就任した福島文右衛門は特に都市計画に熱心であった。もともと鯖江市街地は南北を縦貫する国道八号線を中心とした細長い市街地であり、これを発展させるための構想を練っていた。そして全体都市計画街路網の策定を進め、昭和三五年九月先行して武生市境から福井市境まで鯖江市を南北に串刺しにする西縦貫線を都市計画決定した（福井市環状線とほぼ同時期である。県主導の嶺北縦貫線より五年先行。全体街路網の決定は同三七年八月、一三二ページ図（**昭和三七年七月鯖江都市計画街路網**）参照）。

そして同三六年一二月から有定地係で工事が開始され、三八年七月には自衛隊鯖江駐屯地開庁と同時に糺地係における自衛隊による埋立工事にも着工した。

一方朝日神明線である。旧県道の狭隘な交通事情に悩む朝日町は早くも昭和二八年都市計画街路網を決定し、その中にはその後朝日神明線の一部なる区間も含まれ整備に乗り出した。そして昭和三〇年には、鯖江市では国道八号線の新設と福武線神明駅の移転を踏まえて神明駅前線の都市計画決定を行い、整備を開始した。これが都市計画街路朝日神明線の端緒である。

　この時期鯖江市と朝日町はより規格の高い道路を両市町間に新設して、結び付きを強化、産業開発を進めようとしていた。そして昭和三七年二月に至り、鯖江市・朝日町間産業道路建設期成同盟会が結成され一気に気運が高まった。同年八月には鯖江市朝日町ともにほぼ東西に直進する朝日神明線の都市計画決定を同時に行ったのである（この朝日神明線は現在の国道四一七号線である）。

　昭和四〇年六月起工式が挙行され、工事が開始された。鯖江市にとっては上述した西縦貫線との同時進行整備であったが（もっとも西縦貫線は市施行、朝日神明線は県施行）、同四七年一〇月西縦貫線と朝日神明線は同時全線開通した。

　この年は国道八号バイパスが鯖江市地係において都市計画決定された年であり、その御幸町開通は昭和五五年で一〇年近く前から実質国道バイパスとして機能したのである。

　現在の西縦貫線の沿道風景は上述した嶺北縦貫線と優るとも劣らない状況である。

朝日神明線に移転新築した旧朝日町役場
（出所）筆者撮影.

鯖江西縦貫線沿道風景
（出所）筆者撮影.

中角橋余話

旧中角橋は歴史橋梁である．舟渡しが行われていたこの地に橋が架かるのは明治７年のこととされる．その後数回の架替が行われるが，県施行で昭和７年11月永久橋化され渡橋式が挙行された．翌８年に行われた陸軍大演習に於て九頭竜川を挟んで南北両軍が対峙した「戦場」の一つが中角橋であった．そして県都福井市と坂井平野を連絡する幹線橋梁の位置を不動のものとした．戦前の九頭竜川の橋梁は数少なくしかも木橋であった．国道橋であった舟橋も木橋で，戦後の福井地震による被災復旧を機会として現在のようなランガートラス構造永久橋となり名称も九頭竜橋とされた．このように中角橋は国道橋にさきがけ戦前においてすでに永久橋化された長大橋のトップランナーの一つだったのである．

上述の完成式典で読まれた担当技師の誇らしげな工事工程報告が次のように残されている．

> 本橋は県下において交通運輸最も頻繁なる橋梁の一たるを以てその設計に当りては虚飾鮮麗を避け専ら質実剛壮を旨とした．橋梁総延長は二百五十七米余で之を十四径間に分ち有効幅員は五米五十，積載荷重は道路構造同じより第三種を採用した．橋台は構造を重力式とし混凝土を以て築造し鉄筋を以てこれを補強し橋脚はその基礎を鉄筋混凝土井筒としこれを七米乃至九米の深さに沈下しこの上に鉄筋混凝土を以て二柱式框型に築造した．橋体は高さ一米二十の鋼板桁四連を並列しこれに鉄筋混凝土床段を架し橋面は〇石混凝土を以て舗装した．本工に使用せる主なる材料は鋼材三六〇トン，鉄筋一一七トン，混凝土一二，一六〇立方米で昨年十二月に起工し日を重ねること三百三十有余，総工費一四八，六五〇円，使役せる職工人夫の総数一五，〇〇〇人である．

（『福井新聞』昭和７年11月10日記事）

おわりに

昭和三〇年代道路の維持管理に汲々とし、局部的な改修工事、災害復旧工事に終始していた時代に、新しい道路建設にしかも独自の企画により、果敢に挑戦して行ったのが嶺北縦貫線等の都市計画道路整備である。

これらはバイパスとして交通処理機能を担ったのであるが、折からの高度経済成長・市街地拡大動向と合致してその後の都市の骨格として欠くべからざる存在となっていった。

第9章　総力戦・福井臨海工業地帯造成事業

はじめに

昭和四七年七月に福井新港・福井臨海工業地帯造成事業が起工式をあげてから約五〇年が過ぎた。昭和四二年に知事に就任した中川知事は、内外の激しい批判を受けながらも、「産業構造」高度化、「後進県」脱却を標榜して、福井新港・福井臨海工業地帯造成を懸命に推進した。現在の福井港は、当初の構想とは、だいぶその様相を異にしている。

しかし、昭和四〇～五〇年代、知事以下県庁幹部が福井県始まって以来と言われた大型プロジェクトにそれこそ全庁体制、総力戦で取り組んだ経緯は整理して次世代に引き継がれなければならない。

前　史

今次大戦の遂行と敗戦によって、荒廃した日本国土の復興は、喫緊の課題であり、福井県土においても同様であった。そして戦後相次いだ大水害の頻発も相まって、九頭竜川の改修と三国港の再建は県政の重要課題の一つで

着工前の三里浜，すでに旧石油配分基地は立地している
昭和43年頃

（出所）福井新港パンフレット（昭和43年７月）より．

あった。

九頭竜川の洪水対策としては、奥越の電源開発とセットとなったダムを中心とした総合開発、五領地区の裏川対策などが論議・実施された。さらに三国港の再整備と九頭竜川の河口対策である。すなわち、三国港は九頭竜川の流送土砂による泊地埋塞は地形的宿命であり、洪水の頻発・土砂の増加、船舶の大型化に伴いいっそう大きな問題となっていた。

そして、三国港は明治・大正以来、陸上交通機関の発達等により、実質的に「漁港化」していた。昭和二五年に「地方港湾」の指定を受け、同三三年に河口に出光興産の三国油槽所が建設されたこともあり、再び「商港化」して、繁栄を取り戻そうとする機運が盛り上がってきた。

三国港を再整備する場合、この水深維持の問題と拡張余地スペースが余りにも狭いことが大きなネックであった。この解決のため、九頭竜川の三里浜への放水路を開削、切り落とす構想が、三〇年代前半からクローズアップされてきた。旧河口部を運河化して三国港を改修しようとするものであった。

この頃、新潟県信濃川の関屋分水構想も唱えられ、こちらの方は着々と実現の方向にあった（関屋分水路は昭和四〇年に県事業を引き継ぐ形で直轄事業として再着工され、同四七年に完成した）。このような他地域の状況や「切り落し」という大構想・抜本改修イメージが影響してか、地元経済界などはこれに積極的であった。

この間、県は昭和三五年港湾整備十カ年計画を立て（総事業費三三億円）、同三六年に河港課から港湾課を分離独立させるなど、敦賀港や三国港などの整備に力を入れ出した。三国港では桟橋築造や浚渫工事が続けられた。

この三里浜放水路計画は、その技術的・資金的困難のために、行政ベースでの進捗はなかなか図れず、これを長期的目標として、当面河口右岸に新港を建設する構想が昭和三五年前後から浮上してきた。この構想は当時の港湾工学の権威であった鮫島茂博士の指導のもとに策定されたものである。

防波堤を二基延長三四〇メートル、水深九メートル岸壁一六〇メートル、水深七メートル岸壁一六〇メートル、その他物揚場を計画して、事業費は二〇億円程度が見込まれていた。

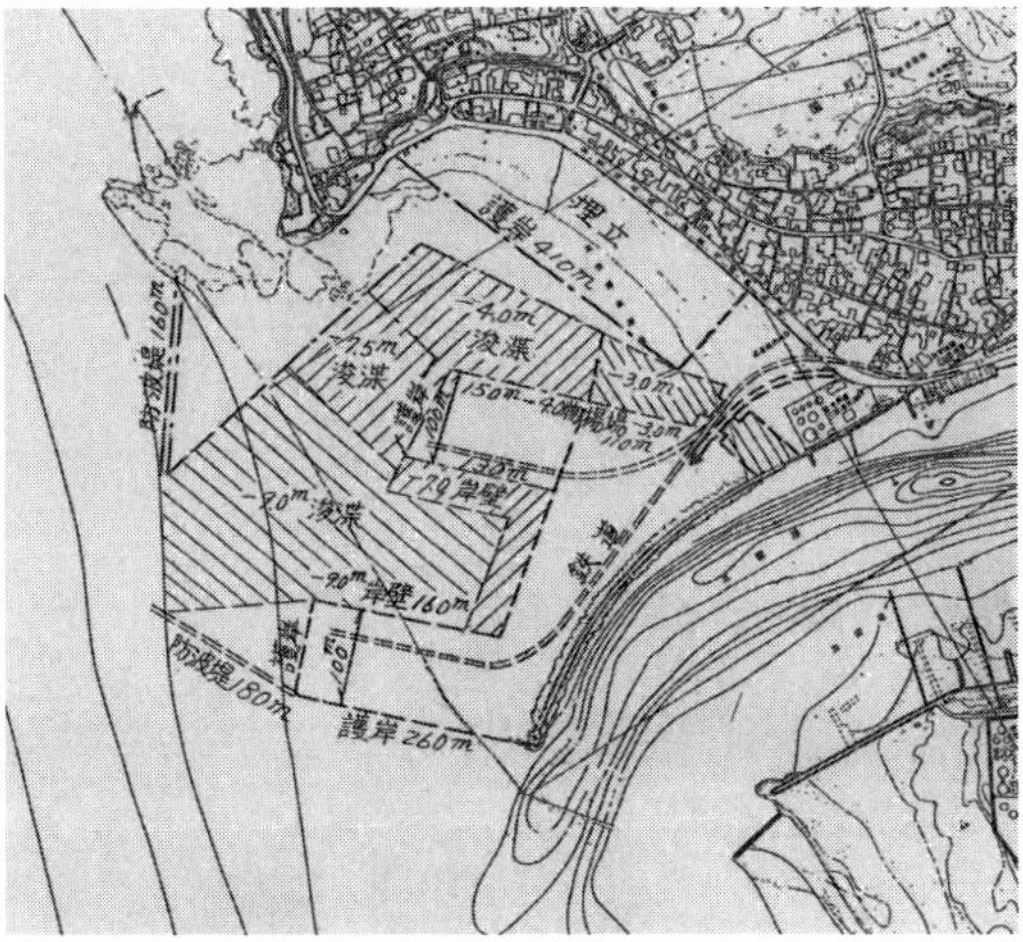

「三国新港」計画図
三国港駅から延伸した臨港鉄道もある.
(出所)「福井港港湾計画資料」.

この「三国新港」計画には根本的な問題があった。九頭竜川洪水処理や港湾機能については全うされるが、その代償として既存の三国海水浴場を廃止・移転させなければならないことであった。加えて、九頭竜川の三里浜切り落し構想もくすぶって、この新港構想は実施されなかった。

しかし、この時期、新産業都市指定を富山・高岡と争い、運輸省の臨海工業地帯開発計画を金沢港と競り合っており、県当局はより具体的な開発計画の立案を迫られていた。そして、このくすぶっていた放水路構想について、一定の技術的検討を行った委託調査結果が昭和三八年四月発表された。それによれば、放水路は木部新保から横越を経て、旧浜四郷の砂丘地帯を通る延長五・四キロメートル、水路の幅

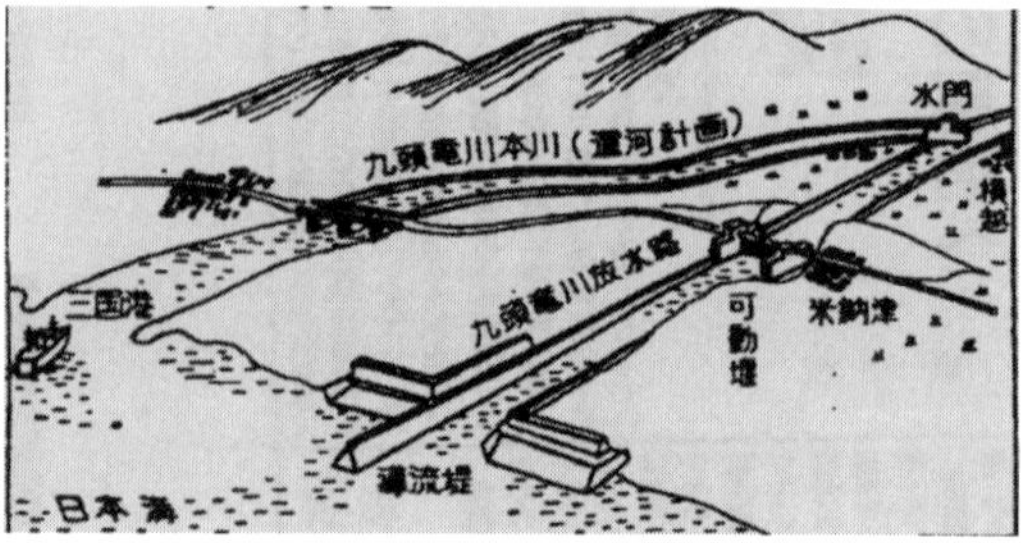

「三里浜放水路」調査結果

（出所）『朝日新聞　福井版』昭和38年４月25日.

は三〇〇メートルで、計画流量は毎秒五四〇〇トンとしている。分水地点から下流の本川は延長三・四キロメートル、幅員一〇〇メートルの運河として残し、その両側は放水路の掘削土を利用して埋め立て、約八二ヘクタールの工場用地とすることにしていた。総事業費は約九二億円とされた。課題として、海岸線の後退、地下水流失による地盤沈下、河床低下による農業用水取水問題などが指摘されている。

これらの検討を踏まえて、三九年度から始まる港湾整備五カ年計画に組み込まれるために、第一港湾建設局と協議しながら、当面の三国港整備計画を策定した。具体的計画では、現在の右岸防波堤を四二〇メートル、左岸防波堤を三六〇メートル延長する。新保橋下流から河口に向けて、九頭竜川中央部に導流堤を設け、流れを分ける。港湾施設としては新保側を重点的に整備し、水深六メートルを確保して、石油タンカー接岸に対応する。第二期事業としては上述の切り落し事業と併行して行い、三里浜砂丘地帯を石油・製鉄の工業団地とする構想で、三国芦原線水居駅からの貨物専用線引き込みなども検討されていた。

このような努力にもかかわらず、富山・高岡、金沢との競争に敗れたこと、またこの時期九頭竜川河口では、三国競艇の移転問題や西野製紙の廃水問題が紛糾、さらに新河川法の施行等があり事情を複雑にしていた。このようなことから、当時同時に進行していた重要プロジェクトである奥越電源開発、福井空港建設や国体誘致・準備、さらには原子力発電所、北陸自動車道、日本横断運河構想に県の主要施策がシフトしてしまった。この三国新港計画は一頓挫をきたし、再び福井新港・臨海工業地帯開発計画として脚光を浴びるのは、昭和四二年の中川新知事の登場を待たなければならなかった。

時代的背景

昭和三五年一二月に池田内閣は所得倍増計画を打ち出し、翌三六年には鹿島臨海工業地帯開発計画の策定、三七年には新産業都市建設促進法の制定と全国総合開発計画が閣議決定され、三八年には掘り込み港湾苫小牧港の開港と、昭和三〇年代後半は、まさに本格的高度経済成長に向け、スタートが切られた時代であった。

北陸地方ではどうか。昭和三五年一二月に北陸地方開発促進法が公布され、翌三六年には富山新港の起工、三八年に黒部第四ダムが完成し、また富山・高岡地区が新産業都市に指定された。さらに、金沢新港が三九年に重要港湾に指定され、掘り込み式港湾として着工した。

またこの時期、熊本や新潟県の水俣病、富山県のイタイイタイ病、四日市コンビナートなどにおける大気汚染・ぜんそく問題、空港騒音問題など高度経済成長に伴う公害紛争が多発し、国民や県民は工業開発に伴う副作用に敏感になっていた。このため、昭和四二年八月政府が公害対策基本法を制定、各地方自治体も公害防止条例を制定するなど、一方的高度経済成長施策への反省機運も生まれていた。

マスタープランの策定

中川知事の登場

県人知事実現を掲げ、労農提携のもとに、昭和四二年四月選挙を制した中川知事が就任した。

当時県政は、翌四三年に迫った福井国体の準備に全力を傾倒していたが、知事は七月県会で新総合開発計画の策定を提案した。この中で、経済界との意見交換を行うなど福井臨海工業地帯計画も検討を加えられていた。そして四三年の年頭の記者会見で、開発プロジェクト関係では次のような抱負を語った。①足羽川ダムの建設、②原子力発電所の誘致、③越前海岸道路の整備、④小浜湾の干拓、⑤福井新港の実現などで、特に福井新港に関しては五〇年着工に言及するなど、中川県政の柱の一つに位置付けられた。

新港計画や臨海工業地帯造成計画に関しては後述するが、これらの計画に対して県議会の反応は冷たいものであった。いわく、これら開発プロジェクトは全国的に見て、かなり遅れたスタートであり、工場誘致等残された可能性があるのか（先行していた富山港や金沢港でも広大な造成敷地が売れ残っていた）。このことは、当時公害紛争が全国的に多発していた背景のもとに、非公害型に限定した場合さらに困難となる。この事業はこれまでの県政以来の最大のプロジェクトとなることが予想されるが、弱小県の財政でその需要に耐えられるのかどうか。さらには、嶺南にはすでに敦賀港が存在し、これとの住み分け共存をどう図るのか、現在の県勢では敦賀港一港で十分で、これに集中投資を図ることが賢明であるというようなものであった。これらの論点は以後もずっと引きずっていくことになる。

このため、県議会の総論的支援態勢でも曲がりなりにも整うまでに時間を要し、「福井新港建設促進期成同盟会」が発足したのが、昭和四三年八月のことであった。ちなみにこれと並行するかたちで「敦賀港整備促進期成同盟会」が結成されたのは、その翌年四四年四月のことであった。

マスタープランの策定

プレマスタープラン

県は正式な福井臨海工業地帯造成計画（マスタープラン）を、決定する前にさまざまな委託調査を実施している。

まず、昭和四二年七月には、県の委託を受けた県経済調査協会が「三国臨海工業地帯造成計画」を発表した。

その概要は次のとおりである。①三国町から福井市川西地区にまたがる三里浜に三国新港を新設する。②食品、コンクリート、機械金属および木材工業を中心とした約一六〇〇ヘクタールの臨海工業地帯を造成する。③新港はT字型の掘り込み式とし、一万五〇〇〇トン級岸壁を二バース設けて大型貨物船を出入りさせる。④交通計画では、現在芦原までの三国線を同工業地帯まで延伸し、北陸自動車道と直結する産業道路を新設する。⑤四三年度から六〇年度完成目標の一八年計画で進め、完成時点での生産額は約三二〇〇億円／年、港湾貨物量を約五九〇万トン／年、公共投資額は約三〇〇億円とされていた。

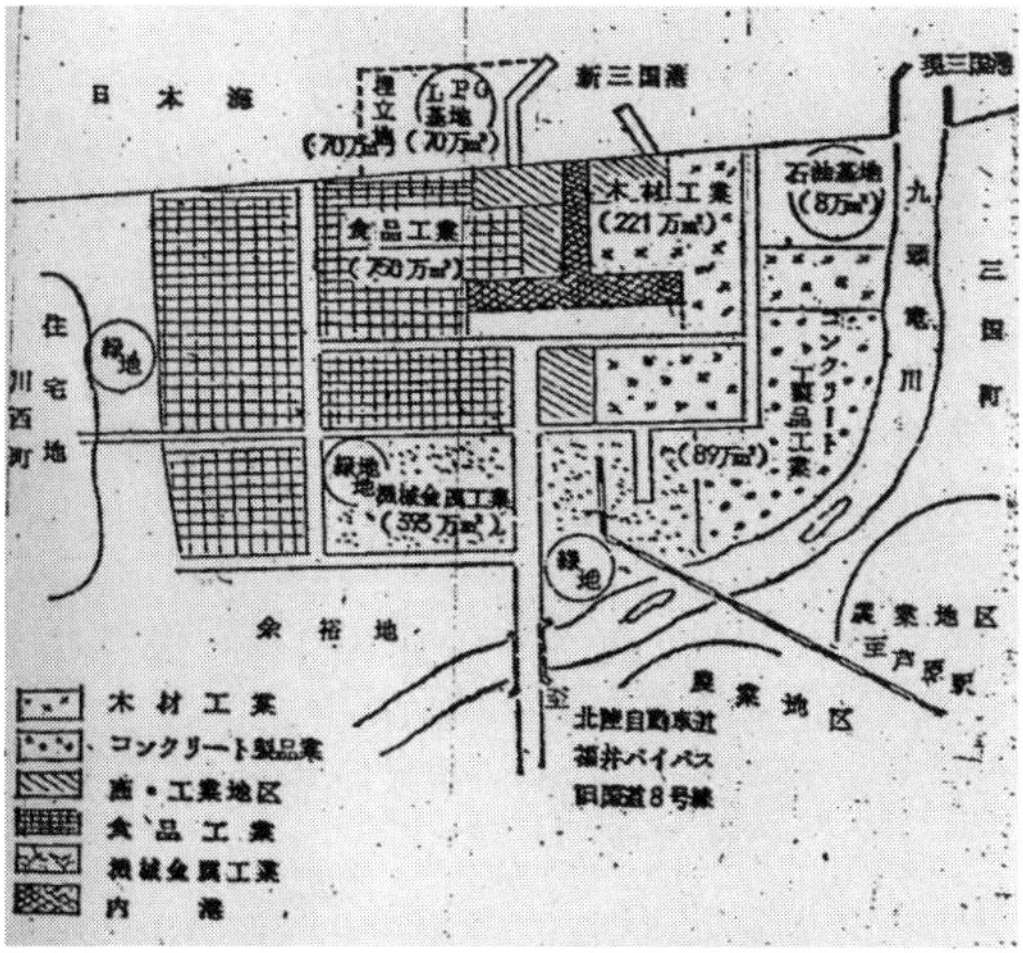

福井県経済調査協会「三国臨海工業地帯」
（出所）『福井新聞』昭和42年7月13日.

この三国新港計画は、当時全国的にも臨海工業開発が低迷していること、すでに九頭竜川河口左岸新保地区で港湾整備が進められていて重複投資の懸念があること、この新港計画は港湾整備五カ年計画にも取り上げられていないことから運輸省の関心は低かった。

しかし、県当局の熱意は薄れなかった。さらに専門の港湾コンサルタントに調査を委託し、昭和四三年六月その結果が発表された。三里浜一帯に福井新港を建設しようとするもので、その概要は次の通りであった。

福井新港には臨海工業港としての機能を持たすほか、福井県嶺北地方や石川県南部地方を後背地とする商港機能も持たせ、①貨物取扱量を年間約五四〇万トンとし、四万トン級岸壁

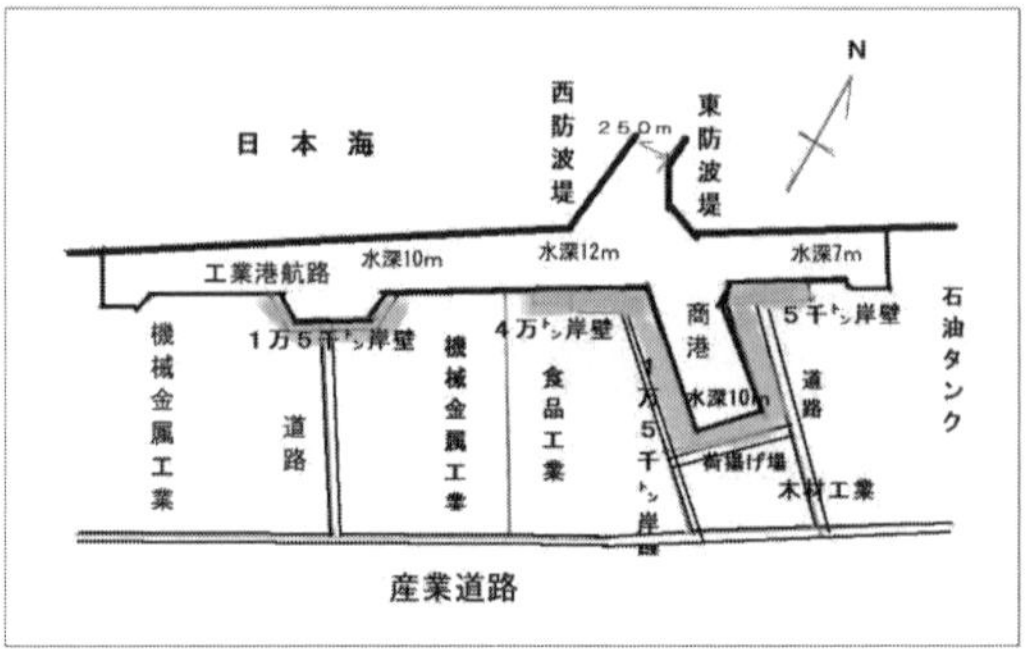

福井新港計画案　昭和43年６月

（出所）日本港湾コンサルタント編『福井新港基本計画報告書』.

一バース、一万五〇〇〇トン級岸壁八バース、五〇〇〇トン級岸壁二バースを設ける。②船舶の安全を期するため、水深四・五〜一二メートルの航路・泊地を建設する。③西側に延長一二〇〇メートル、東側に延長七〇〇メートルの防波堤をつくり、さらに港内の静穏を図るため突堤と消波護岸を建設する。④現在の県道三国敦賀線に並行して産業道路を整備し、本道路から埠頭に至る六本の臨港道路を建設する。⑤約七〇〇ヘクタールの工業用地を造成し、食品・木材・機械金属・コンクリート工業や石油基地などの臨海コンビナートとする。

　これらの計画を県当局は県議会や県選出国会議員などに説明を行っているが、敦賀港との競合問題、企業誘致見通しの甘さや放水路構想との関連があいまいなことなど総じて不評であった。かろうじて、昭和四四年度の近畿圏整備事業の中で福井新港の調査費（漂砂）が認められた。

　そして、四四年三月日本工業立地センターに委託していた「福井新港開発経済調査」がまとまった。その概要は次の通りである。

①運輸省港湾局が新全国総合開発計画の一部としてまとめた「昭和六〇年目標の港湾整備の方向・試案」によれば、福井県の港湾は敦賀港を一般流通拠点港湾として整備する一方、福井平野の臨海部に工業団地造成をして、工業港開発の可能性がある。②工業用地が六六〇ヘクタール程度しかなく、大型船舶の受け入れができないため（現在の計画では四万トンまで）、大規模な製鉄所などの基幹資源型工業は困難であり、中規模の臨海工業拠点とすることが妥当である。具体的には、木材、食品およびアルミなどの非鉄金属工業が有望で、水資源があれば紙パルプ、合成繊

福井新港完成予想図　昭和44年3月

（出所）福井新港パンフレット.

維、化学工業などが挙げられている。③問題点として、挙県一致体制の構築、用地確保対策、公害対策などが重要である。

当初マスタープランの策定

以上のようなさまざまな調査結果を受け、県内部での調整結果を踏まえて、昭和四四年九月いよいよ当初マスタープラン総事業費約四三〇億円が当局より発表された。

アルミ精錬・加工を中核として、火力発電、石油精製、石油化学のコンビナートを主体に、鋼材加工、機械、食料品工業の立地を図ろうとするものでその諸元は次のようなものであった。計画期間を昭和四六年～昭和六〇年とし、土地利用を表**（当初計画土地利用計画）**のようにして、出荷額を約三六五〇億円、臨工内就業者数を一万一〇〇〇人とした。

また港湾を主とした施設計画である。冬期の風向・波向は主として北北西方向が卓越するので、これを踏まえて防波堤および航路・泊地を計画する。南防波堤一五五〇メートル、北防波堤五五〇メートルを建設し、将来一〇万トン級にも対応できるように両防波堤の純間隔を五三〇メートル、港口航路幅を三五〇～四〇〇メートル確保する。さらに静穏を期するため突堤一六〇メートルおよび消波護岸七〇〇メートルを整備する（一八二ページ図**「福井臨海工業地帯計画図」**）。

航路は四万重量トン級を対象として、幅三〇〇メートル、水深一二メートルとし、将来の船舶大

当初土地利用計画

（1000㎡）

区　　分	面積	摘　　　要
工業地域	13,172	
工業用地	8,694	工業用地8,000，区画道路694
港湾用地	2,180	
港湾関連用地	459	臨港道路，関連用地
緑地帯	1,799	
住宅地域	1,050	
合　　計	14,182	

（出所）福井県編『福井臨海工業地帯造成計画書』より筆者作成.

当初計画業種別想定規模

（1000㎡）

区　分	面積	区　分	面積
アルミ精錬	1,653	鋼材加工	661
アルミ加工	661	機　　械	661
火力発電	661	食　料　品	661
石油精製	661	石油配分基地	398
化　　学	1,983	合　　計	8,000

（出所）福井県編『福井臨海工業地帯造成計画書』より筆者作成.

当初施設計画

種　　別	整　備　の　目　標	摘　　　要
港　　湾	4万t級入港	将来10万t級
道　　路	延長23.8km	
工業用水道	給水量30万t／日	九頭竜川表流水
上　水　道	給水人口30,100人	
住　　宅	6,900戸	内公社700戸
鉄　　道	芦原～臨海部13.8km	操車場含む
学　　校	小学校3，中学校1	
社会福祉施設	保育所5	

（出所）福井県編『福井臨海工業地帯造成計画書』より筆者作成.

型化に備えて余裕水域を確保する。航路法線は最多強風方向での操船を容易とするため港口部で北北西、港内部で北方向とした。

また幹線道路として、県道敦賀三国線（現国道三〇五号）のバイパス外周幹線道路および北陸自動車道丸岡インターと連絡する産業道路を新設する。さらに鉄道依存貨物量として、約一二〇万トンを推定し、当時芦原まで運行されていた国鉄三国線を臨工地域に延伸する（延長一三・八キロメートル）。その他、周辺住民の生活環境を守るため外周道路沿いに緩衝緑地帯を設置することとした。

そして、この大プロジェクトの資金計画の基本方針は次のように定められた。

①臨海工業地帯の用地造成は準公営企業債による　②港湾の国直轄事業、国庫補助事業に伴う地方負担額は、長期低利の起債により大半を処置し、また単独事業（埠頭用地造成等）については準公営企業債による。③道路事業の国庫補助事業にかかる地方負担額は県の負担とし、街路事業は県及び市町の負担とする。④工業用水道については、原則として収益事業債による。

この発表されたマスタープランに対して県議会は総じて批判的であった。

①果たして中核とされるアルミ産業は立地するのか。公害はないのか。鯖江の染色団地や福井の鉄工団地の二の舞になるべきでない。もっと慎重に調査すべきである。②指定されてまもない越前加賀国定公園は解除されるのか。③工業用水の取水について農業用水との競合や塩水混入のおそれはないのか。④日本海の激しい冬期風浪に耐えられる港湾整備ができるのか。⑤三里浜一帯はラッキョウの大産地であるが、これへの対応をどうするのか。⑥何も臨海部を開発しなくても、内陸部にも工場適地はいくらもある。⑦福井県にはすでに敦賀港があり、県勢の実力からして、あえて福井港を整備するよりも敦賀港一港を重点整備すべきである。⑧総事業費約四三〇億円の内、純然たる県費持出しは七億円と言うが果たして細部まで詰めたのか。他の行政需要へのしわ寄せはきたさないのか。⑨この県政始まって以来といわれる大事業を進める県の執行体制を整えられるのか。県の職員にマネジメント能力はあるのか。⑩用地買収を円滑に進める自信はあるのか。

四四年一二月には、県議会に福井新港対策特別委員会が設置された。

また、新聞論調なども北陸三県で先行している富山新港や金沢新港と競合し、これら両港の工業用地分譲が必ずしも順調でないことから、福井新港のマスタープランはさらに熟慮検討しなければならないとするものであった。

いずれにしても、この当初マスタープランに、当時の県当局の情熱と理想が表れているとみるべきであろう。この計画案は種々の批判にさらされ、社会経済情勢の変化もあって、その後さまざまに変更されていく。

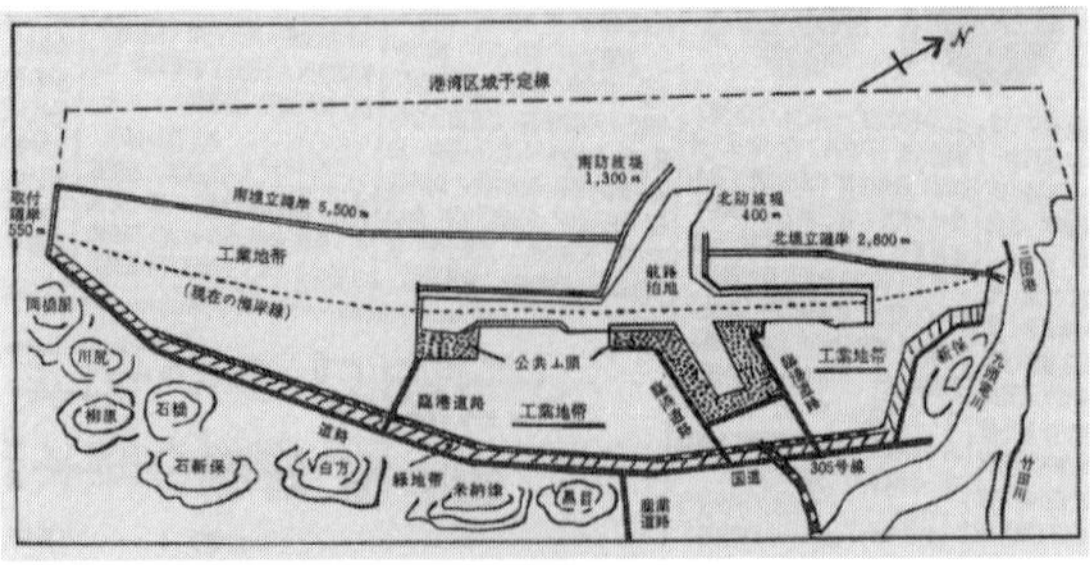

福井臨海工業地帯計画図　昭和44年９月

（出所）福井県編『福井臨海工業地帯造成計画書』.

嶺北北部広域都市計画

それまで都市計画の対象地域外であった福井市の旧川西地区に臨海工業地帯開発構想が持ち上がり、当該地と後背地を含めた都市計画を立案する必要が生じたこと、昭和四四年に新都市計画法が施行され、広域都市計画や市街化区域など新たな枠組みによる都市計画立案が求められていたことも相まって、嶺北地域一円における全体的都市計画が検討された。

法的枠組み

この福井新港・臨海工業地帯造成事業にはさまざまな法律が関係している。

（1）近畿圏整備法

新産都市の指定などを外された福井県は、この臨海開発を推進するにあたってさまざまな国の助成策を得るため新たに政府の認知を得る必要があった。それが近畿圏整備法による「都市開発区域」の指定である。すでに福井市は昭和四〇年に受けていたが、三国町は同四六年七月に指定された。

（2）近畿圏の近郊整備区域及び都市開発区域の整備及び開発に関する法律（以下、整備開発法）

上記都市開発区域内で整備開発法に基づき、都市計画事業として施行される「工業団地造成事業」は収用対象事業となり、用地買収に際しては租税特別措置法の対象となる。さらにこの工業団地造成事業は、都市計画法用途地域の工業専用地域で施行されなければならず、都市計画決定の際には関係市町村長の意見を聞き、建設大臣の認可を受けなければならない。このとき、通産大臣及び運輸大臣の意見をきかなければならないとされている。また県知事施行の同事業にあっては都市計画事業としての認可のみならずその施行計画及び処分管理計画について建設大臣に届出なければならない（処分計画については後に国土庁長官に変更）。そして、用地の処分先は「製造工場等」に限定されている。

（3）港湾法、港湾整備緊急措置法

港湾施設整備が国の補助対象となったり、適債事業となるためには港湾法の適用をうけなければならない。さらに、国の直轄事業を導入するためには同法による重要港湾の指定を受け、その港湾計画について県港湾審議会や国の港湾審議会の議を経て、運輸大臣の審査を受けなければならない。

港湾区域の設定や臨港地区の指定について運輸大臣の認可を受けなければならない。

また各年度の直轄事業採択や補助事業採択を受けるためには、その時々の港湾整備五カ年計画に計上されていなければならない。

（4）都市計画法

上述の工業団地造成事業について、都市計画法に基づく手続きを踏まなければならず、同法による用途地域工業専用地域の指定が前提となる。なお、三国町区域外についてはそれまで都市計画区域外であったが、三里浜福井市部分についても、広域都市計画区域として指定された（図「嶺北地域広域都市計画構想の一部」参照）。また、緩衝緑地帯や公園整備も都市計画事業として施行された。

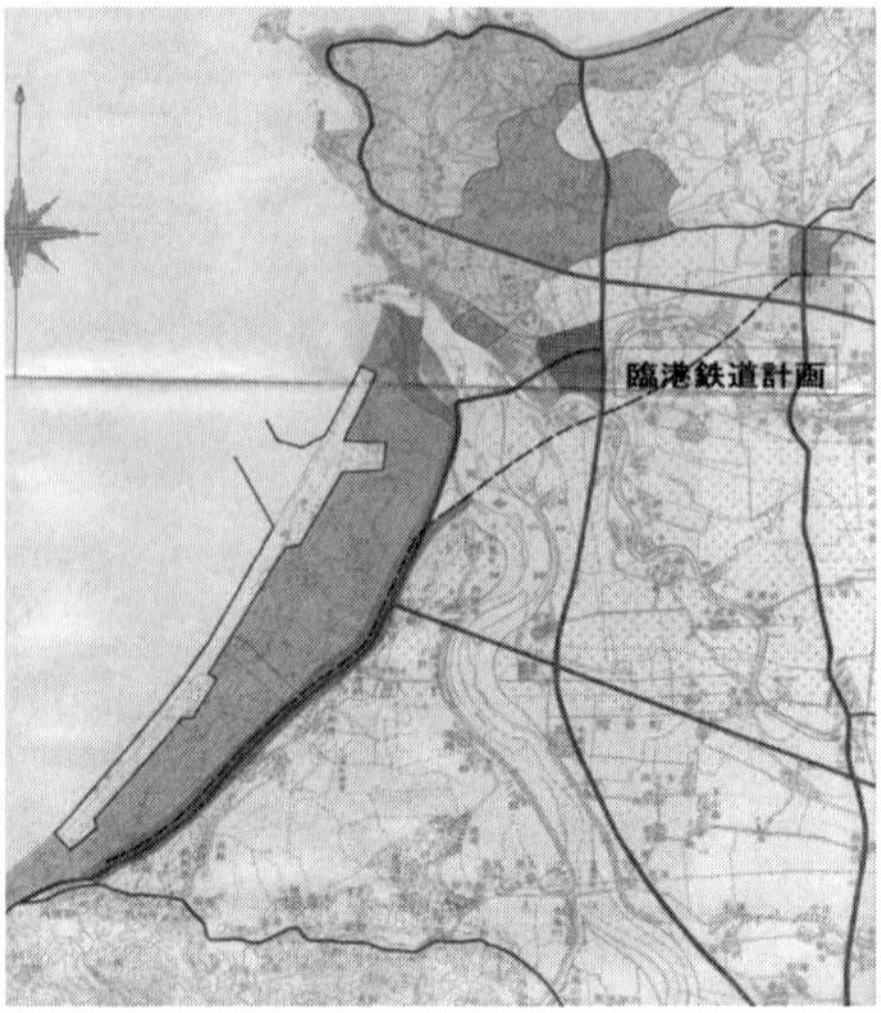

嶺北地域広域都市計画構想の一部
昭和44年10月

（出所）都市計画協会編『福井県嶺北地域広域都市計画報告書』.

（5）公有水面埋立法

知事が免許を与えるに際し、議会の議決を踏まえた市町村長の意見を聞くこと、および運輸大臣の認可を要し、かつ面積が五〇ヘクタル以上の場合には、環境庁の意見を聞くことになっている。なお、埋立目的には具体的用途が必要とされ、厳しい運用がなされている。

また対象水面に何らかの権利が設定されている場合には、これを補償することとされ、埋立対象が港湾施設等の場合には運輸大臣の認可は不要とされている。

（6）自然公園法

昭和四三年五月、県当局の猛烈な運動の結果、「三里浜」を含む越前加賀国定公園が指定された（余談であるが、このとき厚生省当局への運動はもちろんのこと、「越前加賀」にするか「加賀越前」にするかで、石川県に対しても協議が行われた）。

しかし、この地に港湾開発、工業開発を行うためには、この国定公園指定を外し、「都市開発区域」を指定しなければならない。激しい運動の結果、四六年六月国定公園が除外されたが、当時は反公害・環境保全運動の高まりのなかで、同年七月に環境庁が発足する直前の時期で、しかも指定されてわずか三年後のことでもあり、厚生省当局の強い抵抗があった。初代環境庁長官が「臨工開発のために国定公園指定をはずことは、まことに愚かな行為である」と発言し、当時の報道機関や県議会でも話題となった。

(7) 地方公営企業法、森林法その他

緩衝緑地帯や区域内の保安林に関する手続きは森林法により進めている。

また、直接造成事業を制約するものではないが、企業立地や活動を規制するものとして、公害対策基本法、県公害防止条例（公害防止協定の締結など）、消防法、石油コンビナート法などが関係している。

そして、法律事項ではないが、造成事業財源としての準公営事業債発行などに対する運輸省・自治省の許認可、基幹産業の投資計画に対する通産省の行政指導、海域・陸域に関する運輸省と建設省の所管争いなどが背景となって、事業が進められていく。

「マスタープラン」は陸域部の工業団地造成事業、海陸にわたる港湾整備事業、海域部の公有水面埋立事業等の全てを包含する福井臨海工業地帯造成事業基本計画のことであるが、この全体を許認可する手続きはなく、あえて言えば、県議会の予算審議や近畿圏整備計画における「認知」ということになるのだろう。法定計画ではない。

福井港の着工と開港

港湾計画策定と重要港湾指定

県当局の猛烈な運動の結果、昭和四六年度を初年度とする運輸省の港湾整備新五カ年計画に組み込まれ、着工に向けて拍車がかかってきた。そして四四年に発表されたマスタープランにも、各方面から意見が出され、また経済動向もふまえてこれを改定することとされた。

さらにハード面での港湾計画も、波浪調査データや模型実験結果により検討深化が図られ、屈曲した防波堤を直線化すること（延長一九五〇メートル）や中央水路の法線を変更し、次節のマスタープランを先取りする形で当初の港湾計

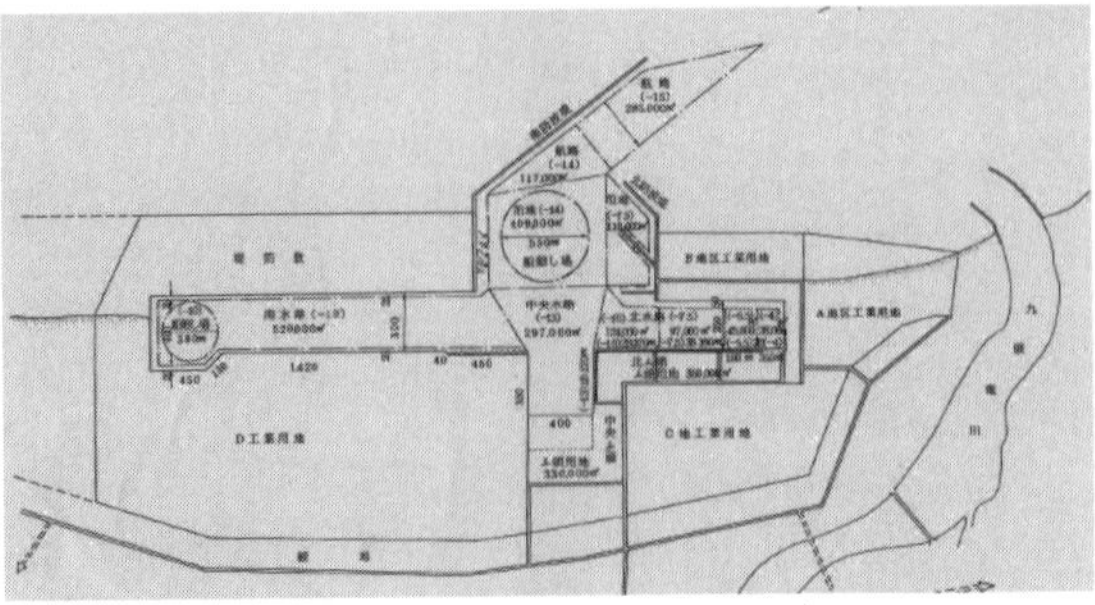

当初港湾計画航路・泊地・係留施設　55年目標

（出所）「福井港港湾計画資料」.

当初港湾計画係留施設計画表

公・専	新・既	施設名	水深(m)	バース数
公　共	新	中央埠頭	−13	1
	〃	北埠頭	−10	2
	〃	〃	−7.5	3
	〃	〃	−5.5	2
	〃	石油桟橋	−7.5	4
	既	三国地区他	−5.5	
専　用	新	中央埠頭	−13	1
	〃	南埠頭	−10	3
	〃	石油桟橋	−14	3
	既	三国地区	−5.5	4

（出所）「福井港港湾計画資料」.

画の策定、港湾区域の拡大、重要港湾の指定が四六年六月に行われた。

目標年次昭和五五年の港湾取扱い貨物量を約七八〇万《トン》とし、これに対処するため、水域施設や係留施設を表（当初港湾計画係留施設計画表）および図（当初港湾計画航路・泊地・係留施設五五年目標）のように計画した。

また昭和五五年までの用地造成として、埠頭用地六八万平方《メートル》を含む公共用地二八八万平方《メートル》の造成、火力発電用地五八万平方《メートル》を含む工業用地として五〇六万平方《メートル》の造成を行うとした。

次に、臨港交通施設のうち、道路としては丸岡インターと連絡する産業道路等を整備することとしているが、四四年マスタープランには記載されていた臨港鉄道計画は、国鉄三国線の廃線見通しが強くなったこともあり、港湾計画からは除外された。

そして、掘り込み港湾計画は、航路・泊地等を浚渫した土砂や用地造成残土で埋立地を造成することが原則でありコスト縮減につながる。これらの土量収支をバランスさせることが重要であるが、福井港の場合も浚渫水深、汀線との位置関係、用地造成面積とその盛土・掘削高を考慮し、区域全体（六〇年目標）として発生土量を約六一〇〇万立法メートルとし、これを全量受け入れる試算を行っている（全体としては均衡していても、発生・受入れの時点調整は困難なことが多く、このことは後述するように福井港整備・用地造成の年次計画にも影響をもたらすことになる。しかも港湾施設の浚渫や埠頭用地の造成は公共事業で行われることが多い）。

その他の問題として、これまでくすぶり続けていた九頭竜川の三里浜への切り落とし構想も、その困難性と他の方法による改修計画でカバーされるとして、正式に不要と結論された。

マスタープランの改定

昭和四四年に発表された当初マスタープランに対して、特に公害問題や想定業種の実現可能性について疑問が多く寄せられていた。このため、当局はコンサルタント二社に対して、見直し調査を委託し、その結果と港湾計画の検討、四六年八月のドルショックの経済影響等を踏まえて、四七年二月改定マスタープランを発表した。

その基本は次のようである。①想定業種から石油精製・化学を削除し、新たに工場生産住宅やコンクリート加工などを追加する。②港湾形状の変更による工業用地の減少。③業種見直しによる工業用水量の減。④目標年次昭和六〇年における出荷額を約四一九〇億円、臨工内就業者数を一万二〇〇〇人などとした。その概要は表（改定計画土地利用計画、改定計画業種別想定規模、改定計画施設計画）のようである。

また港湾を主とした施設計画である。南防波堤を一九五〇メートルに延長し、北防波堤四〇〇メートルを建設する。航路幅は幅員三〇〇メートル、水深一四～一五メートルとし、将来一〇万トン級にも対応できるように幅三五〇メートルの水域を確保する。

埠頭施設として、公共バースを中央水路に水深一三メートル岸壁二バース、北水路に一〇メートル二バース、七・五メートル五バースなどを整備する。南水路奥には水深一〇メートル二バースなどを整備し水路奥には船回し場を確保するとした。また北防波堤基部には、石油類を取り扱うため、水深七・五メートルドルフィン六バースを建設するとした。

さらに、関連交通施設として嶺北横断線、福井港線や福井棗《なつめ》線など道路四路線四九・一キロメートルを整備するとともに、臨海鉄道としてすでに国鉄三国線は廃線となっていたが開発後期において直接北陸線と結ぶ臨海鉄道一八・三キロメートルの建設を検討するとされていた。

これら工業用地の造成費として、約一三〇億円、港湾施設等の公共事業費として、約二五〇億円、関連道路事業費約一三〇億円、緩衝緑地整備費約四九億円、工業用水道整備費約四四億円、その他下水道、公園、臨海鉄道、学校などを含めて合計総事業費約七四七億円（当初計画四三〇億円）が見積もられていた。

改定計画土地利用計画　昭和47年２月

（1000㎡）

区　　分	面積	摘　要
工業地域	13,300	
工業用地	7,200	工業用地6,810他
港湾用地	2,200	水域施設1,040他
海岸堤防用地	2,020	
緑地帯	1,610	
外郭道路用地	270	
住宅地域	1,500	
合　　計	14,800	

（出所）福井県編『福井臨海工業地帯造成計画書 改訂版』.

改定計画業種別想定規模　昭和47年２月

（1000㎡）

区　分	面積	区　分	面積
アルミ精錬	1,000	鋼材加工	300
アルミ加工	630	機　　械	430
火力発電	580	食　料　品	230
工場生産住宅	1,440	コンクリート	160
各種組立部品	1,500	石油配分基地	240
合　金　鉄	300	合　　計	6,810

（出所）福井県編『福井臨海工業地帯造成計画書　改訂版』.

改定計画施設計画　昭和47年２月

種　　別	整　備　の　目　標
港　　湾	6.5万ｔ級入港可能
道　　路	延長49.1km
工業用水道	給水量14万ｔ／日
上　水　道	給水人口36,000人
住　　宅	7,300戸
鉄　　道	北陸本線～臨海部18.3km
学　　校	小学校３，中学校２
福祉施設	保育所４

（出所）福井県編『福井臨海工業地帯造成計画書　改訂版』.

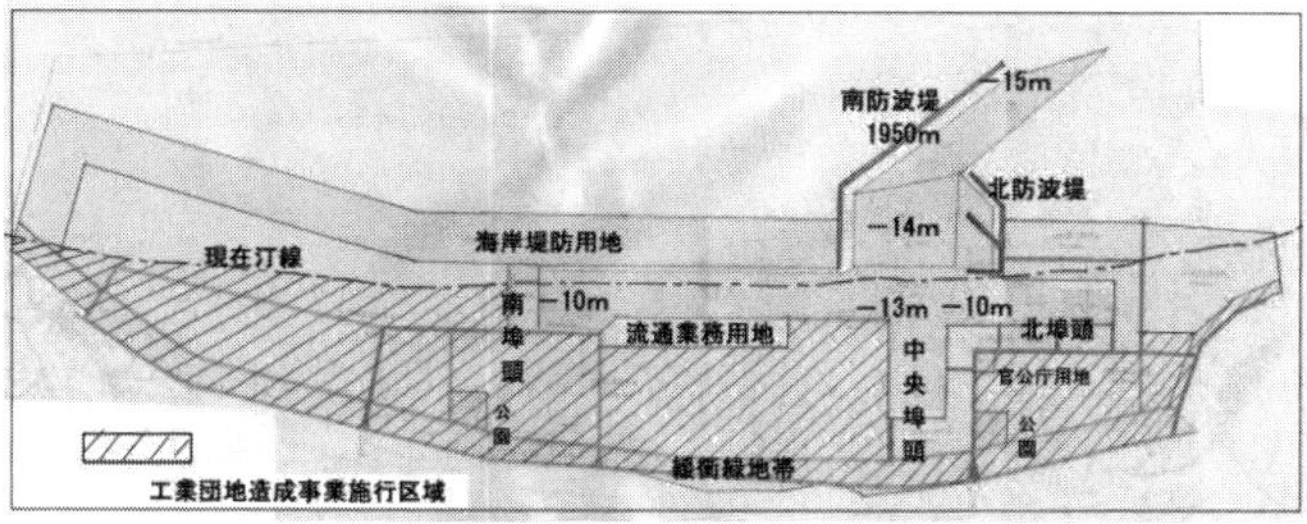

改定福井臨海工業地帯計画図　昭和47年2月（昭和60年目標）

（出所）福井県編『福井臨海工業地帯造成計画書　改訂版』.

工業団地造成事業等都市計画

昭和四七年一月、臨工地域を含み坂井郡や福井市旧川西地区が広域都市計画区域に指定され、引き続き改定されたマスタープランに従い用途地域が決定された。臨工地域内の陸地部について、水域施設や埠頭施設計画区域を除き工業専用地域が、この埠頭施設計画区域については用途地域商業地域と臨港地区も指定された。

　さらにこの工業専用地域のうち、発電所等の既造成区域を除いて、図（改定福井臨海工業地帯計画図）のように工業団地造成事業約七〇〇ヘクタールが都市計画決定された。また、外周道路福井港線もこのとき決定された（四七年三月）。

着工と一部開港

すでに昭和四五年四月に、県は「福井臨海工業地帯開発公社」を発足させ、測量等の事前準備に着手していた。用地買収にあたっては、個別買収か全体買収か、区域部分買収か全域一括買収かが検討された。工業用地や航路用地、埠頭用地等を別々に買収することは現実的ではないから、公社が先行買収した土地を港湾・道路管理者等が買い戻すときに分筆して譲渡するという方法がとられた（価格は取得原価に利子相当分を加えて、時価よりも安いことが原則である）。

　問題は部分買収か全域一括買収かである。利子負担を緩和するためには、当該地区の着工計画に応じて買収するのが望ましいわけであるが、地元地権者の意向

昭和53年７月一部開港した福井港

（出所）福井港 PR パンフレット．

や地価動向、用地買収交渉の難易をふまえて一括買収方式がとられた。企業立地の見通しが立っていない段階での超先行投資であり後述するように造成会計の資金繰りを圧迫した。

具体的な用地買収である。すでに昭和四五年に着工した北陸電力福井火力発電所の事例を参考にするなど、同四六年八月企業庁発足により交渉が本格化、同年の年末大晦日に単価を大幅積み増し急転直下、全体用地買収契約の調印が行われた。全域買収の予算が足りず手付金の不足を、知事の専決処分にした行為があり、後日県議会でも問題とされた。

港湾計画や都市計画などの各種手続きも完了、おおかたの用地買収もかたがつき、現地に臨海工業地帯開発事務所も開設されて、昭和四七年七月福井新港と臨海工業地帯造成の起工式が行われ、まず北防波堤に着工した。

その後、南防波堤、航路浚渫、岸壁築造やA・B地区、F地区の埋立等に順次着手し、起工六年目五三年七月一部開港の式典が行われた。このとき、防波堤延長南一九二〇㍍、北四五〇㍍、航路水深暫定一〇㍍、北水路岸壁一〇㍍一バース、水深七・五㍍一バース、石油ドルフィン三基、古河専用岸壁一バースで事業費約一九〇億円を投じての暫定供用であった。なお、このとき北電福井火力はすでに営業運転しており、五一年に埋立竣工していた共同火力や石油配分基地も五三年九月操業を開始した。

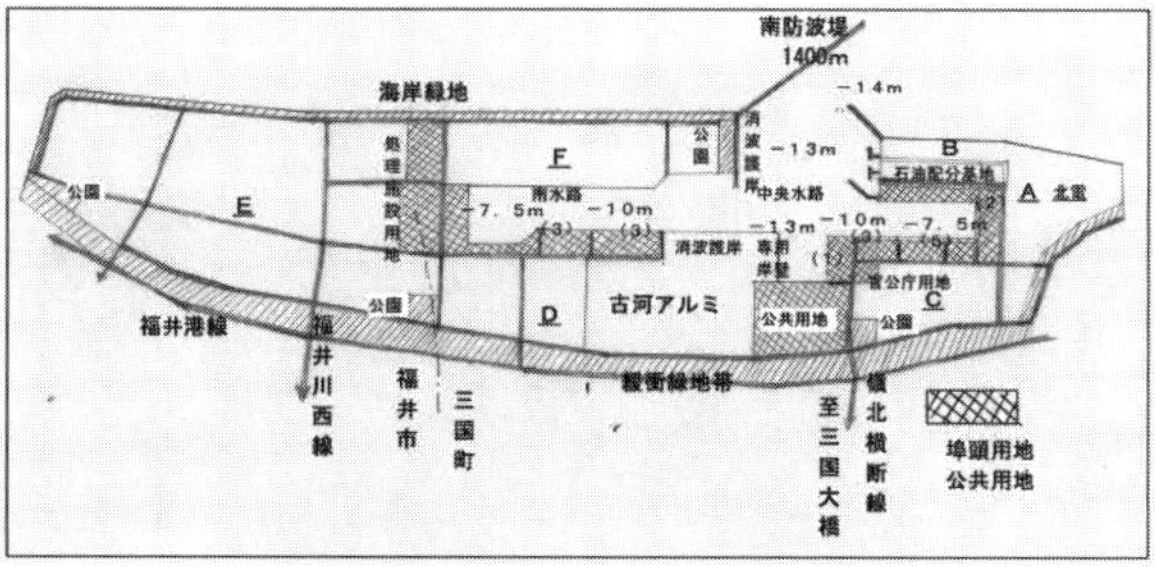

福井臨海工業地帯計画図　昭和50年６月
福井港港湾計画図　昭和50年７月

（出所）「福井港港湾計画改定資料」1975年.

企業誘致の難航とマスタープランの累次改定

昭和五〇年マスタープランと港湾計画

このように造成事業は進捗していたが、四六年ドルショックや四八年石油危機などにより、経済状況は低迷し、企業誘致も進まなかった。しかし、不況は一時的であるとして、さらにマスタープランと港湾計画を拡大変更した。その概要は図（福井臨海工業地帯計画図、福井港港湾計画図）のようである。結果的には、このときの計画が後年を通じても最大規模となったものである。

①従来目標年次がマスタープランは昭和六〇年で港湾計画は五五年であったが、これを両計画とも六〇年に一致させた。②環境庁の指導もあり、これまでの海岸堤防巻出し護岸からケーソン護岸に変更した。このことにより全体事業施行区域面積が三四万五〇〇〇平方メートル減少して、一二九五万五〇〇〇平方メートルとなった。また、工業用地が五二万三〇〇〇平方メートル増加して七三三万三〇〇〇平方メートルとなり、想定業種としてＬＰＧや木材流通加工を追加した。③これらに伴い計画出荷額は四六六〇億円、計画従業者数は一万五〇〇〇人、計画港湾貨物量は九七〇万トンとされた。④そして主要な港湾施設として、中央水路に水深一三メートルの公共・専用岸壁一バースずつ、北水路に水深一〇メートル三バース、七・五メートル七バースの公共岸壁、南水路に水深一〇メートル三

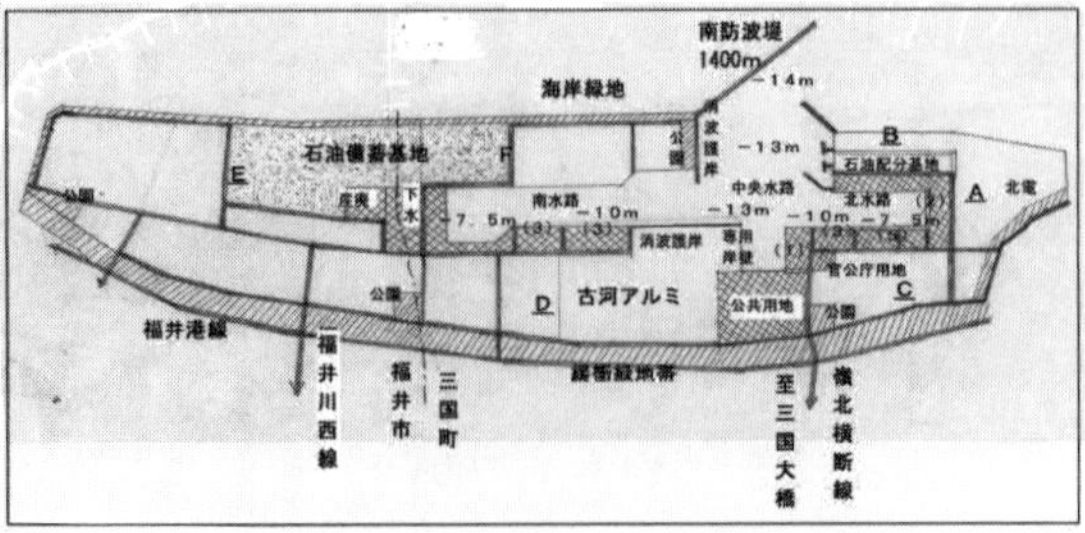

福井臨海工業地帯計画図　昭和53年９月
福井港港湾計画図　昭和55年３月

（出所）「福井港港湾計画一部変更資料」.

バース、七・五メートル三バースの公共岸壁を計画した。⑤このとき、先に都市計画決定していた公共下水道処理場用地や産業廃棄物処理施設用地も位置付けられた。

アルミ産業

昭和四八年九月ようやく古河アルミと立地協定が締結されたが、直後の同年一〇月石油危機が襲い、アルミ業界はさらに苦境に陥った。環境庁の指導で目標生産額が半分の七万トンと削減され、さらに通産省の行政指導もあって五一年一二月には精錬部門の断念が表明され、圧延部門のみの進出となった。

このようなかでも水深一三メートルの専用岸壁と共同火力発電所は従来計画通り着工され、それぞれ五二年七月、五三年九月竣工、営業運転を開始したが、古河アルミの工場そのものの着工は五六年五月のことであった。総工費約五二〇億円を投じた圧延工場は五八年五月完成し、操業を開始した。敷地面積約八五ヘクタール（臨工工業用地の一一・三％）、当面の年間出荷額は約六〇〇億円とされ（五〇年の福井県全体の出荷額約九〇〇〇億円）、福井臨工の中核企業として、企業誘致も関連産業の立地に弾みがつくものと期待され、第二期工事も六三年八月完成した。

アルミ精錬を前提としていた共同火力は昭和五五年古河出資分を北電が肩代わりし、平成一五年には、昭和四八年から発電していた一般需要家向けの福井火力（実際には夏場のピークのみ運転され、年間稼働率は一％程度とされる）が廃止され、その位置を継承することとなった。

石油備蓄基地

上述したように、昭和五三年七月の一部開港を目指し、施設整備は進んでいたが、一方四八年一〇月の第一次石油危機により経済停滞に拍車がかかり、企業誘致・用地売却は難航し臨工造成会計の資金繰りは限界に達しようとしていた。

他方、政府はこの石油危機の経験から全国六カ所に国家石油備蓄基地の建設を企図していた。石油備蓄基地そのものは、何も生産せず県経済への波及効果も小さくかつ雇用者数も少なかったが（実際石油備蓄基地への批判は公害問題とともにこれらの点が論点となった）、臨工会計の苦境を脱するため、県当局は基地誘致を決断した（五三年六月検討表明、五四年二月正式表明）。石油備蓄基地は「製造工場」とは異なるため、陸域の工業団地造成事業区域内には立地できず、新たに公有水面を埋め立てして、これに当てることとされた。必要最小限の投資としなければならず、F地区の一部既造成地を含み、新たにE地区を埋め立てることにした。当時の議会記録によれば、備蓄基地誘致に伴う新規投資額は約一六〇億円、敷地約一五〇ヘクタールの譲渡代金は約二三〇億円、差し引き約七〇億円が造成会計の窮状を緩和すると試算されていた。

この石油備蓄基地立地を主要な理由として、マスタープランが五三年九月、港湾計画が五五年三月変更された。この頃、北水路の泊地・岸壁はほぼ完成しており、次段階として南水路掘削を企図していた。この掘削は運輸省の五六年度を初年度とする港湾整備五カ年計画にも組み込まれていた。この掘削土砂を備蓄基地用地の埋立に流用できれば、基地造成の費用を縮減できるとして、南水路着工を運輸省当局に強く働き掛けたが、福井港の取扱い貨物量の見通しが立たないとして、当局に認められなかった。埋立土砂は陸域部工業用地造成残土を利用することになった。また、備蓄基地南側側面護岸について、後年次に隣接地を埋立する可能性があるとして、簡易護岸を主張したが認められなかった。

この石油備蓄計画は経済波及効果が小さいことから、地元経済界や県議会には構想発表当初から不評であった。また海域汚染や漁業安全を考えて、地元住民とりわけ漁業者を中心として強い反対運動が起きた。このため、福井市や三国町の理事者や議会も消極的であり、その説得に時間を要した。最後の漁業補償が三国漁協とようやくまとまったのは、五七年八月のことであった（総額一九億円）。このため、五三年九月の変更マスタープランの発表後、港湾計画の変更が五五年三月、埋立免許の取得が五六年四月、造成工事着工が同年六月、備蓄基地本体着工が五八年三月、基地完成オイルインが六一年六月のことであり、ほぼ一〇年近くを要したことになる。

天然「南水路」

（出所）筆者撮影.

南水路の一部縮小問題

その後、昭和五六年六月目標年次を昭和六〇年から七〇年にするマスタープランの変更を行った。そして五八年二月港口に防砂堤を設置する港湾計画の軽微変更を行った。この防砂堤は、福井港の水路水深維持を図るため計画したものであるが、さらに三国港方面へ漂砂を誘発するものであるとして地元漁協が反対し着工には至らなかった。

五八年一〇月マスタープランの見直しが行われた。想定業種として、アルミ精錬や工場生産住宅、ＬＰＧ基地などを外し、アルミ圧延・加工、中小企業団地、エネルギー関連基地等を見込むものであった。また、前項でも記したように貨物量の見通しなどから南水路の着工にめどが立たず、先行買収用地が遊休化していることを踏まえ、思い切って南水路計画を縮小し（岸壁六バース→四バース）、工業用地（G地区約五〇㌶）に転用して処分を図ろうとするものであった。

しかし、この縮小計画に対して、石油備蓄会社が反対した。同社は現計画の南水路を前提にその奥に小型船の専用岸壁や取水施設を予定しており、計画変更はこれを成りたたなくさせるというものであった。運輸省当局も、この段階では、南水路の着工は認めないものの港湾計画上では南水路計画の縮小は認めなかった。

その後、防砂堤に関する地元調整がまとまり、五九年八月、防砂堤計画や北水路内に小型船の船溜まりを計画するなどを内容とする港湾計画の軽微変更が行われた。また、六〇年三月には、備蓄基地の一点係留ブイ設置に伴い港湾区域が拡大された。

南水路計画に関するマスタープランと港湾計画との齟齬は続き、石油備蓄基地サイドからの要求に対しては、備蓄基地造成のために計画南水路を横断する形で敷設されていた数本の工事用仮設道路を撤去し、旧水域を復元確保して対応を図った。

マスタープラン・港湾計画の全面改定

もともと港湾を利用して、原材料を搬入し、製品を搬出するという重厚長大型産業を前提とした福井新港・臨海工業地帯開発であったが、昭和も末期にいたり、これら産業の衰退は顕著なものとなった。また、景気回復とともに、それなりに用地売却も進んでいたが、これら企業は未操業が多く、港湾利用もほとんどなかった。

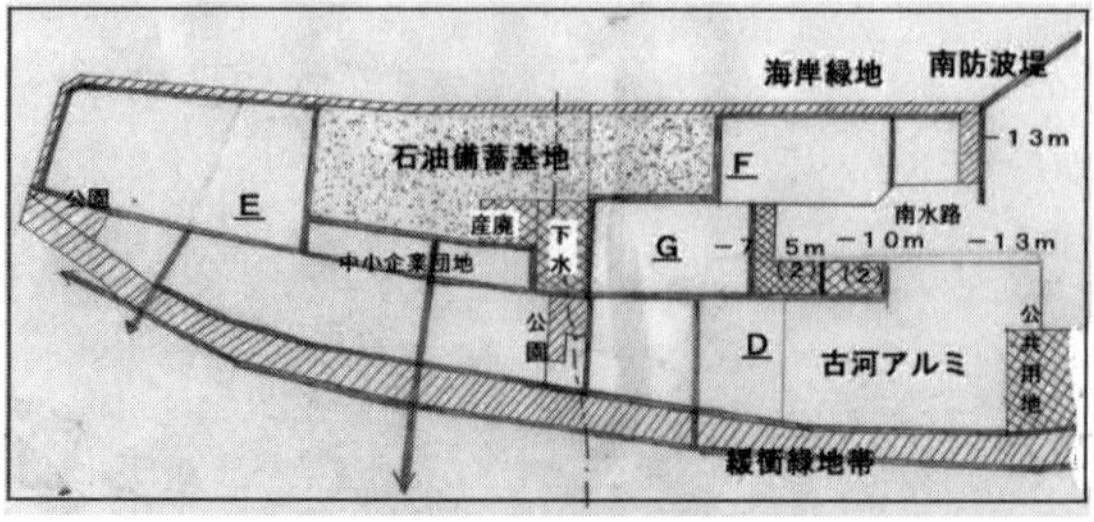

福井臨海工業地帯計画図　昭和58年10月

（南水路の縮小，G 地区工業用地新設）

（出所）福井県編『福井臨海工業地帯造成計画書　改訂版』.

改定計画諸元　平成元年 1 月

	従前58.10	改定01.01
目標年次	平成07年	平成12年
計画地域（ha）	13,139	12,357
工業用地（ha）	7,987	7,312
計画出荷額（億円）	8,300	3,600
計画従業員数（人）	10,500	5,000
港湾貨物取扱量（万 t）	870	590

（出所）福井県編『福井臨海工業地帯造成計画書　改訂版』.

昭和六二年当時の臨工の現状は次のようであった（福井県編『福井臨海工業地帯造成計画書　改訂版』より）。

工業用地売却率　九〇・五％（既造成面積に対して）

工業出荷額　約三七〇億円（昭和七〇年目標出荷額約八三〇〇億円）

従業員数　約一〇〇〇人（昭和七〇年目標従業員数約一万五〇〇〇人）

港湾貨物取扱量　約一七七万トン（昭和七〇年計画貨物量約八七〇万トン）

このような現状と社会経済の構造的変化に抜本的に対応し、大規模な投資が行われた福井港・臨海工業地帯を県民の資産として有効に活用するため、平成元年一月マスタープランが全面的に改定された。これまで上方修正ばかりであった各種目標を下方修正する抜本的なものであった。

その基本方針は次のようであった。①工業港のみならず流通港の機能を持たせる。②石油備蓄基地西側海域E2地区を一部埋立、レジャー関連を含む

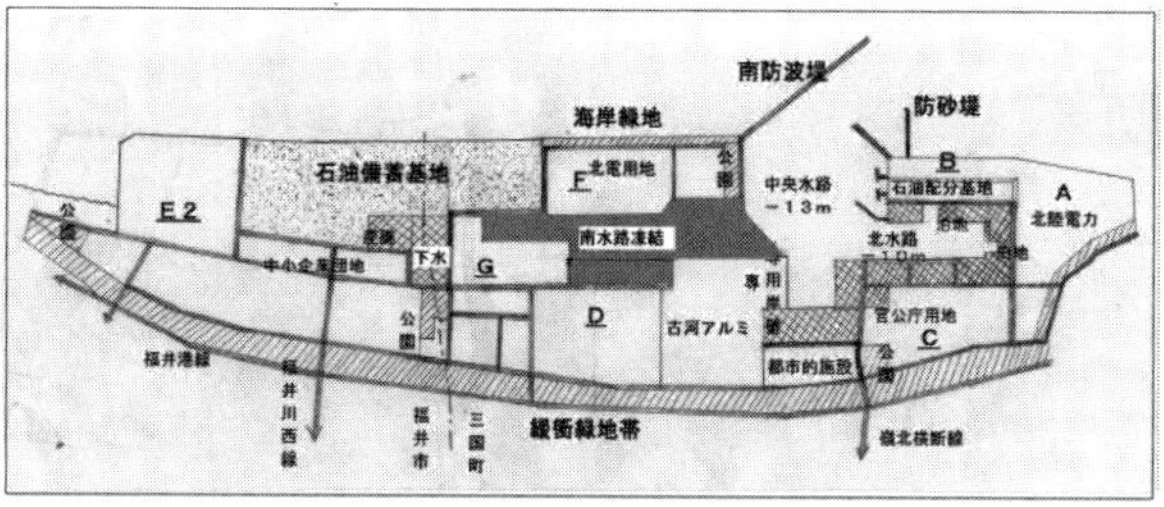

福井臨海工業地帯計画図　平成元年１月
福井港港湾計画図　平成元年８月

（出所）福井県編『福井臨海工業地帯造成計画書　改訂版』.

産業用地とする。③立地企業などのために商業・サービス機能など都市機能を充実させる。④テクノパークや石炭液化などの国家プロジェクトの誘致を断念する（G地区）。⑤名称を「テクノポート福井」と変更する。

港湾施設としては、現在一〇メートルの暫定水深である中央水路を一三メートルまで浚渫し、五万トン級の船舶の入港を可能にし、その浚渫土砂をもって上記E2地区海面四八ヘクタールを一〇年計画で埋め立てる。問題の南水路は岸壁六バースを四バースに縮小し、その整備は埠頭用地も含め七五年まで凍結する。

なお、上述したように、石油備蓄基地が南水路に接続する必要があるため、五八年一〇月のマスタープランを変更して、南水路およびG地区の形状を変更している。

さらに新たに造成されるE2地区は、レジャー関連を含む企業に売却される予定であるが、売却単価を陸上部なみに抑えるために浚渫土砂を流用するほか、その護岸工事は公共事業を導入することとした（廃棄物護岸制度）。

これらはこれまでの総投資額約一六〇〇億円に対し、さらに約七〇〇億円を追加する内容であった。しかし、中央水路が水深一三メートルに浚渫されることはなく（一〇メートルのまま）、E2地区が埋立てられることはなかった。計画期間中に整備されたのは、北水路水深五・五メートルの耐震岸壁のみであり、平成一二年四月には、重要港湾から地方港湾に降格してしまった。

計画見直し諸元　平成13年３月

	従前01.01	12年実績	改定13.03
目標年次	H12	—	H22
計画出荷額億円	3,600	1,600	2,200
計画従業員数人	5,000	3,100	3,700
港湾貨物量万t	590	170	

（出所）福井県編『福井臨海工業地帯造成計画書　改訂版』.

福井臨海工業地帯造成事業の収束

平成一三年三月、さらにマスタープランの見直しが行われた。目標年次が一〇年延長され、出荷目標等はさらに下方修正された。施設計画等は現在の基本計画を維持するものの、中央水路浚渫などの新規事業には取り組まないという内容であった。

福井港整備からは直轄事業が撤退し、航路泊地等の浚渫は県補助事業が肩代わりした。また工業団地造成事業は、工区を分割して順次工事完了公告をしていたが、平成八年六月実質的に全域の工事を完了した。

なお、平成五年に福井県企業公社が設立され、臨工区域や後述する特定公共下水道や総合公園を受託管理することになり、新しい段階に入った。そして企業庁も、平成一四年四月企業局に縮小され、同年一〇月県公共事業評価委員会が港湾施設整備事業の休止を決定し、実質的な新規整備はなくなった。さらに同二一年四月にはその企業局も廃止され、知事部局に編入された。

企業会計と一般財源

当初よりこの臨海工業地帯造成事業には、一般財源を注ぎ込まず、県の一般行政にはしわよせをしないというのが当局の基本方針であった。しかし、企業会計（先行造成してその費用を譲渡代金・使用料等で回収する）のやりくりの厳しさは早くから認識されており、次のような基本方針が実行された。

①起債にあたっては、少しでも有利な条件を得るため、あらゆる制度起債を検討する。

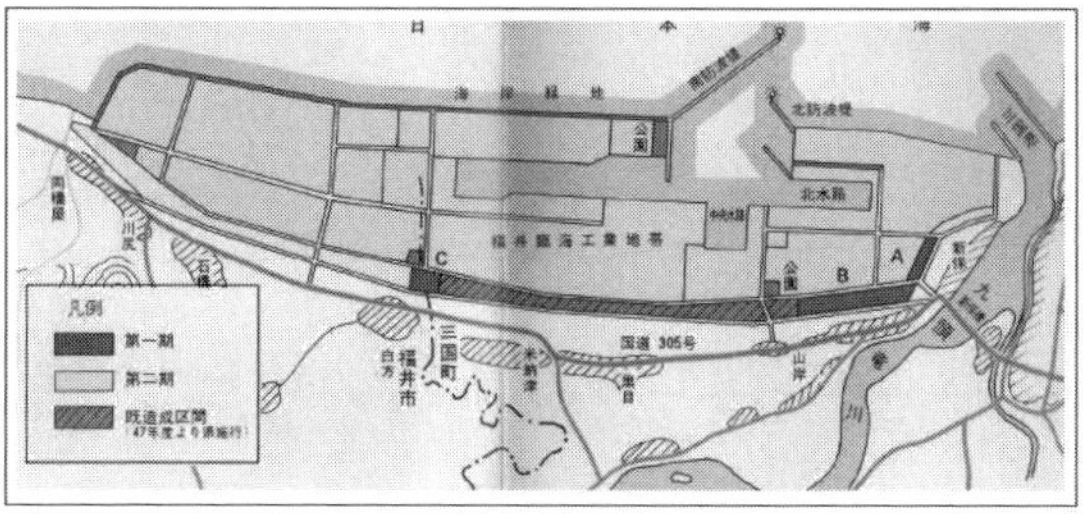

緩衝緑地帯施行区分図

（出所）福井地区（第一期）共同福利施設（三里浜緩衝緑地）パンフレット，1979年.

② 極力公共事業を導入して、これを企業会計の枠外とする。

③ 造成用地の早期処分を図り、償還財源を確保して利子負担を緩和する。

④ 埋立地の造成にいたっては、公共事業による航路・泊地の浚渫土砂を流用する。

緩衝緑地帯造成事業

もともと、緩衝緑地帯は、臨工周辺集落地域の環境を保全するため、当初マスタープランの段階から計画されていた（平均幅員約一八〇《メートル》、延長約一〇《キロメートル》、面積約一六一《ヘクタール》）。港湾施設や臨港道路、主要道路は公共事業により整備するが、緩衝緑地帯は既存の保安林等も利用した単独事業（企業会計・企業負担）の位置づけであった。

すでに昭和四八年から一部造成に着手していたが、五一年に採択基準が緩和され、公害防止事業団委託による公共事業（都市計画事業）としての緩衝緑地造成が可能となった。このときも、財源に国費が導入されることはよいとしても、補助裏に県費（一般財源）を投入することが県議会で問題とされたが、公共事業のルールとして止むを得ないとして認められた（国・県・企業負担）。

この方式は、企業庁や県にとって大きなメリットを伴うものであった。すなわち、企業庁が買収した緩衝緑地用地を公害防止事業団にいったん譲渡することにより、買収資金の早期回収を図るとともに、造成主体も同事業団となりそ

造成後約50年を経過し「森」となった緩衝緑地帯

（出所）筆者撮影.

の資金手当等も不要となる。これらは国庫補助を受けることができ、完成後は県（知事部局）に移管され、企業庁の負担管理からは外される。

昭和五二年九月、第一期分二五㌶の委託契約が公害防止事業団とかわされ、都市計画事業としての事業がスタートした。実際の現地事業は、県職員が公害防止事業団に出向する形で執行された。なお、臨工区域内の各五㌶の三公園に関しても、造成事業から切り離し、県主体の都市計画事業として施行することとなった。実際に公共事業として執行されたのは、臨海中央公園のみで、南端の川西公園は整備後福井市に移管されている。

工業用水道事業

この工業用水道事業には、供給投資に対して需要が伸びず償還が厳しくなるという本来の問題の他に、九頭竜川取水口の塩水遡上問題があった。

同事業は、昭和四八年に着手し、農業用水の水利権者との関係もあり、布施田橋付近で取水することとして、調査を進め、下流の関係権利者と水量や塩分、共同取水方式など問題の協議を行っていた。ところが、この四八年は異常渇水の夏であり、大量の海水が逆流した。

このため、関係権利者は増えるものの、さらに上流の江上町地係で取水することとして、関係者と調整を図り、五三年四月供給を開始した（給水能力四万二〇〇〇ﾄﾝ／日)。しかし五五年再び塩分混入が発覚し、検討の結果異常渇水時の場合のみさらに上流の補助取水口より取水する二点取水方式を採用することとした。五八年六月舟橋地係に補助取水施設が完成した。

このように塩水問題に関する追加投資と企業立地が進まないため需要が伸びないことにより工業用水道会計は逼迫し、その救済問題がたびたび県議会で論議された。

最初に工業用水道会計問題が紛糾したのは、五三年三月議会である。工水会計に一般財源約二億八〇〇〇万を貸し出すという五三年度当初予算案が提案された。これは臨工財源に一般財源を投入しないという基本方針に反するとして議会側が反発した。調整の結果、その予算額の内、約五〇〇〇万円を電気事業会計でまかない、一般財源からの残り二億円余に関しては、応分の利子を徴収する、このことを後年の前例としないということなどで妥協が図られた。

次に、上記の二点取水のための改築事業費約三〇億円の予算化をめぐってその償還財源が五六年三、六月議会で議論された。このときも紛糾したが、一般財源を認めないことには改築事業のための起債も認められないということで、止むを得ないということになった。

このときの給水量が日量約七〇〇〇ﾄﾝにも満たないことによる単年度赤字約一・二億円は電気事業会計からの借入金で賄うことになったが、起債残高は増え続け、以後議会ごとに工水会計は追及を受けた（企業庁は電気ビルを昭和五七年三月知事部局に売却している）。

このため六〇年九月には、一般会計から二八億円の無利子借り入れを行い約八〇億円の起債を繰上げ償還するなどして、平成元年にはようやく単年度収支が黒字に転換した。

平成二二年時点で、給水能力は第一期工事のままの四万六〇〇〇ﾄﾝ／日のままで、臨工地域外を含む四九社に三万七〇〇〇ﾄﾝ／日を供給している。

特定公共下水道計画諸元

事業区域面積		783ha
処理水量	全体	22,000㎥／日
	一期	16,000㎥／日
処理場面積		約80,000㎡
総事業費		約92億円

（出所）事業計画書より筆者作成.

工業用地造成事業

前述の工水事業ほどではないが、工業用地造成事業会計も苦しい資金繰りを強いられた。上述したように、生産を伴わない石油備蓄基地の誘致もこの造成会計を救済するのが主目的であった。以後必ずしも操業見通しが立たない北陸電力やエネルギー関連などへの用地売却も、背景に造成会計の窮状があった。

特に論議されたのは、五六年六月議会のことである。造成会計当局は、古河アルミの縮小進出や譲渡代金支払い猶予問題があっても、石油備蓄基地の誘致をもって、償還計画を維持できると考えていたが、その備蓄基地の立地が大幅に遅れ、その譲渡代金収入が見込めなかった。このため、一時的に一般会計からの五〇億円の援助を求めたが、議会の説得は難航した。

その後、備蓄基地代金や北電の用地買収、中小企業の臨工進出が相次ぎ、用地会計は一時の苦境から脱した。昭和五一年ピークであった起債残高二六八億円は六三年にはほぼなくなった。

平成元年には、G地区用地の一部造成分譲開始、同二年には商業用地の分譲を開始した。平成二四年には既造成地に対する売却率は約九五％に達した。

特定公共下水道事業

臨工区域内の工場排水や生活排水を処理するために、早くから下水道計画が策定されていた。昭和四八年一〇月公共下水道の都市計画決定・事業認可が行われ、五〇年の改定マスタープランでは、南水路奥に処理場用地も位置付けられた。この時の事業区域には、地元からの要望もあり、臨工区域内のみならず、周辺の黒目等の集落地域も含む約二一〇〇㌶に及ぶものであった

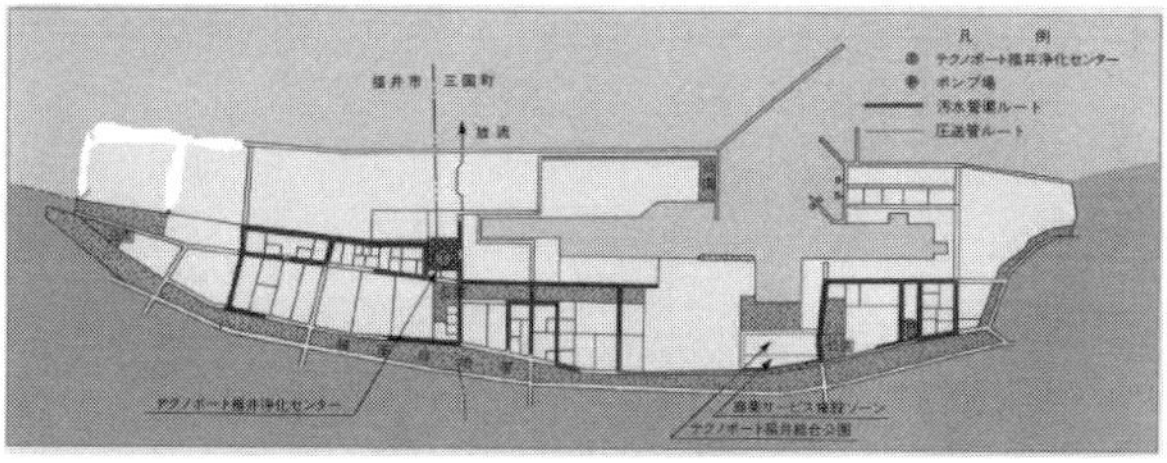

福井臨海特定公共下水道事業

（出所）福井企業庁テクノポート福井浄化センターパンフレット，1993年.

しかし、処理場の用地買収は行ったものの、工場の立地・操業が進まず、先行した工業用水道の苦境もあり、昭和五一年度から事業休止状態が続いた。一方、九頭竜川流域下水道が昭和五七年供用開始され、右岸の三国町地係もそのサービス区域になったことにより、左岸の臨工周辺地域でも下水道サービスを求める声が五九年頃より強くなってきた。このため、臨工周辺地域の下水道サービスに関しては、休止状態の臨海公共下水道区域から除外し、流域下水道の事業区域を拡大して、当該地域を編入することとし、同六三年七月都市計画変更を行った。

平成期に入ると、工場立地・操業が進むようになり、臨工内企業から下水道の早期整備の要望が強くなってきた。平成三年四月所管を企業庁に移管し、また同年一二月特定公共下水道に変更し、四年度から事業を再開、同五年一二月に供用を開始した。

公害防止対策

福井臨海工業地帯造成事業が構想・着工した昭和四〇年代は全国的に水俣病・イタイイタイ病や四日市ぜんそくなどの公害問題が多発した。県内においても、西野製紙の汚水九頭竜川放流問題、敦賀湾のＰＣＢ汚染などが発生し、県民も公害問題に強い関心を寄せていた。ちなみに、昭和四四年に県公害防止条例の制定、翌四五年には県公害対策課・公害センターが設置され、関係技術職員も多数採用されている。

このような状況の中で、県当局も業種想定や立地企業の操業にあたっては、公害防止協定を締結するなど厳しく対応した。昭和四四年発表の当初マスタープランには、

搬入されたアルミインゴットの野積み

（出所）筆者撮影.

石油精製や化学工業が含まれていたが、公害面からの批判が強いこともあって、同四七年の改定マスタープランではこれらの業種を削除している。ほかに指摘されていたのは、火力発電とアルミ精錬に伴うものであった。

まず北陸電力の出力三五万キロワットの火力発電所である。これは区域内に立地しているが、臨工内企業需要に伴うものではなく、嶺北一円の一般需要の増大に対応して計画されたものであり、四七年の運転開始を目指して事業進行中であった。燃料のさらなる低硫黄化を図り、開発中の排煙脱硫装置が実用化された場合には、これを装備するなどを内容とする公害防止協定が四七年九月締結され、翌年一月営業運転が始まった。排煙脱硫装置の設置は五〇年六月のことで、排出ガスの濃度・量は協定値を大幅に下回り、その効果が確認された。

次に、共同火力である。アルミの精錬・加工の電力需要を賄うために、当初は出力三五万キロワットの発電所二基が計画されていた。しかし、その後の検討深化や電力の相互融通等を踏まえて、二五万キロワット二基に変更され、その一号機は五二年一〇月の完成を目指すこととなった。前述した福井火力の排煙脱硫装置の効果を前提とした公害防止協定が五〇年一月締結され、五三年九月営業運転を開始した。しかし、その後のアルミ精錬の撤退や生産縮小により二号機が着工されることはなかった。

そしてアルミ精錬である。当初構想時から、精錬に伴って発生するフッ素化合物の公害が心配されていた。このフッ素化合物は、昭和四五年に法律改正により有害物質に指定されたが、当時国の基準はなく四七年一二月県は独自の厳しい環境基準を設定した。さらに、四八年六月先進技術を持つ米国アルコア社に職員を派遣して、その除去技術を確認した。さらに電解炉技術や風洞実験結果なども踏まえて、五一年一月古河アルミとの間で公害防止協定が締結された。

もっとも古河アルミの精錬部門進出中止、圧延部門のみの操業方針により、これらの研究・検討成果は生かされることはなかった。後者のみを対象とした協定が五六年三月再締結され、同年五月工場着工、五八年五月生産を開始した。

県議会での論戦

昭和四〇～五〇年代の県議会の二大テーマは、原子力発電と福井臨工であった。そして、原発問題は先に事業者がおり、国が監督しているという関係であり、県責任は間接的である。ところが、福井臨工は第一当事者が県であり、その帰趨は直接的に県財政に影響する、より責任・権限が重い事業である。すなわち、原発と異なり臨工はあいまいにしたり、他に転嫁できないテーマであった。しかも、福井臨工事業は、長期構想というような抽象的な目標ではなくて、マスタープランに具体的経済目標・施設整備目標を掲げての事業であり、その目標の是非とともに、達成の程度が問題とされる。

論議の主要な項目としては次のようであった。①福井臨工のスタートは全国的に見て、一周遅れのランナーではないのか。②重厚長大型の産業は今後も成長が続くのか。公害は大丈夫なのか。③公害が少ない今後の有望業種は何なのか。それらは誘致できて、県内への波及効果はあるのか。④ドルショックや石油危機以後の経済見通しはどうなるのか。⑤一般財源に頼らないというが、本当に最後まで言いきれるのか。企業会計の見通しはどうなっているのか。⑥用地買収単価は適切であったのか。買収・造成原価と譲渡単価の関係はどうなっているのか。⑦用地を売却しても、未操業土地が多い。⑧農地提供者のその後の生業対策を十分に行っているのか。⑨その他。

また当時の県会には、革新会派というよりは、保守会派に個性的な論客が多かった。五二年一月からの一問一答式総括質問の採用、五八年五月には予算特別委員会が設置され、議会のたびごとに、マスタープランの見直しなどをめぐって、白熱の質疑が続いた。経済論争で理事者・議員それぞれが持論を展開し、双方一歩も引かないというような県議会はそれまではなかったのではないだろうか。

その他の議論

政府方針とコンサルタント

当初や初期のマスタープランの策定・改定にあたって、県はその素案作成を東京のコンサルタントに委託している。日本最初のシンクタンクといわれる野村総研が設立されたのは昭和四〇年のことであり、一般の経済・産業コンサルタントにとって、過去の経済分析はともかくとして、将来の経済見通しを行うことはその能力を超えたものであったのかも知れない。基本のフレームとしては、新全国総合開発計画、近畿圏整備計画、第三次全国総合開発計画（三全総）、産業構造審議会ビジョン、新経済発展七カ年計画などが利用されているが、これらは全国フレームであり、全国一般の経済見通しはともかくとして、地域フレームやさらに福井地域経済にブレークダウンした時の精度・合理性についてはいまいちの感が否めない。

さらに、臨工事業の推進中にはドル・ショック、為替自由化や石油危機など政府でもその対応策に困惑するような大きな経済変動があった。県議会は自分たちの経済実感に基づいて、激しく追及したが、理事者側はコンサル資料や政府資料で反論している。

地元市町との関係、行政境界問題

マスタープランの策定やその後の累次の改定にあたって、地元市町である三国町や福井市当局とどの程度の意見交換・協議があったのかはわからない。しかし、結果的にみれば、両市町は傍観者的と言うか、積極的支援というには必ずしも十分ではなかったようである。各種補償交渉における市町のスタンス、主要施設整備に対する地元負担、公有水面埋立法や都市計画法における地元同意手続き、整備した公共施設の地元移管の段階などでこのことが表面化した。また、平成年代に入り、福井港が流通港としてポートセールスにも力を入れ出したが、両市町の動きは鈍いようだ。

昭和五〇年代、企業誘致が進行する中、南水路奥Ｅ地区で三国町と福井市の境界が複雑に入り組み、企業土地の帰属上もこれを手直しする必要が生じてきた。企業庁の調整により、等面積の換地を行い直線化することで解決が図られた。この境界は昭和六一年三月発効した。また埋立地石油備蓄基地の両市町の境界設定は旧汀線に垂直に境界線を引くこととされた。

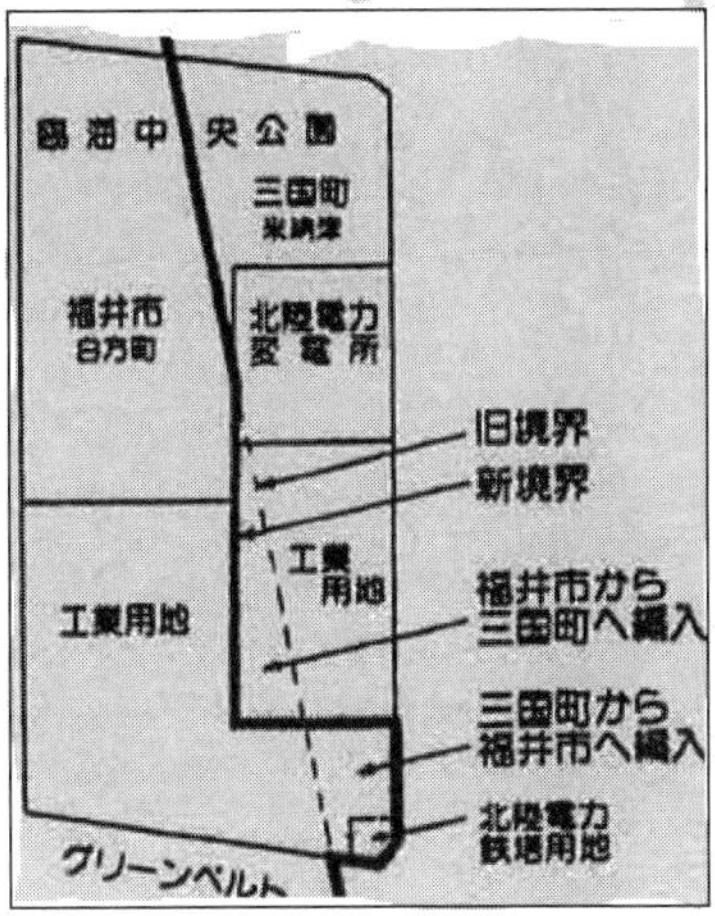

三国町・福井市の境界変更

（出所）『福井新聞』昭和60年９月７日記事より筆者作成.

敦賀港との役割分担

臨工事業の構想当初から、福井新港と敦賀港整備との関係が議論されていた。主として、嶺南地方出身の議員から、福井県の経済力では港湾整備は敦賀港一港で必要十分である。福井港整備に資金を投入することは、敦賀港整備がしわ寄せをうけ、また取扱貨物が競合することは妥当でなく、無駄でもある。ここは敦賀港一本に絞り重点整備すべきというものであった。

これに対して、県当局の公式見解は次のようなものであった（県議会における知事をはじめ理事者の公式答弁）。「福井港は工業港で、敦賀港は流通港で競合しない。」「福井港に一部流通的機能を持たせるとしても（もともと福井港には嶺北地方や石川県南部地域を後背地とする石油配分機能はあった）、それは敦賀港の流通機能を補完する位置づけである」。

その後、敦賀港自身が原木輸入加工のみならず、石炭火力発電など工業港的性格を付加していくことも皮肉であるが、平成元年の福井臨工マスタープランの全面改定にあたっては、福井港は次のような位置づけがなされた。「テクノポート福井と改称し、工業港の性格とともに、レジャーや商業・サービス機能も追加して、流通港の機能を持たせる」。立地企業の港湾利用が少ない福井港の実態を理解してか、また着々と敦賀港新港地区の整備が進んで、このときは嶺南地域からの反発はあまりなかったようである。

産業廃棄物処理施設

昭和四五年清掃法が全面改正され、産業廃棄物に関する指導・規制行政が本格化した。福井県においても、同四九年七月県公害対策審議会の答申を得て、処理場確保の検討が始まった。民間用地の物色も行われたが、結局同五〇年の臨工マスタープランの改定時に、F地区南水路奥に用地を確保した。その後、同五三年一二月県と福井市の共同出資により福井県産業廃棄物処理公社が設立された。しかし、石油備蓄基地埋立遅延の影響を受けて、処理センターの建設は遅れ、実際に処分場の操業を開始したのは、同五七年一〇月のことであった。敷地面積約一二ヘクタルに、破砕設備、焼却設備、アスファルト固化設備、最終処分場などが整備された。建設した総合処分場は処分料金が割高で、民間処分場との競合もあり、また公害防止事業団からの借入金一七億円の返却も重なり、一時苦しい経営が続き一般会計からの援助を受けていた。その後処分場が満杯になるなどで数次にわたる拡張が行われた。

テクノポート福井

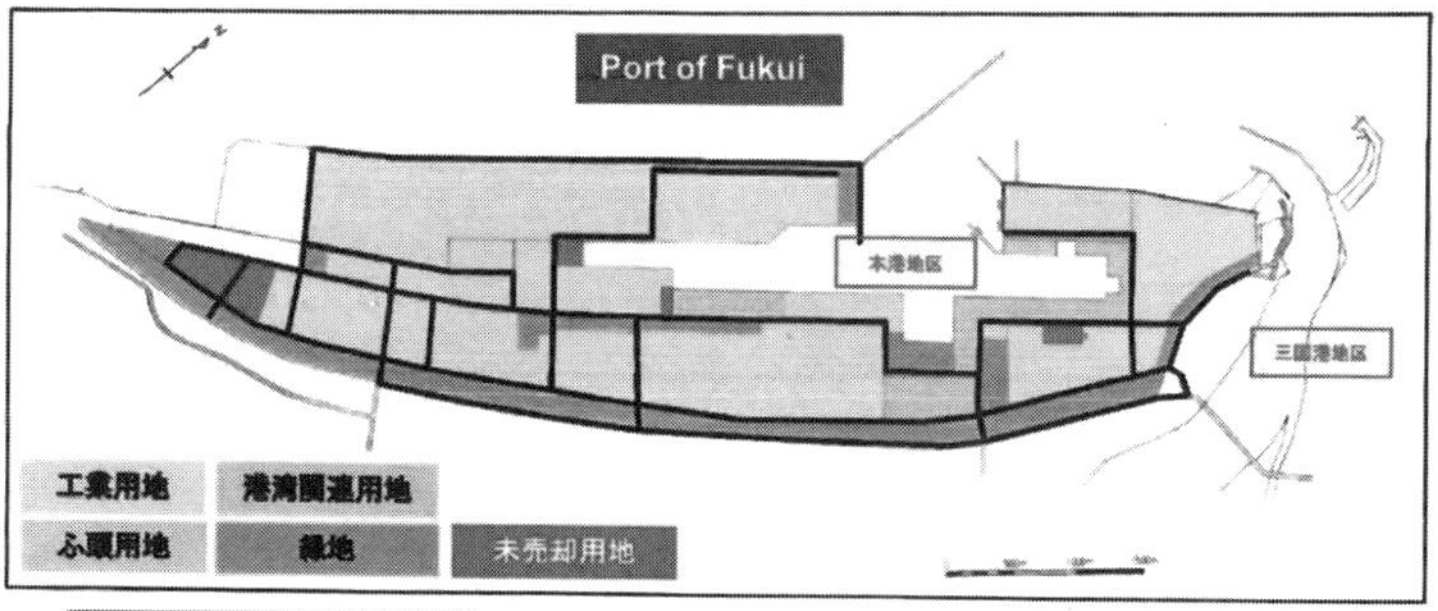

概要

	面積
団地総面積	1,236ha
産業用地	731ha
公共用地	347ha
その他	158ha

	概要	備考
契約企業数	78社	H14.2 現在
操業企業数	66社	H14.2 現在
売却済み面積	662ha(90.5%)	H14.2 現在

福井港振興ビジョン　平成14年３月

（出所）国土交通省ほか「福井港振興ビジョン」パンフレット，2002年．

また県は平成一四年、単純な埋立処分から資源循環型の廃棄物処理計画を策定した。この計画に基づき、ガス化溶融炉を含むリサイクル推進センター整備構想を打ち出したものの、下水汚泥の再利用の向上、廃棄物の需給関係や民間処分施設とのすみ分け等の関係もあって、この構想は実現していない。

現在も臨工内で営業を続けている。敷地面積約一六ヘクタール、最終処分場面積約一四ヘクタール（うち管理型約四・七ヘクタール、安定型約九・五ヘクタール）で、実際の処理業務は民間事業者に委託されている。なお、満杯になって覆土された最終処分場の跡地利用が課題であったが、太陽光発電事業用地としても検討されている。

重要港湾から降格地方港湾に

平成二年を頂点とするバブル経済が崩壊し、その後政府は公共事業による景気刺激を続けたが、平成一〇年度を境にして、公共事業抑制方針に転じた。それは予算のみならず制度の見直しにも及び、運輸省は一三年度予算編成を行った一二年末に全国一三四の重要港湾のうち、

まぼろしのテクノポート大橋完成予想図

（出所）『福井新聞』平成10年1月11日記事.

福井港を含む六港湾の地方港湾への降格を決定した。年間貨物量が二〇〇万トン未満と低迷し（この頃の敦賀港の貨物量は約一三〇〇万トン）、先行きの見通しも暗いというものであった。南水路浚渫をはじめ後述するテクノポート大橋（直轄事業として予定）の事業化見通しが困難であることも影響したのかもしれない。

このことにより、国の直轄事業は引き揚げられ県の補助事業もその補助率が引き下げられた。当時、福井港の新規整備はほとんど行われていなかったがイメージダウンが問題であった。運輸省は一三年五月福井港を「特定地域振興重要港湾」に選定した。このことを踏まえて、一四年三月福井港港湾振興ビジョンが策定された。

テクノポート大橋

三国町には、九頭竜川に架かる橋は古くからの新保橋と昭和五六年開通した三国大橋しかなかった。町当局はこれら橋の混雑緩和と、三国旧市街地と福井新港との連絡強化のため、河口部にもう一本の橋梁架設を要望していた。平成元年マスタープランが改定され、福井港に都市機能を付加し南水路が凍結された改定港湾計画に、要望に沿う臨港大橋計画が位置付けられた。

平成三年度を初年度とする第八次港湾整備五カ年計画にも盛り込まれ、三年度の調査費も採択されて、架橋地点は河口から約一キロメートル上流で川幅が最も狭く、かつ造船所跡地が利用可能である新保・宿地係が候補地とされ、当初は順調に進むかに見えた。

しかし、要移転が比較的少ない左岸の新保地区はともかくとして、移転戸数が四十数棟と多い右岸の宿地区を中心として激しい反対運動が広がった。その後の運輸省や三国町当局の懸命の説得にもかかわらず反対運動はおさまらず、また公共事業抑制基調に転じた平成一〇年度予算要求にも見送られて、新大橋事業は事実上沙汰やみとなった。

ちなみに計画されていた新大橋は次のような規模であった。橋長六〇〇メートル、幅員一五・五メートル、V字型主塔の斜張橋構造、総事業費一二〇億円、平成七年度着工一三年度頃完成。

なお、事情も経緯も異なるが富山新港の新湊大橋は平成一四年度着工、二四年九月に開通した。同じような斜張橋構造で、延長六〇〇メートル、総事業費約四八〇億円、交通処理とともに、地域のシンボル的存在にもなっている。

直轄海岸事業

昭和五〇年代末頃から、冬期風浪等によりF地区護岸の浸食や陥没が発生し始め、石油備蓄基地完成後のE地区護岸にも同じような現象が発生した。県ではそのつど県単維持補修や災害復旧事業等により対処してきたが、平成一二年もっと根本的な対策が必要であるとして、事業費約一四六億円に及ぶ改修計画を立案した。

そして、実際の施工には専門的な知識と技術が必要で、かつ県費負担も軽減される国直轄の海岸改良事業を平成一三年度から国交省へ要望を開始した。福井港海岸事業促進協議会を設立するなど要望活動を強化し、一六年度新規事業に採択された。国による再調査・設計が行われ、一八年七月現地着工した。離岸堤設置により流況が変化、護岸前面砂が流され水深が深くなる副作用が発生するなどしたが、平成二九年一二月改修事業は完了した。

なお事業概要は、下記のとおりである（「福井港海岸直轄海岸保全施設整備事業再評価説明資料」より）。

好調だった福井港の中古車輸出
平成19年
（出所）筆者撮影.

総事業費　約一七九億円
施設整備　離岸堤　二一四〇メートル
　　　　　護岸改良　二六〇〇メートル
事業期間　平成一六～二九年度

関税法開港

昭和五三年に一部開港した福井港であるが、関税法による開港は認められず、外国船の通関業務は敦賀港などに一度立ち寄り、手続きを行うことが必要であった。この問題は、県による要望活動もむなしく、ながらく福井港のソフト面の課題となっていた。

関税法による開港は、外国船の年間入港隻数五〇隻以上が目安とされ、平成一三年頃からそこそこの実績を残すようになり、さらにポートセールスを強化、一六年度にはロシアや中国船を中心に七八隻を数えるようになった。このことを財務省も評価して、一七年四月「開港」となった。

その後ロシア向け中古車輸出ブームもあり、一九年に二〇〇隻を突破するなど好調を続けたが、平成二一年のロシアの輸入関税引き上げが影響して二三年には一〇〇隻を割り、その後も低迷を続けている。

「迷惑」施設

福井臨海工業地帯は工業専用地域、グリーンベルトで付近住宅地と隔絶し、しかもすべて県有地で未処分地もあることから、いわゆる「迷惑施設」の立地候補地とされた。

まず食肉流通センターである。福井市大瀬町にあった市営と畜場は昭和三五年に建設されたが、老朽化が目立ってきたため、当初は隣接地に五四年度事業費七億円で着工する計画だった。しかし、この現地が日野川改修事業に抵触し、その間に従来の生体処理だけではなく、食肉流通センター的要素も加味した計画が浮上してきた。

日野川改修工事は六〇年にも着工される見通しとなり、移転候補地選定が急がれた。福井市当局は、五七年に本郷地区町内会連合会から出された陳情書を根拠に五八年から同地区燈豊町地係に建設することで、地元と折衝を続けていた。しかし、周辺四地係による反対同盟が結成され、反対陳情、地質調査の実力阻止、調停、仮処分、児童不登校など激しい運動が展開され、平成二年福井市は本郷地区への建設を断念した。この間、反対同盟から臨工地区内への建設を逆提案されているが、同地内の用途規制などを理由に、県当局はこれを拒否している。

平成三年三月県市を含み関係業者による社団法人・福井食肉流通公社が設立され、新たに三国町平山区の県畜産試験場内を候補地とした。しかし、ここでも激しい反対運動に直面し、一〇年後平成一二年センター建設を断念し、食肉流通公社も解散した。なお、平成四年に市営と畜場は閉鎖され、業務は石川県で行われることになった。

次に魚あら処理施設である。県水産物リサイクル事業協同組合は、はじめ河野村にあら処理施設を計画（県内一円から集めた年間一万トンのあらを処理し、魚粉二五〇〇トンなどを生産する）したが、地元の反対に遭い、平成一四年六月福井市西安居に建設することとし、地元と同意書もかわした。しかし、この地区も周辺自治会が強力な反対運動を展開し同地も断念した。

このような状況を見て、県企業局は同施設を川尻町地係のテクノポート福井内に誘致することを決定した。「製造業」法律条件は、魚あらを肥料等に加工する製造業として位置づけしてこれをクリアし、区域南端の約一ヘクタールを売却することとした。この地で、土地譲渡契約や公害防止協定、建築確認に関する福井市都市計画審議会の承認、建築確認書の交付など手続きも進んだ。

「港のホテル」

（出所）筆者撮影.

しかしこの地でも地元自治会連合会や福井臨海工業地帯開発対策協議会などの猛烈な反対運動に直面した。デモや陳情運動を展開するとともに、県への監査請求や福井地裁への建設差し止め提訴など法的手段にも訴え、知事や市長出席の説明会にも納得しなかった。反対運動が続く中で、国の補助金も打ち切られ、平成一六年四月福井地裁における口頭弁論の席上、事業協同組合は撤退を表明した。

その後、同一七年同組合は越前市坂口地区に計画するもこれも反対にあい計画を中止、同二四年三月組合は破産した。県内の魚あらは富山県内に運搬処理されている。

テクノポート福井

これまで述べてきたように、当初「工業港」を強調して、着手した福井港整備事業であったが、企業立地はなかなか進まず、また用地を購入しても未操業の状態が続く、操業しても福井港利用の貨物はほとんど発生しないという状況であった。

このため、平成元年全面的な見直しが行われ、流通・商業機能を付加した都市港湾テクノポート福井への脱皮を目指して、積極的なポートセールスを行うとともに、商業地の分譲も開始した。なかでも、都市ホテルの誘致とサッカースタジアムの整備は、その特徴的事項であろう。

そのスタジアムは平成六年日本海側で最初といわれるJリーグ公式戦が行われ、公認のサッカー場となった。平成一四年のワールドカップ開催のときは外国チームのキャンプ地ともなった。ザウルコス福井の一日も早いJリーグ昇格を願うや切である。

しかし、港湾貨物量や入港船舶数は依然として停滞し、「五〇〇億円の釣堀」と揶揄されている。

今後の経済情勢やテクノポート内の立地企業を見れば、「工業港」としての発展の見通しは暗い。けれども、これだけの大投資をした物件である。たとえ困難であろうとも、流通機能を付加するのみならず都市港湾としての位置づけを明確に行い、県民の財産としての福井港の活用が望まれる。

おわりに

昭和五〇年のマスタープラン・港湾計画に掲げられた目標は、工業出荷額、従業員数、港湾貨物量はそれぞれ四六六〇億円、一万五〇〇〇人、九七〇万トンである。現状はどうか。それぞれ約二二五〇億円（名目、平成二一年県全体の一三・五%）、約四二〇〇人（平成二二年）、約一七〇万トン（平成元年）である。総投資額は一六〇〇億円を越え、県庁職員の膨大な事務エネルギーが投入された。もちろん港湾施設等資産も残されたが、堆砂対策等維持管理費も必要となっている。

工業用地の売却率は九五%を越えたが、一方で未操業用地も多い。操業見込みのない用地の転売斡旋に努めているものの、あまり成績は上っていない。しかし事業遂行中あれほど追求された企業会計の地方債残高はほとんどない状況である。そして、事業初期に心配されていた公害問題も、まず石油精製・化学業が削除され、次にアルミ精錬も中止された。残された福井火力・共同火力の発電所も出力規模が縮小され、稼働率も低い状態が続き、ついには共同火力一基のみとなってしまった。結果的に、立地が計画通り進まない代わり公害発生も少ないということで、当初の不安は「杞憂」となってしまった。

臨海工業地帯とはいうものの、港湾を利用する工場は殆どなく、内陸でも構わない企業が多い。新しく立地する企業も港湾利用に魅力を感じてというよりも、周辺集落地域からグリーンベルトで隔絶された都市計画工業専用地域であることに魅力を感じて、大都市圏の密集住宅市街地から脱出してきた企業も多い。伸びない港湾貨物ではあるが、後背地関係からの貨物が多くなっている。

しかし、これだけのことは言えるのではないだろうか。

戦後の福井県の大規模プロジェクトは、国や国鉄、公団などに要望して実現してきた。県は負担金を納めることはあっても、サポート側の立場であった。しかし、前述した鉄道高架事業や臨海工業地帯造成事業は施行主体が県であり、要望をくり返していれば済むというものではない。その時々の経済社会状況や事業課題を判断、方針を決定しなければならない。鉄道高架事業は基本的には公共事業であるが、後者の臨工事業は一部公共事業があるものの、基本枠組みは企業経営である。平たく言えば、借金して用地を買収して、これを造成、付加価値をつけて売却し、その譲渡益をもって借金を返済しようとするものである（工場誘致と操業による地域経済発展への期待もあり単純ではないが）。その分、社会経済状況を的確に分析し、対応判断、方針決定をしていかなければならない。

当時の県当局は、県議会をはじめさまざま批判を受けながらも事業を遂行したのである。

第10章　余暇の増大・公園整備への期待

はじめに

昭和四〇年代から昭和の末期にかけて、あれほど熱気に包まれて盛んであった都市公園の建設は、現在では峠を越えて維持管理の時代に入ったようである。また施設の老朽化・陳腐化を迎えて、その施設の更新・改修の事業が進行中でもある。

福井県では公園に関しては、戦前から戦後にかけての歴史は希薄であった。高度経済成長を踏まえて、所得が向上し県民の生活が「都市化」する状況のなかで、上述した時代に至り、各都市が競って整備に乗り出し、現在ではその質的水準はともかく、その量的水準においては、それなりのレベルに達するに至った。

このような現状に至り、福井県の公園整備に関し、そもそもの出発点や整備の経緯について整理しておくことは、これら施設の維持・改修に有意義なことと考える。

大阪・中之島公園

（出所）筆者撮影.

公園整備のはじまり

日本の公園制度の始まりは、明治六年に各府県に出された太政官布告第一六号とされる。

……永ク万人偕楽ノ地トシ、公園ト可被相定ニ付……その年には、東京では上野・芝（増上寺）・深川（富岡八幡社）、水戸・偕楽園、新潟・白山、大阪・住吉、堺・浜寺、宮島・厳島、福山・鞆……など二五カ所の公園が誕生している。

ちなみに、金沢・兼六園の開園は明治七年のことである。福井市の足羽山に関しては、明治四二年九月のことである。また、鯖江市の西山公園については、安政年間に造成された鯖江藩主の庭園「嚮陽渓《きょうようけい》」が前身で、明治二二年の町制施行を契機として「町立嚮陽公園」として管理されるようになり、昭和三〇年一月の合併・新制鯖江市の誕生とともに行われた「長泉寺山総合開発事業」の一環として「西山公園」として拡大整備された。

戦前の状況

大阪中之島公園の開園は明治二四年、東京日比谷公園の開設は明治三六年（同二六年軍から払下げ）のことである。これまで大名庭園とか寺社地に基づく「公園」であったが、これらが我が国の本格的な「都市公園」整備の嚆矢といってよいであろう。その後、明治四二年名古屋・鶴舞公園、大正六年東京・井之頭公園、昭和五年横浜・山下公園が続く。

そのころの福井市はどうであったか。すでに足羽山公園は開設されていたが、都市の発展に伴い市街地の中心部にも公園が要望されてきた。昭和一〇年に福井市役所庁舎が浜町から現在地に移転したのを機会として、その南側地域（現在の放送会館付近）を公園とすべく所有者の松平家から約一・二ヘクタールの土地を無償借地した。その後整地、植栽、展望台設置等を行い、同一三年六月開園し葵公園と命名した（葵城は福井城の別名とされる）。この葵公園はしばらく福井市民に親しまれたが、戦争の激化とともに、防空壕がつくられるなど非常時の避難場所となり、また戦災を受けて荒廃した。戦後、戦災復興事業の実施により廃止され、その機能は「中央公園」に引き継がれることになる。

昭和14年頃の葵公園

（出所）松原信之・舟沢茂樹編著『ふるさとの想い出　写真集明治大正昭和福井』.

その他公園とは称していなかったが、運動場がある。戦前においても、大正六年に第一回若越体育大会が開催されるなど運動会や体育大会は盛んに行われていた。これらには足羽川の河川敷公開運動場や各学校のグラウンド開放等が利用されていた。また、昭和七年には第一回福井県体育祭が開催された。

余談ではあるが、翌八年の第二回体育祭の実施に際し、若越体育運動歌「空は晴れて」が県教育会から発表された。北原白秋・作詞、山田耕作・作曲によるもので、歌詞の一番は次のようである。

空は晴れて　ひとときに
春来たる歓び　外に出でよ
日の光　みなぎるこの土

新たなり　我が若越
挙れ今ぞ　朗らかに
勇め（今ぞ）

この錚々たる両名の創作による歌も、余程の先輩はご存じかも知れないが、戦後は歌われず幻となったようである。また三好達治・作詞、諸井三郎・作曲の昭和二九年制定の県民歌「長江は野に横はり……」なども、県庁終業時に庁内放送されていたが、いつからかこれもなくなった。県民手帳資料編の片隅に記載があるのみで県庁ホームページ・インターネット放送局で挽回を策しているが、これも幻となりつつある。歌詞や曲調が古臭いためか、県当局は平成三〇年の福井国体をめざしてイメージアップを図るため、歌詞はそのままにして、新しい曲調を県出身の指揮者・小松長生に依頼し、同二六年一二月に発表した。「県民歌」などとはそういうものか分からないが、素人の筆者にとっては、全国の県民歌の中で、戦前・戦後を通じてもっとも存在感のある「信濃の国」のイメージに似ているような気もする。さらに昭和三〇年代に制作された県ＰＲソング「ああ北の庄」、「イッチョライ節」は、これらは年配者の宴会などではごくたまに聞くことがある。

さて、話を本題に戻す。昭和一三年厚生省が内務省から分離され、その中に体力局が設置された（内務省時代の公園行政の所管は同省衛生局であったが、厚生省設置後はその体力局所管とされた）。この体力局は国策としての国民体力向上を目的として猛然として運動行政を展開する。東京、大阪をはじめとする全国四都市に国立総合体育運動場を設けるほか、人口五万人以上の都市に各種の体育運動施設を設ける方針を打ち出した。そして、翌一四年には、仙台、名古屋、富山、大阪等の全国主要一四都市に運動公園設置を決定し、用地及び施設費の補助を決定した。次いでその翌一五年には、その第二弾として、福井、浦和、佐賀、那覇等の一二市を追加した。

これを受けて、県では福井市経田町に周辺の農地を潰して陸上競技場・排球場・相撲場などを含む県営総合運動場の建設を開始、同一七年三月に完成した。この運動場は通称「幾久《いくひさ》グラウンド」と称され、その後の経過に関しては後述する。

戦後の概況

都市の公園は、住宅の庭によく例えられる。すなわち、なくてはならない必需品ではない。より快適な暮らしを送るために、所得水準・生活水準が向上するとともに、次第にその需要も大きくなってくる。

戦前や戦後まもなくは、一部の大都市を除いて、地方都市にとっては、とても公園整備を大々的に進めるような財政余裕もなく、市民の切なる要望もなかった。戦後に至って旧軍用地が開放され公園にあてられた例もあったが（著名なものとしては多くは師団司令部跡で、仙台、名古屋、大阪、広島、熊本、姫路、久留米などである。金沢は大学用地となった）逆に農地改革を推進するために、空き地（戦中には開墾）としての公園が廃止されたようなことも多くあった。

前述したように、福井市においても昔からの林地公園としての足羽山、市街地中心部の小さな葵公園、そして国策として整備された「幾久運動場」ぐらいだったのである。

しかも、これまで種々の通達は出されていたものの、公園に言及した法律は大正八年に制定された（旧）都市計画法のみで、これとて一般的記載のみであった。都市公園法が施行されたのは昭和三一年のことであった。それが、戦後の高度経済成長を経て、所得が向上し都市化が進展すると、徐々に公園整備に関する機運が醸成されていった。しかし、「公園」の位置づけは上記のようであるため、首長のスタンスに大きく影響される。

すなわち、どのような公園を整備するかしないか、その施設規模・基準をどうするか、道路や河川などと比較して、非常に「自由度」が大きい空間・施設である。公認競技施設等に関してはそれぞれ基準・規程があるものの、それ以外に関しては「計画設計標準」が示されているが、絶対的なものではない。大きくいえば、どのような空間に、どのような施設をおけば、市民が真に憩うものとなるか、考え方はそれぞれというわけである。

とはいうものの、福井県においても昭和四〇年代あたりから本格的に公園整備に取り組む自治体があらわれてくる。

福井市中央公園などの整備

戦後まもなく昭和二〇年一二月に閣議決定された戦災復興計画基本方針の目標の項には次のような記述がある。

戦災地ノ復興計画ニ於イテハ産業ノ立地、人口ノ配分等ニ関スル方策ニ依リ規程セラルル都市聚落ノ性格ト規模トヲ基礎トシ都市聚落ノ能率、保健及ビ防災ヲ主眼トシテ決定セラレルベク兼ネテ国民生活ノ向上ト地方的美観ノ発揚ヲ企図シ地方ノ気候、風土、慣習等ニ即応セル特色アル都市聚落ヲ建設センコトヲ目標トス。

都市の能率はもちろんであるが、「保健」「美観」さらには「風土」「慣習」にも留意せよというものであって、戦後復興に燃えて理想的都市づくりをめざした精神を示して余りあるものである。その後昭和四三年に制定された新都市計画法第一条目的の項の……都市の健全な発展と秩序ある整備を図り……に比べても積極的な目標設定となっている。

このような目標のもとに、公園緑地は街路とともに、主要施設の一つとして位置づけられ、戦前のようなマイナーな存在ではなくメジャーな存在として整備が進められることになった。

そこで福井である。既述したように、戦前の福井市には足羽山公園を別格として、葵公園が一カ所あるのみであった。そこで市街地の中心に中央公園を配し、東西南北に大きな近隣公園を配置することにしたもので、児童公園も含め市街地内の公園面積の割合を一〇%とすることを目標として戦災復興計画が立案された。

街路計画との関係もあり、葵公園を廃して新たに中央公園を順化小学校移転跡地に計画した。また東公園（後に市営球場）を師範学校移転跡地に、西公園を乾小学校移転跡地に設けることとした。そして、北部に関しては幾久地区の県営総合グラウンドを充てることとし、南部地区は足羽山を本格的に整備開発することとしたものである。

往時の中央公園

（出所）『REF』（福井地域環境研究会）第20号資料をもとに筆者作成.

なかでも中央公園は福井市の造成により昭和二九年に設けられ、その後同三一年の熊谷組による「こどもえん」の寄付、同三四年の三谷グループによる「噴水」の寄付があり、同三九年弓道場の完成など逐次整備が進んでいった。そして、福井国体を前にした昭和四三年には噴水改良、同四四年には梅園と野外ステージが設置された。

その後昭和四六年から三カ年計画で大改造を行い、円形芝生広場や藤棚、洋風庭園なども整備され、文字通り福井市民の「大人の公園」として福井城址とともに親しまれてきた。福井城址お堀や県民会館とともに東京・日比谷公園、日比谷公会堂の福井版をイメージした人もいただろう。

しかし、開設六〇年を経過して、老朽化は否めず県都中心部の中央公園として、平成二五年三月に策定された「県都デザイン戦略」に基づき、抜本的な大改修が施されることとなった（平成三〇年八月完成）。

中央公園芝生広場と県民会館

（出所）筆者撮影.

福井国体と幾久公園

昭和三三年に富山県で国体が開催されたことを契機として、福井県でも国体招致の動きが強まってきた。同三四年に県議会で決議され、本格的な国体招致活動が展開され、三重や和歌山県との激しい競争を制して、同三九年九月第二三回国体の福井県開催が内定した。

県議会で国体招致が決議されると、主会場をどこにするかが課題となった。当初は上述した幾久グラウンドや足羽川廃川敷きなどが検討されたが、規模が小さいなどの問題があり、三六年一二月現在地の若杉町・福町一帯の約三〇㌶に新運動場を建設することを決定した。

この新運動場は県施行の都市計画公園事業として施行されることとなった。三七年に都市計画決定、県土地開発公社による用地買収を完了した。この用地造成にあたっては、この地がかつて奈良・東大寺の荘園の一部であったことから、埋蔵文化財調査が必要とされたり、もともと水はけの悪い土地での造成であったために、植栽に苦労するなどの問題を解決し、四〇年六月には陸上競技場が、四三年七月には運動公園全体が完成し、秋の福井国体を迎えた。

また、昭和三〇年代福井県の財政は極度に逼迫していた。財源確保のため、上述した県営幾久グラウンドをはじめ、足羽川廃川敷き、農業試験場麻生津試験地、農業試験場本場（町屋）の県有地四カ所の売却処分が問題となっていた。特に福井国体開催に伴う財政需要の増大と別途運動公園を若杉町地係に造成したことから、この幾久グラウンドの一部の処分が現実的な問題となっていた。

これに対して福井市は強く反対して、どうしても処分するのならば、市が受け皿となることも検討していた。結果的には処分はされなかったのであるが、こうした事情から十分な維持管理や整備もなされずいわば宙ぶらりんの「跡地」扱いの状況が続いた。昭和五三年には、荒川遊水池候補地・市営球場の移転候補地にも挙げられた。

このような状態に終止符を打ったのは、同五五年九月の県立博物館建設の幾久グラウンドへの決定である。残余の土地は都市公園として再整備されることになった。同五九年四月県立博物館と再整備幾久公園は同時完成した。

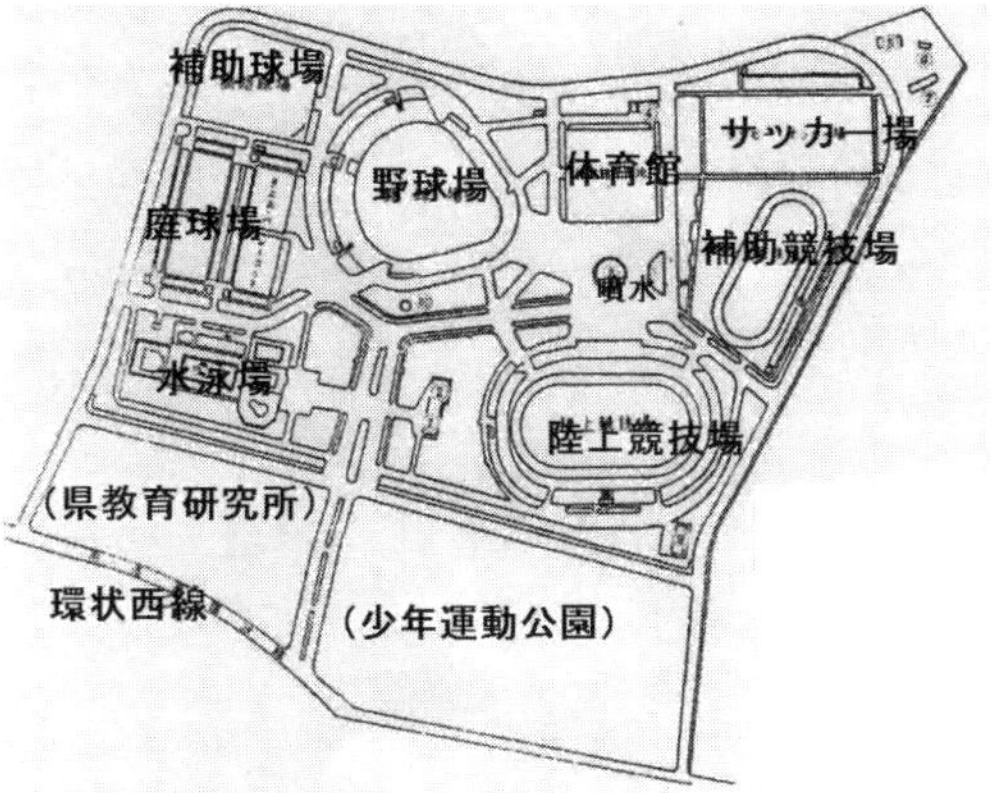

昭和43年福井国体当時の福井運動公園略図
（出所）福井県建設技術協会編『福井県土木史』資料より筆者作成.

都市公園と土地区画整理事業

福井と敦賀市で行われた戦災復興土地区画整理事業で技術を蓄積、経験を積んだことや、折からの高度経済成長とこれに伴う宅地需要の増大に対応するため、福井市をはじめ県下各市町において土地区画整理事業が続々と施行されるようになった。

土地区画整理法では、施行区域面積の三％以上を公園用地として確保することとされており、事業の主目的が道路や宅地整備であったとしても、自動的に公園用地も生み出されていった。しかし、事業施行後も市街化は徐々にしか進展せず、必ずしも公園需要がないことや、公園の施設整備は別途公園事業を起こさなければならないことから、公園「相当」用地が「空地」のままで「放置」され、雑草やごみの処理に苦労するなどの問題を引き起こしていた。

昭和56年博物館着工前の
幾久グラウンド

（出所）福井新聞社事業局企画制作『福井百年を翔ぶ・航空写真集』.

そして、整備するとしても、いわゆる「三種の神器」といわれたブランコ・滑り台・砂場とちょっとした広場が整備されるぐらいで、没個性的な公園が蔓延していった。整備完了後も、遊戯施設の安全対策、樹木やさらには便所の管理、風紀・衛生の維持など特に小規模公園における問題は尽きない。

市町村運動公園等の整備

戦後まもなく昭和二三年に設置された福井市営球場や同三五年に完成した武生・敦賀両市営球場などを除けば、本格的な市町村運動施設はなかった。

その後、武生市では球場を設置した高瀬町一帯に総合運動公園づくりをすすめ、昭和四一年には市民プールも設置された。さらに昭和五四年には武生東運動公園と陸上競技場が完成した。

鯖江市では、昭和四四年頃から東鯖江地区の区画整理機運が醸成、同時に国道八号バイパス用地を解決するとともに、運動公園計画が持ち上がった。区画整理事業の進行とともに、同四七年一二月面積約五・八ヘクタール《ヘクタール》の東公園を都市計画決定し、陸上競技場等を含む運動公園整備に乗り出した。同五〇年には体育館も完成した。

一方三国町でも昭和五〇年から総合運動公園の建設に着手し、同五七年に陸上競技場、平成元年には全体の完成を見ている。

また、敦賀市では昭和五六年から総合運動公園の整備に着手し、同六二年に陸上競技場と野球場を完成させ、平成三年には市営体育館も開館した。

さらに、美浜町や上中町、宮崎村、丸岡町などの町村においても規模は小さいがスポーツ施設が、昭和五〇年代以降続々と整備を進めてきた。

このように、県下の有力な市町村は昭和五〇年代を中心として、市民・町民福祉向上のために半ば競うように運動公園・施設の整備に乗り出すのである。このような状況が、後述する昭和六〇年代以降の県施行公園事業の「是非」が問題化する背景の一つとなったと考えられる。

なお、福井市は市内に県営施設が整備されていることもあってか、市立総合運動公園の整備には遅れをとった。ごみ焼却場問題を契機とする東山健康運動公園が完成したのは、平成三年のことであり、火葬場問題とセットとなったフェニックス・パーク・スタジアムが完成したのは、実に平成二〇年のことであった。

河川敷公園

むかしから河川の高水敷は自然発生的に「公園」として利用された。これを本式としたのは明治二四年の大阪・

武生・日野川河川敷公園

（出所）筆者撮影.

中之島公園とされる。その後、東京・荒川、宮崎・大淀川、岡山・高梁川などで利用されるようになったが、主としてゴルフ練習場や自動車練習場などにも多く利用されていた。それまで河川サイドから高水敷の公共利用について、公式の見解表明はなかったが、昭和三五年にいたり、東京都の照会に対し建設省当局は要旨次のような回答を行った。

河川法の許可を受けて河川敷を占用して設置した公園は、都市計画施設として決定されている場合においては、都市公園に該当し、都市公園法が適用されるが、河川法の制限を排除するものではない。かくて同一の公共空間を河川と公園が共用することが認知されたのである。

その後、一般公園の不足等から昭和四〇年二月、河川敷の公園開放を積極的に行うとの建設省方針が出され、河川敷公園事業が国の補助事業として開始されるとともに、同四七年には国営公園事業として大阪の淀川河川敷公園が着手された。

それでは、福井県の場合である。特に福井市の中心部を流れる足羽川は戦前から公開運動場として若越大会や学校運動場として利用されていた。戦後は、自動車運転練習場やその免許試験場、銀行グラウンド等に利用されていたが、自動車社会の到来とともに、昭和四〇年頃から民営および市営の駐車場が開設されている。これらは、昭和四九年の足羽川改修事業の着手とともに廃止された。

そして、昭和四四年度から五カ年計画で県が都市河川環境整備事業として水越橋から板垣橋までの区間について、遊歩道やスポーツ広場などの整備に乗り出した。基本的に県が整備して福井市が維持管理するというものである。その後同六〇年足羽川緑地約一四ヘクタールを都市計画決定し、福井市は正式な条例のもとに管理を開始した（なお、この頃から足羽川改修に伴う市街地橋梁の順次架け替えが始まっており、当初の構想では東京・隅田川の福井・足羽川版を目指したこともあったのであるが、さまざまな事情からこれは挫折し、現状のようになってしまった）。

その他、九頭竜川では直轄管理者と福井市の連携事業により平成二年七月天池河川公園が開園した。さらに勝山市、永平寺町、松岡町などにおいて、日野川河川敷においては鯖江・武生の両市でも公園の整備を行っている。

また昭和末期から、多自然型河川改修が叫ばれるとともに平成九年には河川法が改正され、環境項目が付加された。このような動きのなかで昭和六二年からは、河川管理者自身が「ふるさとの川モデル事業」として、市民に親しまれる河川を目指して、高水敷をはじめ水辺環境の整備に乗り出した。県内では、一乗谷川や足羽川、笙の川などでこの事業が実施され、その後「水辺の楽校」プロジェクト……に続くことになる。

なお、平成一六年の福井豪雨に関して施行された足羽川激特事業の工事実施に際して、河川公園部も含めた高水敷が掘削土砂の運搬・工事用道路や工事用ヤードとして使用された。このため、一時公園機能を失ったが、事業完了後工事用道路は緊急用道路や平常時の園路等として一部残され、他の区域も芝生広場等に復旧された。復旧後は以前の形態とは異なる部分も出てきたため、都市計画も変更されている。

足羽川激特事業の工事用道路

（出所）筆者撮影.

県営特殊公園の整備

必ずしも、都市公園サイドからの企画・アプローチということではないが、昭和四〇年代以降県によるさまざまな公園整備が進められている。

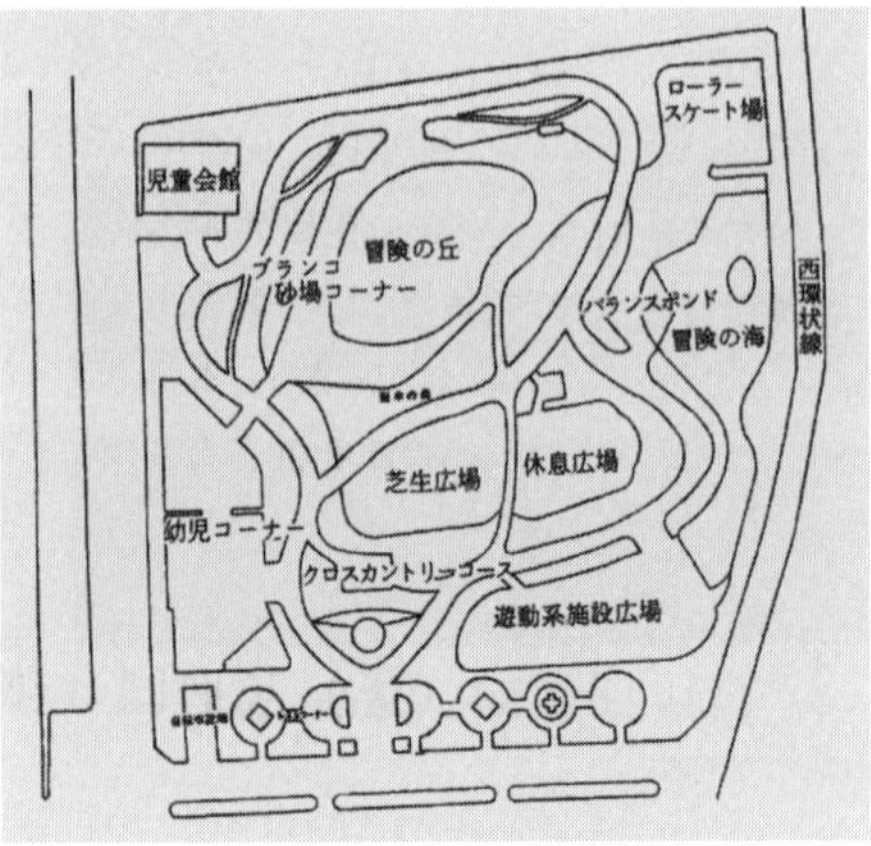

少年運動公園当初計画図

（出所）福井県建設技術協会編『福井県土木史』.

少年運動公園「こどもの国」

（出所）筆者撮影.

福井少年運動公園

昭和四三年の福井国体を目指して、福井県では運動公園をはじめとして各種運動施設の整備が進められた。その福井国体が開催され一段落した翌四四年五月中川知事は、「子供の国」の建設を発表した。場所としては運動公園周辺が想定され、付近に教育研究所なども整備して一帯を青少年の健全育成の拠点とする構想であった。

そして、具体的な計画設計の指示が土木部におろされた。まだ、当時は公園の専門コンサルタントなども手薄で、市内小学校にアンケートを行ったり、若手技師などが先進地を見学して、模型などもつくり幹部に説明して設計を練っていったと伝えられている（図「少年運動公園当初計画図」参照）。その結果、冒険の丘、冒険の海、バランスポンド、ＳＬ展示など魅力的な施設空間が造成された。昭和五〇年代、親子連れの身近なレジャー施設として休日など特ににぎわった。

その後、施設の老朽化が進み、また不人気のローラースケート場の見直しなど、平成三年に再改修に着手し、翌四年九月にこれが完成した。また同時期に福井市施行の南部土地区画整理事業により、本公園と足羽山を連絡する

「西部緑道」が同六年完成した。同緑道沿道には、平成四年七月市立みどり図書館が、同六年四月新知事公舎が完成し、一帯は緑豊かな都市空間を形成することとなった（新知事公舎は令和元年廃止された）。

越前陶芸公園

越前焼は全国六古窯の一つとして古くから知られ、学術的にも貴重なものとされていた。しかし、庶民の日用品が中心だったこともあり、戦後一部の好事家の間で珍重されるにすぎなくなっていた。ところが昭和四〇年代にいたりその素朴な形などが再認識されるようになっていた。このため、県では昭和四五年度から五年がかりで宮崎村に「越前陶芸の村」を建設することにした。まず陶芸資料館を整備し、越前焼を見学できるようにするほか、陶芸教室なども企画した。

この資料館は同四六年四月完成し、陶房用地も分譲を開始し、陶芸教室も同四七年四月開講した。そして、遊歩道や広場等の周辺環境整備を行うため、昭和四八年から五三年度にかけて面積約八㌶、総事業費約三・五億円の都市公園「越前陶芸公園」整備事業が施行された。

また第二期事業として、県窯業試験場などを移転した跡地整備を同五六年度から着工し、同六一年一一月全体約一〇・二㌶の陶芸公園が完成し開園した。そして平成元年七月「日本の都市公園一〇〇選」に選定された。現在では「都市公園」としてももちろんであるが、陶芸公園として越前焼の各種ＰＲイベントにも活用されて盛況を呈している（管理は地元・宮崎村に委託）。

三里浜緑地グリーンベルト

昭和四二年七月中川知事は、福井臨海工業地帯造成計画を打ち出した。そして同四四年九月に総事業費約四三〇億円に及ぶ福井臨工開発のマスタープランを発表した。その詳細は前章に既述した。当初計画から背後地の環境を保全するために大規模な緩衝緑地帯が計画されていた（平均幅員一八〇メートル、延長約一〇キロメートル、面積約一六〇ヘクタール）。

そして、その造成財源は既存の保安林等も利用して、当初は造成事業会計負担の位置づけであった。しかし、同会計の資金繰りは厳しく、企業庁当局は少しでも一般財源を投入して、企業会計の逼迫を緩和したかった。県議会からは一般財源へのしわ寄せを厳しくチェックされるなかで、昭和五一年国の採択基準が拡大され、国・県・企業負担による緩衝緑地造成が公共事業として認められることとなった。

この方式は、公害防止事業団に事業を委託して「都市計画公園事業」として施行するもので、すでに単独事業として一部着工されていたが、昭和五二年九月同事業団による事業が開始された。福井新港や工業用地の規模等が縮小される中で、この緩衝緑地はほぼ当初計画の通りに昭和五九年完成した。

こうして、三里浜緑地帯は企業庁当局から離れて、知事部局が維持管理しているが、造成後五〇年を経過して、現在はうっそうとした「森」に成長した。福井臨工の現状を踏まえて、緩衝緑地としての当初目的以外に、もっと都市公園として県民にサービスを提供することが求められている。

福井都市緑化植物園

中川知事の主要施策の代表は福井臨海工業地帯造成事業であったが、「グリーン県政」の推進も掲げていた。昭和五〇年六月「みどり大計画」構想を発表し、その拠点として五領川廃川敷きに総合グリーンセンターを建設することとした。地元松岡町などと協議を進め、同五一年三月その基本構想をまとめ、九カ年計画で着工した。

当初は農林サイドで事業が進められたが、適当な国庫補助メニューがないため、さまざまな抵抗を乗り越えて建設省都市公園サイドによる整備に変更された。昭和五二年三月丸岡町楽間地係約一〇・二ヘクタールについて「都市緑化植物園」の都市計画決定を行い、公園事業がスタートした。

余談であるが、この廃川敷きには五二年一月国立福井医大の立地が決定し、地元から学園都市構想のもとに都市的整備を行うことが求められていた。このため、同五三年八月に廃川敷きの農振地域を廃し都市計画用途地域を設定、先の植物園をはじめ県による公共下水道整備や街路事業が施行された。こうして突貫工事が進められ、同五四年一〇月グリーンセンター本館やフラワーセンターが完成、植栽工事もどうにか間に合って、同五五年一〇月の全国育樹祭に間に合うことができた（名称を総合グリーンセンターとし管理は農林サイドに移管）。

その後、平成元年度から四カ年計画で、今度は農林サイドの手により植物園東隣に、約七・一㌶の「グリーンパーク」が整備され、大型木造ドーム建築「ウッドリーム・フクイ」などが完成した。

これらの施設は上述した少年運動公園とともに家族連れ県民の「安・近・短」の手軽なレジャー施設として親しまれている。

都市緑化植物園一坪モデル庭園

（出所）筆者撮影.

若狭の里公園

美しい自然と豊富な文化財を開発、保全するために昭和四八年「若狭の里づくり」構想が打ち出され、翌年二月その開発計画調査報告書がまとめられた。同五〇年より小浜市による遠敷地係の用地買収が行われた。五三年度から民家園、古墳の丘、製塩跡などの施設整備に着手し、五七年四月完成供用を開始した。なお、同公園内には五四年四月小浜市立郷土歴史資料館が開館し、史跡公園としての役割をさらに大きく果たしている。

県営特殊公園の維持管理

このように昭和五〇年代を中心として、さまざまな特殊な「都市公園」が整備された。しかし、これらは、公園サイドからの独自の発想というよりももともと他部局の事業だったものが、適切な補助メニューがなかったため、建設省所管の公園事業にお鉢がまわってきたというものが多い。

このため、整備事業完了後は、「本来」の発想部局に、たとえば少年運動公園（運動公園も含む）は教育庁に、越前陶芸公園は商労部サイドに、都市緑化植物園は農林部サイドに主要部分が移管されるなど（さらには地元市町村に委託）、誰も引き取り手がいない三里浜緩衝緑地のみが土木部サイドの直接管理となっている。つまり、子どもは生んだが育てないということで、唯一「育てた」三里浜緑地は繁茂した樹木の管理が課題となっている。

地域別県施行四公園の整備

若狭総合公園の紛糾

昭和六〇年ごろから、県は嶺南振興策の一環として、小浜市に県立図書館、美術館、大学、総合公園等の整備を打ち出していた。この点に関し、県議会から嶺南偏重であると指摘され、とくに若狭総合公園は一時予算が凍結されるなど紛糾した。

県下市町村がそれぞれに公園整備に努力するなかで、県自身があえて公園整備に乗り出す基本姿勢が問われたのである。すなわち、これまで行ってきた県唯一の特殊公園とか、市町村では身に余る大規模公園ならいざ知らず、通常の一般公園について県が施行する公園とはどのようなものかということであった。

昭和六一年三月、当初予算を審議する県議会は混乱し予算は凍結され、同年九月県会に再検討案を提案することとなった。若狭美術館は縮小し館蔵品も買わない、若狭総合公園については、建設費の一割を地元小浜市が負担すること、完成後の維持管理は小浜市が行う、さらに奥越総合公園建設調査費を計上して「若狭偏重」に配慮した提案を行った。しかし嶺南大学を除き「凍結」は解除されなかった。県施行公園事業に関する基本ルールを示すべきというもので、国の公園調査費も宙に浮いた状態となった。なお奥越公園の調査費は認められた。また、同年一二月には、都市計画決定の内容には事業主体の項目は含まれないとして若狭総合公園の都市計画決定を行った。

同年一二月議会にいたり、県施行公園事業について「広域的利用を目的に、福井・坂井、奥越、丹南、嶺南の四圏域に順次整備する総合公園は、県が事業主体となり、維持管理は設置市町村が行う」との見解を示し、ようやく公園調査費の凍結解除執行が認められた。この問題はその後も尾を引いて、理事者と県議会の協議が重ねられ、建設費も含めて全面的に建設が認められたのは、翌六二年七月議会の事であった。

その後、嶺南大学も紆余曲折があり県立大学小浜キャンパス構想となったが、この竣工とともに平成五年四月全体面積約一六㌶、総事業費約二七億円のうち一部約七・五㌶が開園した。全面開園は平成一一年のことであった（図「若狭総合公園」参照）。

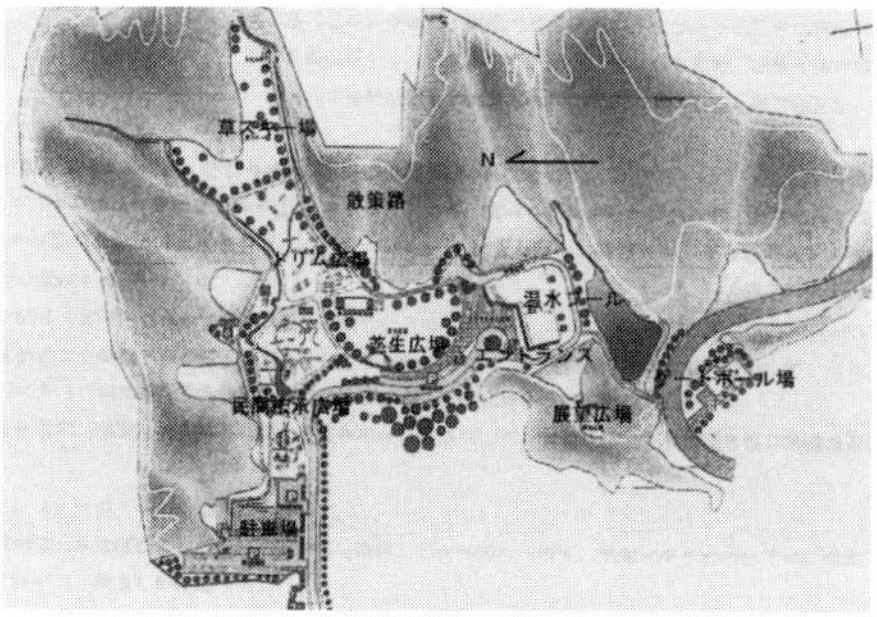

若狭総合公園

（出所）福井県「ふくいの都市公園」パンフレット，2002年.

その他三公園

上述した県下四ブロックに順次県が広域公園を整備するという方針のもとに、若狭公園以外に奥越ふれあい公園、トリムパークかなづおよび丹南総合公園が整備された。

奥越ふれあい公園（面積約二〇㌶、総事業費約五〇億円）は昭和六一年調査費が認められ、翌六二年一二月大野市上篠座の旧競馬場跡地にその位置が決定した。地元協議会等で設計内容を検討し、平成三年造成工事に着手した。同五年六月陸上競技場等が完成し、一部開園した。同一二年全面完成した。

トリムパークかなづ（面積約二〇㌶、総事業費約六〇億円）は、平成五年度にあわら町山室地係に着工した。平成八年六月一部開園、同一五年全面完成した。

最後の丹南総合公園（面積約一五・五㌶、総事業費約四八億円）は圏域内の調整が難航し、設置位置がなかなか決まらなかった。現在のサンドーム周辺も取りざたされたこともあったが、結局平成一五年武生市吉野地区愛宕山周辺に決定され、同一七年着工した。同二五年九月野球場とグラウンドが先行開園した。翌二六年一一月全天候型球技場等が完成し、里山エリアを除くスポーツエリアがすべて供用された。

丹南総合公園野球場

（出所）筆者撮影.

これら四公園は、すべて「公設民営」ならぬ「県設市営」である。

歴史公園

足羽山公園

福井の足羽山に関しては、昔は「愛宕山」と称せられて、非日常的な宗教的場所とされており、明治六年に至り招魂社が創設された。その後、同九年の藤島神社の創設、同一六年の継体天皇像の建設と続き、明治四二年九月の皇太子福井行啓の記念事業として、足羽山公園が開設されることとなった（福井市の場合には、それ以前から公園要望の声があり、足羽山は賑やかな場所とせず、清閑な雑木林のままとすべきであるとか、市民の公園は福井城址こそがふさわしいなどの議論が行われていたようであるが、財政の制約もあり、福井市第一号の公園は明治四二年まで待つことになった）。

ところで、この足羽山公園の設計にあたって、明治三六年に開設された東京・日比谷公園の設計にも関係したいわれる長岡安平（当時東京市公園課専門職員）も平面図を提案した。しかし、実現した公園では全体としては反映されず、中央部の三段広場にその意図があらわれているとされている。

昭和一三年、この足羽山は都市計画「風致地区」にも指定されているが、戦後は仏舎利塔、墓地、博物館、テレビ塔、動物園、スキー場、観光リフトなどが次々と設置され、また従来からの旅館・茶屋、社寺、顕彰碑なども散在して、異色の都市公園となっている。多様な都市空間の提供といえばそれまでであるが、公園土地権原が官民入り乱れた所有形態になっていることも影響しているのだろう。

昭和30年代の養浩館周辺略図

（出所）筆者作成.

養浩館庭園

養浩館《ようこうかん》庭園は、江戸時代にはお泉水屋敷といわれた福井藩主の別邸であったが、明治維新の城郭没収にも免れて、藩主松平家の子孫に受け継がれていた。明治中期に松平当主から養浩館と命名され、以後この名称が定着した。

昭和二〇年の福井空襲により、館は焼失し庭園も荒廃した。その後の

現在の養浩館界隈

（出所）筆者撮影.

戦災復興事業により、広大なお泉水屋敷を東西に分断する道路が設けられた。

その西側には市営庭球場や警察学校などが、東側には県立図書館や岡島記念美術館などそして縮小された養浩館が設けられて（昭和二九年）、補修のみで長く本格復元の機会はめぐって来なかった。

昭和五六年新しい県立図書館は城東地区に開館し、福井市は養浩館を本格復元する方針を固めた。所有者松平家の同意を得て、国に名勝指定を申請、同五七年三月名勝に決定した。また用地も福井市が一括買収し、岡島美術館も長期休館の後、平成二年には閉鎖・取り壊された。

福井市当局はすでに一部復元整備に着手していたが、平成二年一二月に単なる復元ではなく、往時のお泉水屋敷の原形を回復するという方針に変更した。このことは、上述した戦災復興事業により設けられた市道・児童公園などの廃止を伴うものであり、地元住民は強く反発した。地元協議の結果、これら市道の存続を前提とした復元事業に戻され（その結果、「原形復元」は一部中途半端なものとなった）、同四年に廃止されたお泉水庭球場跡は地元のためのお泉水公園として整備された。こうして、平成五年六月、復元養浩館庭園が完成・開園した。そして同年の福井市都市景観賞を受賞した。

その後、このお泉水公園の西隣・警察学校跡地（後にお泉水会館）には、平成一六年三月新しい福井市郷土歴史博物館が開館し（舎人門なども復元）、養浩館一帯は光明寺用水も含め「歴史散策ゾーン」として位置づけられるようになった。なお、この養浩館庭園は平成一八年に「日本の歴史公園一〇〇選」に選ばれるとともに、米国専門紙の日本庭園ランキングに高位にランクされるようになった。

さらに福井市当局は平成一六年に制定された景観法を受けて、同二〇年三月新しい「福井市景観計画」を策定し、「福井市景観条例」も施行した。そして「特定景観区域」に従来の都心部のほかに、この養浩館周辺地区と一乗谷朝倉氏遺跡地区を追加指定する方針を打ち出した。後者については、平成二三年一〇月に区域指定が施行されたが、前者の養浩館周辺区域は地元調整が難航した。最後ののぼり旗のデザインをめぐってようやく合意形成が図られ、同区域指定が施行されたのは、平成二六年一〇月のことであった。

西山公園

鯖江・西山公園の歴史は藩政時代に遡る。鯖江藩第七代藩主間部詮勝は幕末・安政年間に、西山一帯に造園工事を施し、庭園「嚮陽渓《きょうようけい》」を設けた。この庭園は武士のみならず広く庶民に開放されたとされ、これが西山公園の発端となる。

明治維新の混乱の中で、一時荒廃を余儀なくされたが、明治二二年の町制施行とともに、「町立嚮陽公園」として管理されるようになった。そして大正四年の大正天皇の即位礼の記念として、桜が植樹され、「桜の名所」として定着していった。しかし、太平洋戦争の戦況悪化に伴い、園内の樹木は軍需資材や燃料として伐採され、跡地は菜園と化し、公園としての機能を失っていった。

終戦後も公園整備の余力はなく、その機運が醸成されるのは昭和三〇年一月の周辺町村を合併して誕生した新生・鯖江市の誕生後のことである。この合併は町村の対立が激しく紛糾した。市政初期の課題は、その後遺症を克服し市内の統合をいかに図るかにあった。このため、長泉寺山総合開発事業を起こし、新庁舎の用地を確保するとともに、あわせて西山公園を再整備してこれを市民協調の象徴的空間として位置付けた。

合併初期の市政を担った福島文右衛門は、都市計画決定した西山公園の本格的整備に乗り出した。旧国道八号で分断された公園を、当時としては珍しい歩道橋・西山橋で昭和三三年連絡した。また、同年市民の協力のもとにつつじ二一〇〇株が植樹され、同三五年五月には第一回つつじまつりが開かれている。その後、鯖江市でつとに「アゼリア」なる語が使われるのはこのことに由来するのであろう。

その後も歴代市長は、この西山公園の整備に力を入れている。主なところを記せば、昭和四八年野球場造成、同五九年嚮陽会館開館、同六〇年レッサーパンダ舎完成、同六一年日本庭園完成、平成一一年階段広場完成、同一六年新西山橋完成、そして、平成一八年には「日本の歴史公園一〇〇選」に選ばれた。

いささかちゃんぽん公園のきらいがないでもないが、県下の都市では中心市街地に位置する「市民が集う」都市公園として成功しているといってよいであろう。鯖江市民のみならず、丹南を中心として周辺市町村からも人気を集めている。

おわりに

冒頭にも述べたが、公園は道路や河川などと比べて、特殊な社会資本である。すなわち、必需品ではなくまたその内容も多種多様でむしろ個性を示すものに人気がある。生活必需品ではないものの、音楽ホールや美術館などと同様に生活の質を高め、快適な毎日を過ごすための、まさにquality of life（QOL）のための施設である。

このような施設の性格であるため、その建設や管理には、自治体首長の個性・性格、場合によっては「哲学」が色濃く反映される。全国都道府県や市町村の公園行政を担当するセクションを見てもこのことが理解される。

厳しい財政の中で何を優先するのか、県施行か市町村施行か、多様な市民要望の中でどのような空間・施設を整備するのか、所管メニューのどれを選ぶのか（建設省をはじめ最近では農林省、文部省さらには自治省メニューもある）、市民の日常に親しまれる施設とともに、イベント・歴史・運動・風情・産業遺産などといった要素をどの程度取り入れるか、そして維持管理コストが安いことに越したことはない（小公園では住民管理を試みているところもある）。そして、この頃では子どもの騒々しい声や浮浪者、樹木の害虫や落ち葉、ゴミや雑草、犬の糞などを問題として、公園を「迷惑施設」と考える市民も現れてきている。実に悩ましい。

大規模な公園を新規建設する時代は過ぎたようである。これからは老朽化または陳腐化した公園の再改修が課題となる福井市の中央公園に続き、野球場廃止や国体会場をにらんで越前市の武生中央公園の再整備も始まった。昭和四〇～五〇年代のいわば手探りの公園整備とは異なり、県内にも成功例・失敗例さまざまなサンプルも存在する。イベントや競技会会場はもちろんであるが、特に高齢化社会を踏まえて日常的に市民に愛される成熟した公園整備が望まれる。

第11章　不可欠衛生施設・下水道の整備

はじめに

下水道の整備は、大都市では戦前からの歴史があるが、福井県では戦災復興事業を契機として、福井市から事業が始められた。下水道の目的には大きくいって、排水・浸水対策と衛生・環境対策の二つに分けられる。そして、後者には汚水処理場の建設が不可欠であり、その位置をめぐって往々にして紛争が生じる。

下水道そのものは健康で文化的な市民生活にとって不可欠な施設であるが、近くに処理場が立地することは困るというものである。いわば迷惑施設の一つにあげられて、自治体の当局者はその解決のために、さまざまな知恵を絞り汗を流している。

平成も二〇年代に入ると県内の下水道整備はピークを越して一段落した。今後は施設の維持管理や老朽施設の改修に重点が移ることになると考えられる。しかし、県内の下水道整備がどのような問題を解決しながら進められていったかを整理しておくことは今後の下水道行政に携わるものにとって必要な知識であろう。

戦前および全国の状況

日本においては、高度経済成長の時代に入り、環境保全が強く叫ばれるまでは、公共施設の中でも道路や河川と異なり下水道はマイナーな存在であった。そのような状況の中で、終戦直後から、福井市が熊谷市長の元で下水道事業を強力に推進した。しかしながら全国的には少数ながら下水道整備を戦前から進めていた都市もある。

東京、大阪、名古屋市等の「六大都市」は別格としても、中小都市においても下関市、豊橋市、大分市、川越市などで整備された。日本海側・北陸地方としては、新潟県長岡市が昭和初期において下水道を手掛けている。

北陸主要都市の下水道整備

	当初事業認可	供用開始
福井市	S23	S34
金沢市	S37	S44
高岡市	S24	S40
富山市	S27	S37

（出所）筆者作成.

戦後の混乱の中で福井市が先行して注目され、県民はながく福井市を下水道先進都市として誇っていた。確かにある時期までは、地方都市としてトップランナーであったが、その後は「馬群」のなかでもみ合う状況となった。北陸の主要都市の着工・供用状況を整理すると表（北陸主要都市の下水道整備）のようである。

余談である。戦後まもなくろくなマニュアルもないなかで（もちろんコンサルタントもいない）下水道事業を始めた福井市下水道技術者の苦労は余りあるものがある。おそらくは試行錯誤の連続で、技術の研鑽が続いたに違いない。そのような状況で有為の専門技術者が育ち、その後の後発自治体への指導とか高等教育に大きな役割を果たした。後述する県施行下水道は昭和五〇年代以降のことであり、こと下水道技術に関しては福井市は福井県のそれを大きくリードしていたのである。

福井市公共下水道の整備

下水道の整備開始　境処理場

福井市では、その地形的特徴から大雨時の市街地排水対策の不備が戦前から認識されていた。当時の熊谷市議会議長は、昭和一二年に大藤京都大学教授に下水道の調査設計を依頼し三年後その成果を得た。紀元二六〇〇年記念事業として実施を試みたが、日支事変の激化等による資材逼迫のため実現することはできなかった。

下水道整備に満を持していた熊谷市長は、戦後の戦災復興事業の施行を好機到来として、全国に先駆けて昭和二二年一一月に下水道築造の厚生省・内務省の認可を得た。そして、下水道事業の先進地である名古屋市の水道局長・杉戸清（後に名古屋市長）を顧問に委嘱して、事業がスタートした。

旧佐佳枝ポンプ場解体

（出所）筆者撮影.

当時の旧市街地約六六六ヘクタール全域を対象としたもので、もちろん事業費が安い合流式で当初は浸水対策・管渠《かんきょ》整備が中心であった。当初の計画では、放流河川である足羽川下流には、これを上水水源とする自治体がないため、当分は希釈処理にとどめ、本格的な処分場建設は第二期事業の位置づけであった。しかし、市民のあいだから初めから本格的施設を望む声が大きくなり、昭和二四年処分場も第一期事業として取り組むことを決定した。全国七番目の処分場を持つ下水道計画として注目された。

ところが、処理場の位置や、処理方式さらには橋南地域の汚水処理について、同地域内に別の処分場をつくるか、橋北地域に送水して行うかの検討や、

福井市下水道記念室　昭和28年建築

（出所）筆者撮影.

予算不足のため実際の処理場建設は進まなかった。そして、河川排水のために同二五年、二六年に相次いで佐佳枝《さかえ》および底喰川《そこばみがわ》ポンプ場が完成している。

管渠整備にめどが付き、昭和三一年七月境下水処理場に着工した（競馬場隣）。最初はし尿処理施設を先行させ、同三二年一二月これが供用された。その後、同三四年二月には本格的な下水処理場第一期工事が完成し、翌三五年には橋南地区とも接続して、水洗化が奨励された。この頃は、付近はあまり市街化されておらず、大きな反対運動はなかったようである。福井実業高校の完成は昭和三四年、境町の組合区画整理、市施行の西部区画整理は、それぞれ昭和三七年および同三九年のことである。それよりも受益者負担金の徴収に苦労した記録が残されている。

その後、福井市では戦災復興区画整理事業にもめどが付き、昭和三三年の北部区画整理事業を始めとして、順次周辺部の区画整理事業にも着手して、同三七年六月にはこの北部区域なども下水道整備区域に追加されている。さらに、福井市当局の区画整理事業の施行と市街地の拡大が続く。

このようにして、処理水は増大し、境処理場だけでは対応できなくなり、昭和五〇年代初めから第二処理場の建設が課題となってきた。この問題については次項で触れる。平成年代に入り施設の老朽化更新と高級処理を目指して、平成七年福井市当局は境処理場の改修に着手した。この頃には、処理場の周囲は完全に市街化しており、改修せず施設そのものの移転要求運動が地元住民より起こされた。しかし、福井市は移転要求には応じず、水質のみならず処理場の環境改善を行うこととした。

第二期整備事業　日野川浄化センター

汚水量の増加と下水道整備地域の拡大要請により、既設の境処理場では対応できなくなり、昭和五〇年代初めから第二下水処理場の建設が具体的課題となってきた。福井市の地形と河川の状況を踏まえて、日野川と九頭竜川の合流点付近がその候補地となった。

しかし、この地域には当時大きなプロジェクトが集中していた。福井川西線の整備、日野川五大引堤そしてこの処理場建設である。そしてこの付近は水田地帯であるが、基本的な圃場整備事業は完了していた。処理場に対する嫌悪感とともに、農地を大きく失うことに、地元農民は大きく反発した。

福井市当局の粘り強い説得と活性汚泥法等新技術の導入、地元県議の仲介努力により昭和五四年三月この日野川浄化センターを含みこれを処理先とする福井市の下水道拡張計画が都市計画決定された。その後、用地売買協定（基本単価七万円／坪）や公害防止協定が締結され、同五六年七月浄化センターに着工し、六〇年一〇月に竣工した。

これにより橋南地区をはじめ周辺部の下水道整備が大きく前進することになった。平成五年四月には大瀬ポンプ場も完成して、橋南地区の下水道整備がさらに加速した。

覆蓋改修した福井市境下水処理場

（出所）筆者撮影.

合流式下水道の改善

昭和四〇年代、新規に公共下水道に着手する自治体（新たな流域・処理区域を設定する場合も含む）は以前から分流方式を選択していたが（昭和四五年の下水道法改

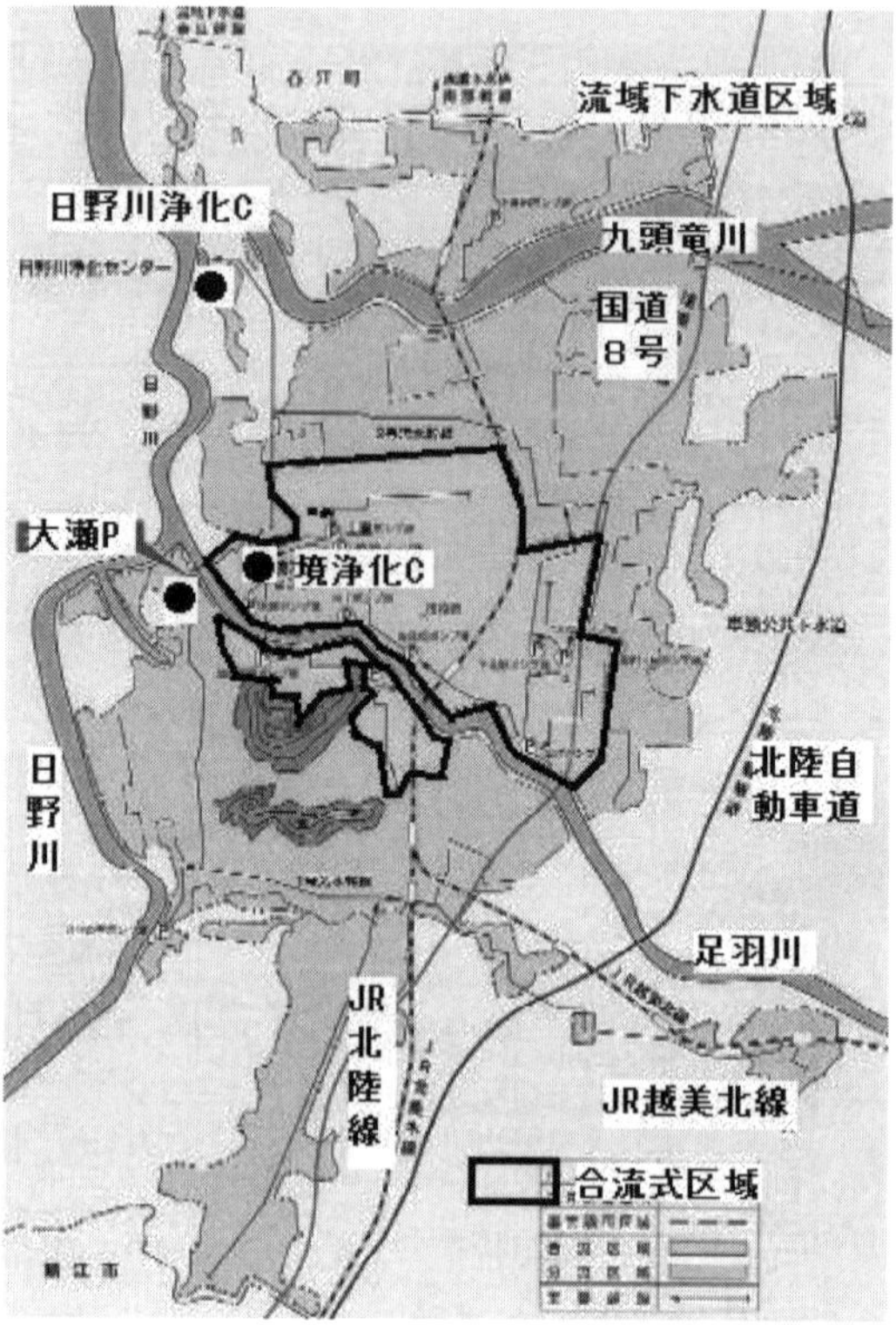

福井市合流式処理区域

（出所）福井市ホームページ資料より筆者作成.

合流式下水道の全国データ

	合流式下水道	全　体下水道	合流式シェア
実施都市	191	1442	13.2%
処理区域	23万 ha	165万 ha	13.9%
処理人口	2414万人	9360万人	25.8%

（出所）国土交通省ホームページより筆者作成.

正を契機に全国的にも分流式が主流となっていた）、戦後まもなくから先行的に下水道事業を施行していた自治体は合流方式のままであった。

それまでも下水道事業の先進都市・仙台市などでは、大雨時の合流式放流水の水質改善のための施設改修が進められていた。全国的に下水道整備が一定水準に達し、また施設の老朽化・更新問題の顕在化、環境意識の高まりなどを反映して、平成一〇年ごろから、国土交通省は本格的に合流式下水道の改善に取り組みだした。そして、同一四年合流式施設の改善補助制度を創設するとともに、翌一五年下水道法施行令を改正して合流式の改善を義務付けた。

福井市では、市街地・単独公共下水道分だけに限れば、合流方式区域面積は、約一四一〇ヘクタールで全体面積の約三二％にあたる。平成一六年度に「合流式下水道緊急改善計画」を策定したところ、同年に福井豪雨に襲われ、橋南を中心として福井市街地が浸水した。このため、貯留管敷設等の浸水対策に重点が置かれることになった。

このような状況のなかで、平成二〇年三月国交省より「合流式改善の手引き」が示され、これまでの方法を見直した。雨水貯留管の活用、遮集バイパス管の設置、大口径化のハード対策を進め、平成二六年には米松ポンプ場の改修を完了した。

さらには実際の降雨状況に応じた流量調節などのソフト対策を引き続き検討している。

旧川西・大安寺地区の下水道

郊外部の下水道では、後述するように特定環境下水事業なり、流域下水道事業区域に編入されたり、集落排水事業対象となったりして、それぞれ下水道整備が進められた。しかしながら、旧川西と大安寺地区の一部だけが取り残されていた。

当地区は平成一〇年に公共下水道事業約二〇〇ヘクタールの認可を受けて事業に着手したが、処理場候補地の小尉・三宅町の同意が得られず、事業はいったん休止した。その後、処理場位置を波寄町地係三国町との境界付近に移したが、隣接の三国町民および三国町当局が猛反対、さらに市町境から南へ約二五〇メートル移す提案を行ったが、これにも地元三国町民が反対して、計画練り直しが求められた。

このため、福井市当局は隣接処理区域の既存施設で代替することを検討した。すなわち、先行している鷹巣浄化センター（特定環境保全下水道、平成一〇年供用）、日野川対岸の日野川浄化センターまたは流域下水道の九頭竜川浄化センターのいずれかを拡充強化、これに接続しようとするものである。

しかし、これらの案は処理場付近の地元感情や技術・コスト面、事業期間等の問題から合意に至らず、地元が望む集合処理方式は断念された。平成一九年九月地元協議会は合併浄化槽による個別処理方式に方針転換した。平成一〇年から決着までにおよそ一〇年を要したことになる。この時期は後述する武生市日野川右岸下水道処理場計画が鯖江市と紛糾した時期にも重なり、処理場位置ならびに処理区域の設定について、いかに慎重な検討を要するか、とりわけ隣接行政区域と接する場合はデリケートになるかをあらためて示すものとなった。

その他の市町村の下水道の整備

武生市公共下水道・日野川左岸地区

県内で福井市に次いで二番目に下水道に着手した都市は武生市である。日野川左岸地区（家久処理区）では、それまでの都市下水路計画を廃止、昔からの市街地内用水路も活用し、合流式による約三五一㌶の都市計画決定を昭和三九年三月に行った。

同四六年事業に一部着工したが、この頃は下水道法も改正され、基本としては合流式から分流式へ移行される時期であった。また県は日野川流域等についても流域下水道の調査も始めていた。このため、武生市は再検討を行い、同四九年一〇月武生駅周辺の御清水排水区約六三㌶を合流式に残して、その他は分流方式とする計画変更を行った（鯖江市は日野川右岸において、これに先行して同四八年一二月に決定）。そして同五〇年度本格的に着工し、処理場工事は下水道事業団に委託し、昭和五五年八月一部供用を開始した。

この家久地係には、すでに昭和三六年にし尿処理場やごみ焼却場も完成して、さらに下水処理場も追加されるとともに、清掃設備も逐次拡張されていった。このため地元から強く要望されていた温水プールを含む家久スポーツ公園が昭和六〇年に完成した。下水道処理場をはじめ「迷惑施設」の建設にあたっては、公園や健康施設との「セット」整備の流れが出てきた。

武生東部下水道新旧放流ルート略図

（出所）筆者作成.

日野川右岸地区

日野川左岸事業が一段落した平成元年武生市当局は、約一〇〇億円を投入する第二次下水道整備構想を発表した。すでに国高南部の区画整理が進行中で、また国道八号バイパスも行松高架橋が開通するなど日野川右岸・東部市街地の環境整備が課題となった時期である。

問題は処理場の位置であった。地形上からいえば、最下流の瓜生地係であるが、この地は「サンドーム」に近く、また鯖江市との隣接地域で行政区域が複雑に入り込み、また両市の市街地はほぼ連担していた。さらに処理場の計画放流先下流には鯖江市上水道の取水口が存在していた。

日野川左岸下水道事業の事業計画が次第に明らかにされて、平成六年頃から隣接・鯖江住民の処理場建設反対運動が大きくなっていった。武生市は公聴会や審議会の開催などそれなりの手続きを踏み、都市計画決定に持ち込もうとしたものの、反対運動は鯖江市の行政当局・議会も巻き込んで、平成七年一一月鯖江市長が「処理場位置変更」を武生市長に申し込む事態にまで紛糾してきた。

武生市は県都計審による早期審議・決着を県に迫ったが、地元調整不足・時期尚早としてこれに応じなかった。その後、武生市は放流口を鯖江市水源の下流に変更するなど譲歩案を提示、また鯖江市の関係地係で説明会を開催するなど打開を試みたが膠着状態が続いた。

平成一一年三月、処理場位置を両市境から南（武生市方向）へ二五〇メートル移動する変更案について武生市及び県都計審が承認した。同一二年六月武生市は現地に準備事務所を設け地元協議を強化するとともに、環境にやさしい処理場設計案について公募するなど努力を重ねたものの鯖江市地元の納得は得られなかった。

このような状況で管渠整備が進み、供用開始の時期も迫ってきた。平成一七年二月、武生市は処理場西側の日野川に直接放流するルート（一部鯖江市地籍を経由）を断念し、処理場東側の松ヶ鼻排水路を経由し穴田川（下流で浅水川に合流、さらに日野川）に放流するルート（武生市地籍で完結）に変更した。この都市計画変更も承認されたが、なおも鯖江住民は反発した。

しかし、その後は両市の間で平成一七年五月放流ルート変更や放流水の水質改善、穴田川の流量確保等について覚書が締結され、同一八年一二月東部処理場（水循環センターと改称）にようやく着工、同二一年二月両市の間で環境保全協定の締結があり、同年九月処理場が完成し供用を一部開始した。構想発表から実に二〇年余、事業認可後からも一〇年余の紆余曲折を経て、味真野や北日野地区を含む武生東部市街地約九三〇ヘクタールの下水道整備が全面展開となった。

上述した福井市の場合も含めて、処理場立地に対してさまざまな知恵が絞られ、その解決が図られた。その結果が「正解」かどうかはまだ分からない。処理場の位置決定にあたっては、処理場に対する偏見の除去はもちろんであるが、技術・経済合理性や単純な環境保全対策のみならず、あらゆる観点が求められる。用排水をめぐる上下流の利害対立、隣接行政区域相互の歴史的経緯と確執、処分場を引き受けるうえでのコミュニティとしての一体意識（処理区域全体としての共同体意識）などが鋭く問われる。この武生・鯖江の問題に関しても、昭和四〇年代においては日野川流域下水道構想が練られたこともあったが、それこそ両市は「下水道共同体」として熟すことができず、単独下水道を選択したことが問題紛糾の遠因となったのかも知れない。その後、丹南広域事務組合を除き、消防・清掃・火葬場等の種々の事務組合においても武生・鯖江両市は同一組織になることはなく、また平成の大合併も破綻している。

大野市公共下水道

県下市町村のなかでも整備が遅れた大野市の下水道は特異な経過を辿った。

九頭竜川の上流に位置しながら、汚水処理が進まず、下流自治体からも早期の下水道整備を求められていた大野市は、ようやく昭和四六年下水道整備構想を発表し、同施設の整備に乗り出した。ご多分にもれず処理場位置の決定をめぐり紛糾し、これの同意をみたのは、平成に入って同五年のことであった。

しかし、処理場問題よりも大きかったのは、地下水問題であった。同市は、昔から地下水が豊富で飲料水等もほとんどが自家井戸地下水に依存して、「水はタダ」の市民意識が浸透し、上水道の普及ははかばかしくなかった。こうしたことから、大野市民の地下水への関心は非常に高かった。

大野市の下水道整備はこの地下水に大きな悪影響をもたらすとして、市民のなかに反対意見が出てきた。昭和五一年には、市民グループ「大野市水を考える会」が結成され、組織的な反対運動が展開されるようになった。同会の主張は、下水道管渠の埋設は地下水の流れを破壊する、漏れた下水汚水が地下水を汚染するというものであった。後には後者の主張はあまりふれられないようになったが、公共下水道の財政負担と比較すれば、河川の水質改

大野地下水の象徴「御清水」

（出所）筆者撮影.

善には合併浄化槽方式がすぐれているという主張が追加された。このころ、地下水の大量消費などのためか、地下水の水位低下が頻発し、地下水依存への危機意識が高まり、「考える会」の運動をより活発にした。大野市は、昭和五二年一二月地下水による融雪を禁止する内容を含む地下水保全条例を施行した。

地下水資源の枯渇問題については大野市も調査研究を進めながらも、下水道の地下水に対する影響に関しては行政当局と考える会の主張は平行線のままであった。平成五年に処理場用地の確保にめどがたち、同七年度末に市議会の承認を経て、都市計画決定及び事業認可の手続きを終えた。平成一〇年九月下水処理場に着工し、同一五年四月に一部供用開始にこぎつけた。

この間、平成一三年に公開質問状が出され、また行政当局と考える会が下水道影響をめぐって、「激論」を展開するような場面もあった。大野市は地道に地下水涵養実験や観測井戸のデータ分析、各種シミュレーション結果などをふまえ、平成一五年六月新しい公共下水道基本計画を取りまとめた。その内容としては既存計画の大口径管による深い埋設をおさえ、小口径管ルートを増やして埋設深を浅くして地下水流動への影響を少しでも軽減しようとするものであった。こうして、処理区域面積約八二九ヘクタル、事業費約三二〇億円、平成三四年全面供用をめざして、本格的な下水道事業が展開されることとなった。しかしながら、事業期間があまりにも長いため、その間の河川水質、衛生環境保全のために下水計画区域であっても、暫定的に合併浄化槽を整備する苦しい二正面作戦を強いられることとなった。

なお、大野市の地下水研究の成果を踏まえ、さらに平成一七年九月、大野市地下水保全管理計画を策定された。大野市民にとって「地下水は地域共有の貴重な資源である」との地下水公水論にもつながる認識がベースとされるものである。そして市民グループ「大野市水を考える会」は高齢化もあったのかも知れないが、同計画策定を評価して結成三〇年目の節目である平成一八年八月に解散した。

その他市町村下水道

県下の旧市町村別に下水道事業の着手・供用状況を表に整理した（自治体によっては複数の下水道事業があるので、主要部のそれで代表させた）。福井市は別格としても、住民の強い要望のなかで自治体首長の下水道事業に関するスタンスや処理場等に関する市民コンセンサスの状況が比較できて興味深い。なお、坂井郡と福井市の一部については流

県下旧市町村別下水道整備状況

市町村	当初認可	供用開始	摘　　要
福井市	S22	S34	
敦賀市	S50	S58	
武生市	S46	S55	
小浜市	S58	H03	
大野市	H08	H15	
勝山市	S51	S60	
鯖江市	S49	S58	
美山町	H11	H14	特環
松岡町	S61	H07	五領川下水道
永平寺町	S52	S55	特環，大本山
上志比村	H04	H10	農業集落
和泉村			合併浄化槽
三国町	S48	S57	流域下水道
芦原町	S54	S59	流域下水道
金津町	S56	S60	流域下水道
丸岡町	S59	H01	流域下水道
春江町	S56	S62	流域下水道
坂井町	S59	H01	流域下水道
今立町	H12	H17	
池田町	H05	H11	特環，代行
南条町	S63	H05	特環
今庄町	S60	S62	農業集落
河野村	H07	H12	特環，代行
朝日町	S52	S61	
宮崎村	S59	H01	特環
越前町	H06	H13	漁業集落
越廼村	H12	H16	漁業集落
織田町	H01	H06	
清水町	S46	S48	グリーンＨ
三方町	H05	H12	特環
美浜町	H02	H07	
上中町	H05	H10	特環
名田庄村	H05	H12	特環，代行
高浜町	H05	H11	
大飯町	S58	H02	農業集落

（出所）市町村資料等により筆者作成.

域下水道、松岡町と丸岡町の一部については五領川公共下水道で県施行の処理場の幹線管渠に接続したもので、この詳細は後述する。

また、池田町、河野村および名田庄村に関しては、平成三年度に創設された過疎地域都道府県代行制度により福井県が施行し、同一二年度完了した。さらに、農林サイドによる集落排水事業も施行されており、福井県では、旧春江町の農業集落事業が最初で昭和六一年供用開始した。この種事業は、旧上志比村をはじめ公共下水道を採用した市町村においても、飛び集落地や山間部等で実施されている。

県施行下水道

九頭竜川流域下水道

昭和四五年下水道法が改正され、都道府県施行の流域下水道が正式に位置づけられた（それまでは下水道事業の施行者は原則市町村とされていた）。複数の行政区分にまたがる連担市街地について、それぞれ単独で下水道整備を行うより、一体として整備した方が全体として効率的で処理場も少なくて済むというものである。

県では、昭和四七〜四八年竹田川や日野川について流域下水道調査を実施した。すでに武生市は昭和四六年、鯖江市・三国町は同四八年単独公共下水道を都市計画決定して、事業着手に向けて準備中であった。流域下水道としての合理性もさることながら、処理場用地も含むこれまでの事業経緯や上下流の利害・思惑がからみ関係市町の調整は難航した。

県当局は、日野川流域に関しては断念し、九頭竜川右岸地域について流域下水道事業施行の方針を固め、先行している三国町単独下水道事業との調整を強化し、一番問題となる処理場用地の確保に努力を傾注した。三国町池上地係に処理場用地の目途がつき、昭和五三年三月都市計画決定を行い、坂井郡六町と福井市旧森田町地域約一八〇〇㌶について本格的に事業着手した。

最初の供用は、同五七年七月の三国町地係であった。次いで芦原、金津、春江、福井市の一部（旧森田町）と続き平成元年丸岡・坂井町におよび全市町で接続を完了した。

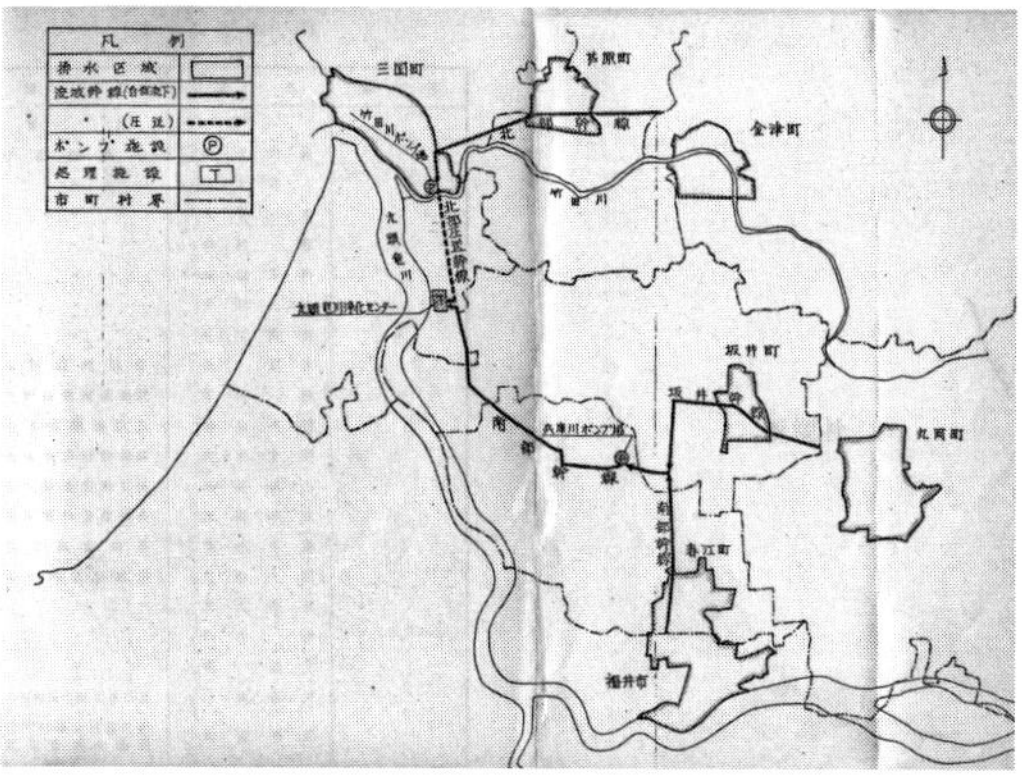

九頭竜川流域下水道当初計画図

（出所）県都市計画審議会資料.

九頭竜川流域下水道の拡張

当初排水区域約一八〇〇㌶で出発した流域下水道は、その後周辺地区を編入・追加しながら現在では約五四〇〇㌶の排水区域を擁している。

そのうち特筆すべき追加区域は次のようである。

まず九頭竜川左岸の福井臨海工業地帯背後地域では当初は臨工区域内の公共下水道と一体として整備される計画であった。しかし、臨工区域内の企業立地が遅れ、下水道事業は未着手の状態が続いた。一方、九頭竜川右岸の流域下水道の整備は進捗し、五七年には供用開始された。このため、左岸の臨工背後区域（棗地区）でも下水道早期整備の要望が高まり、昭和六三年当地域約一〇〇〇㌶について臨工の公共下水道計画区域から切り離し、流域下水道区域に編入することとした。かくて、片川ポンプ場を建設し、左岸汚水は九頭竜川を渡ることとなった。その後、本来の臨工区域内に関しては、平成三年公共下水道事業から特定公共下水道に切り替えて、事業化が図られた。

また三国町安島地区に関しては、特定環境保全下水道として先行していたが、昭和五八年これを流域下水道に編入した。さらに北潟湖沿岸地域である。北潟湖の水質悪化は激しく、ヘドロの浚渫や種々の湖水浄化に取り組んでいたが、生活排水対策を講ずべきであるとして、公共下水道を整備することとなった。はじめは独立した小規模下水道が検討されたようであるが、平成八年最終的に九頭竜川流域下水道に圧送管編入された。本来の「流域外」の地域が追加されたことになる。

福井県下水道公社

九頭竜川流域下水道は福井県がその建設を行ったが、供用開始を前にしてその管理運営主体の設立が求められていた。昭和五七年六月福井県及びサービス享受区域である福井市と坂井郡六町が出損して、財団法人・福井県下水道公社が設立された（県五〇〇万円、市町各七一万四〇〇〇円、計一〇〇〇万円）。同公社は、各市町からの汚水流入量に応じて処理料を徴収して、処理場をはじめとする下水施設の維持管理にあたっている。

その後、全国の流域下水道の維持管理体制を参考としながら、行政改革、外郭団体整理、指定管理者制度、一部事務組合制度、経営合理化、下水道財政の健全化の観点などから、平成二〇年前後にはさまざまな管理制度が検討された。最終的には公社制度はそのままとして平成二四年四月公益財団法人に移行した。

五領川公共下水道

昭和四〇年代後半より、医師不足（昭和四七年自治医科大学発足）を背景として、県内に医学部を設置する動きが高まり、政府においても一県一医大構想を掲げて、未設置県の解消を政策に打ち出した。当時医学部のない県は全国

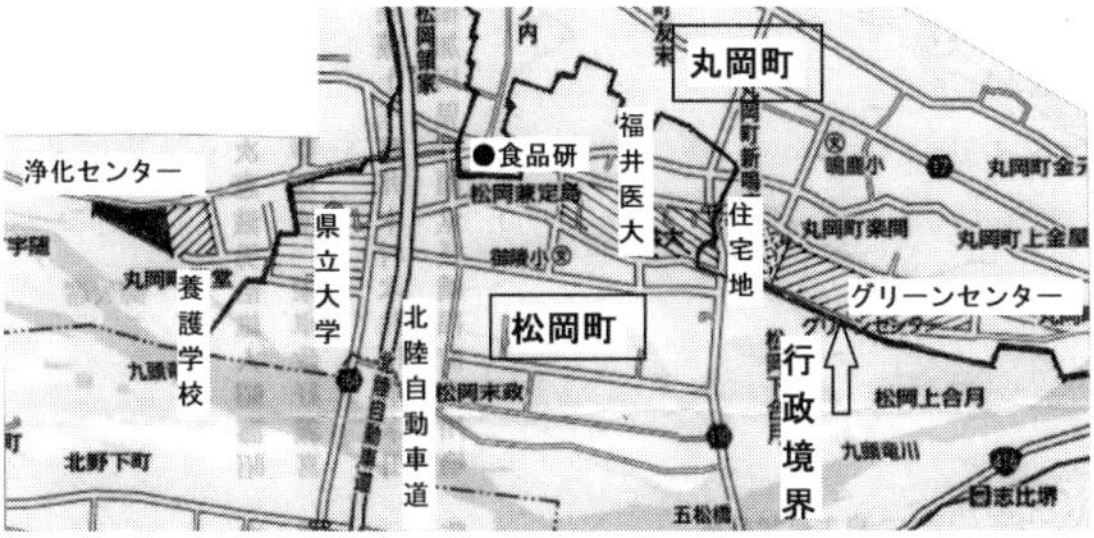

裏川廃川敷地土地利用計画図

（出所）筆者作成.

一五県あり、他県との激しい競争が展開された。県内の設置場所をめぐっても、三国・金津・松岡町等が名乗りを上げたが、昭和四八年四月裏川廃川敷き跡に決定した。昭和五三年度政府予算に福井医科大学の創設準備費が計上され、県の受け入れ準備も本格化した。

裏川廃川敷きに敷地規模は確保できても、文字通り廃川敷きで都市施設インフラなど一切なく、農業振興地域の指定がなされていた。農振地域を除外して都市計画用途地域を設定するとともに、廃川敷き全体の土地利用計画や道路等の公共施設整備計画が立案された。

公共下水道の整備も最優先課題であった。下水道整備の事業主体は原則市町村であるが、廃川敷きは松岡町と丸岡町の行政区域に複雑にまたがっていた。そして、福井医大建設は県をあげてのプロジェクトであり、また当初の事業区域は殆どが公共施設用地であるとして、特例として県が五領川公共下水道を施行することとなった。処理場は地元の理解を得て、最下流の丸岡町・熊堂地係、嶺北養護学校立地の隣接地に決定した。

昭和五三年一二月、廃川敷きのみの約九三ヘクタールについて都市計画決定が行われ、事業が開始された。そして、昭和五八年一〇月の附属病院開院の前、同五八年五月供用を開始した。

その後、同六〇年一一月旧五領が島の集落について、平成二年七月五領川右岸既存集落（丸岡町鳴鹿地区を含む）が編入され、そして平成三年一一月最終的に九頭竜川を渡り、旧松岡町市街地の公共下水道汚水の受け入れを行うことになった（実際の受託処理開始は平成七年度から）。

五領川公共下水道事務組合

昭和五八年五月の第一期事業区域の供用開始を前にして、同年二月丸岡町と松岡町の一部事務組合として、五領川公共下水道組合が設立され、県営事業を承継した。また当初維持管理は福井県下水道公社が受託していたが、昭和六二年四月から当事務組合がすべての管理運営を行う体制となった。

テクノポート福井浄化センター

（出所）筆者撮影.

福井臨工特定下水道

福井臨工区域内の汚水処理のため、背後地域の集落を含む公共下水道計画が昭和四八年一〇月都市計画決定されるなど、早くから準備され、福井港南水路計画地奥には処理場用地も準備されていた。

しかし、前述したように企業の立地・操業は容易には進まず、臨工区域内の下水道事業は足踏みを続けていた。そして、九頭竜川右岸の流域下水道事業の進捗とともに、左岸の臨工背後地域集落から下水の早期整備要望が高まり、これら集落地域を臨工公共下水道区域から除外し、流域下水道事業区域に編入することで、これに応えることになり、昭和六三年七月都市計画変更を行った。

一方平成期に入ると臨工区域内の工場立地・操業もようやく進むようになり、下水道整備の要望も強くなってきた。このため、所管を企業庁に移すとともに、平成三年一二月特定公共下水道に変更、同五年一二月に供用を開始した。

福井県下水道整備構想

平成時代に入ると、市街地部での下水道整備が一段落し、郊外部に移ろうとしていた。この時期、これまでも指摘されていた下水道事業の下記のような問題点が大きく顕在化してきた。

①下水道事業はもともと大きな財政負担を伴うものであるが、一層の効率化、経済性が求められるようになった。

②下水道事業を建設省のみならず、農林サイドも本格的に手掛けるようになり、合併浄化槽方式とともにいわゆる「縦割り」の弊害が出てきた。合理的な事業分担が求められた。

③環境保全や衛生的な生活環境を向上させていくためには、市街地部のみならず山間部においても当然汚水処理が求められる。

このような事情から、平成七年四月汚水処理施設共同整備事業ＭＩＣＳが発足し、福井県では、福井市のし尿処理送泥管、南条町の集落排水共同管理施設、名田庄村の集落排水移動式汚泥処理事業が対象となった。さらに、同九年には汚水処理連携整備事業、そして同一二年一二月には下水道と集落排水を接続して処理施設を一本化できるように費用負担等のルールを定めた制度改正を行った。この接続事業には美浜町和田地区の農業集落排水事業に適用された。

こうした個別制度の改善とともに、各種汚水処理施設整備事業の合理的な「すみ分け」について、関係機関の間であらかじめ協議した全体構想の府県版を策定することとなった。最初の構想は「福井県下水道整備構想」として、土木部技監を委員長として関係部局の課長をメンバーとする検討委員会のもとに平成一〇年二月に取りまとめられた。合併浄化槽方式を含み、県下津々浦々までの処理方式を網羅した画期的なものであった。

その後、社会状況の変化、制度改善、経済比較マニュアルの深化などを踏まえ、学識経験者なども含めて検討を加え、平成一四年度には名称も変えた「福井県汚水処理施設整備構想」に改められた。さらに市町村合併などを経て同二三年三月「新・福井県汚水処理施設整備構想」に改定された。この新構想によれば、長期目標である平成三二年度において、人口ベースでの公共下水道普及率を約八三%、集排や浄化槽等を含めた汚水処理施設のカバー率を約九九%に想定し、未普及人口を約九〇〇〇人とされた。

おわりに

下水道整備にとって、もっとも基本的な事柄は、どのように処理区域を設定し、汚水処理場をどこに設置するかであろう。その結果は複数の行政区域にまたがることもあるし、単独の行政区域内においても複数の処理区域が存在することもある。

典型が流域下水道管内である。施行者が県であることにより財政負担は緩和され、処理場を設けなくてもよい市町村があり、また維持管理の責任も半減される。

もちろん経済合理性や自然流下方式を基本とするために地形・流域条件なども複雑に絡んでくるだろうが、やはり「下水道共同体」を形成できて、下流地域が上流地域他の汚水を受け入れられるかである（処理場が最高度の水質処理を行うとともに、周辺地域の住環境を損なわないことはいうまでもない）。

これまでみてきたように、それほど処理場等の苦労をしなくても、他地域や他行政区域の処理場に接続できた事例もあるものの、ほとんどは「下水道共同体」の形成に苦労している。他行政区域を含めばもちろんであるが、同一行政区域内でもさらには同一地域内でも困難でたいへんな努力を重ねている。同一市民・同一町民でも容易には「下水道共同体」にはなれないのである。

これまで、福井県の下水道整備に対して、格段の努力を重ねてきた市町村首長や関係職員、そして施設を受け入れた住民に対して深く敬意を表したいと思う。当初建設の峠を越した現在、今後は施設の維持管理や健全財政の確立、老朽化施設の更新などに重点が移ると思われるが、関係者の計画・建設当時の経緯・苦労を忘れてはならない。

第12章 おくれた駐車場の整備

はじめに

福井市中心部における駐車場をめぐる情勢はまったく様がわりした。県営地下駐車場が開業した平成一九年ごろまでは、福井市中心部の商業不振の元凶は駐車場不足が原因と声高に叫ばれていた。しかし、平成一七年のＪＲ高架化と駅周辺区画整理事業の進行により、土地利用が流動化し、てっとり早くリスクも小さい、駐車場利用になだれ込んでいった。その結果、新幹線待機用地も含めて駐車場の需給関係は大きく変化して、供給側がだぶつくというような状況を呈し始めた。

中心市街地商業の不振は依然として続いている。当時の商業者の「商業不振の原因は駐車場不足」との主張は崩れた格好である。ただ、駐車場不足が主因ではないにしても、公共交通によるアクセスが弱体である地方都市としては、それが一定の影響を与えたことも事実であろう。

駐車場は誰が、どの時点で整備すべきなのか。民間事業者なのか、公共団体なのか（県か市町村か）、将来の交通状況をどのように見通すのか（交通総量、公共交通との関係、都市構造等）、県内における駐車場整備は適切だったのか。さまざまな論点があるが、ここでは福井市を中心として戦後の駐車場整備がどのように進められてきたかを整理したい。

福井駅前広場の混雑　昭和二〇年代

早くも昭和二六年一月には東京・丸の内で有料駐車場が開設されたとの記録が残されている。

県内ではどうだったか。統計記録によれば、県内の総自動車台数は昭和二〇年では約一〇〇〇台、昭和三〇年にはこれが約一万台でほとんどが法人所有か公共団体所有であったと思われる（ちなみに現在は約六五万台）。また交通規制らしい規制はなされておらず、昭和二二年に大名町交差点において手信号による交通整理が開始されている。

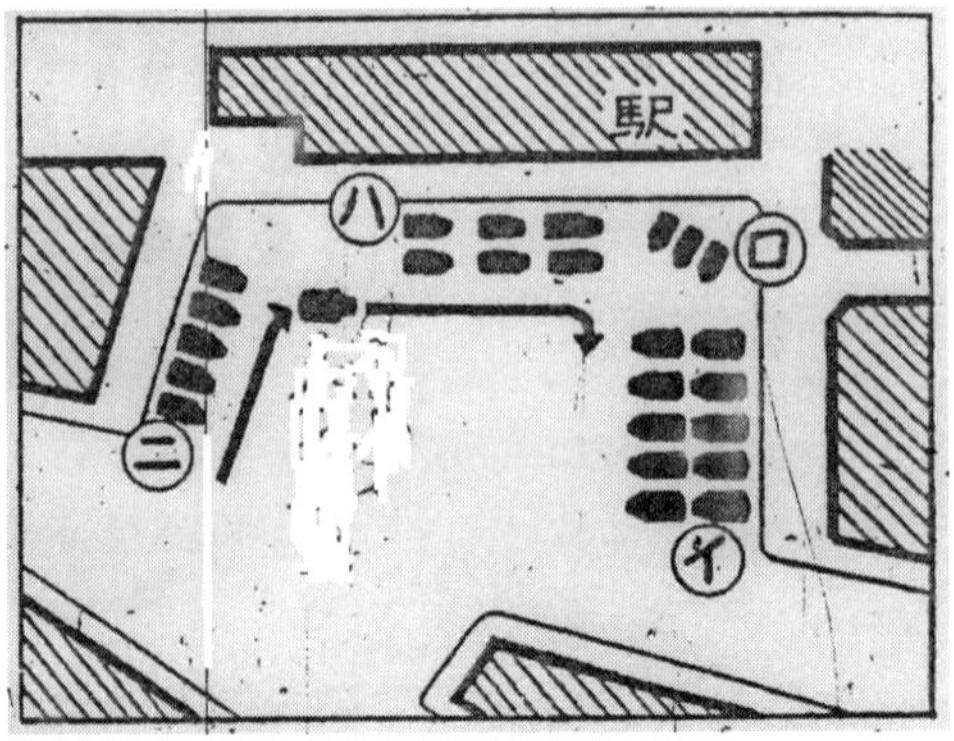

㋑市内バス　㋺オート三輪車
㋩タクシー　㋥自家用車
昭和30年頃の福井駅西口広場
（出所）『福井新聞』昭和29年6月29日記事.

このような状況では、一般的には駐車場問題は少なかったと思われる。ただ局部的な問題は起きていた。それは福井駅前広場（現在の駅広とは異なり、拡張前の約四〇〇〇平方㍍）におけるバス乗り入れと無秩序な駐車による交通混雑というか混乱である。

自動車時代への助走　昭和三〇年代

昭和三二年五月に駐車場法が制定され、行政の面においても「駐車場」が本格的に取り上げられるようになった。東京では、同三三年に同法に基づく、駐車場付置義務条例が制定され、また駐車場整備地区が都市計画決定された。そして、翌三四年東京日比谷でパーキングメーターが設置され、同三五年には、日本道路公団により同地公園地下に四七〇台の駐車場が整備された。

この時代、福井県ではどうであったか。まず交通規制の状況である。昭和三〇年一一月に福井駅前かがみや交差点に交通信号機が設置されたが、これが福井県内における最初の信号機といわれてる。以後、裁判所前や敦賀市などにもひろがっていく。

駐車規制に関しては、上述したように福井駅前広場や駅前商店街の無秩序な交通混雑が議論されていたものの、沿道利用者との利害が調整できず、規制はなかなか実施されなかった。

昭和三五年一二月に至り、それまでの道路交通取締法が抜本的に改正されて、道路交通法が施行された。まず、駅前南北通り・電車通り・中央郵便局前通りなどが駐車禁止とされ、同三七年一月には、国道八号みのり付近・福井加賀線福大前付近や駅前広場内（日之出バス車庫が完成し通過バスのみとなった）がこれに続いた。その後、大名町交差点付近や国道八号全線に及んでいった。また、三八豪雪の経験を踏まえ、三八年一二月から積雪時臨時駐車禁止区域も運用されるようになった。

一方、市街地の駐車場整備は進まず、駐車場というよりは「貸し車庫」として「モータープール」が同三五年頃より出現し始めた。そして、主にバスを対象とした観光地における駐車場が東尋坊や永平寺、鯖江西山公園、海水浴場においてぼつぼつ整備されている。

余談であるが、昭和三〇年代末に至ると、国道八号線沿線（特に武生～敦賀間）では「駐車場つき食堂」が繁昌し、モーテル（モーターホテル）が国道八号県境付近に立地開業し始めた。

足羽河原駐車場など駐車場整備の開始　昭和四〇年代

昭和三〇年代末頃から、東京では民間デパートが盛んに立体駐車場を付属整備するようになった。

また、昭和三七年には「車庫法」が制定され、まず東京・大阪に適用され、同三九年に金沢市等の人口三〇万人以上の都市に拡大された。

福井市では、三九年一二月に駐車場整備地区が決定され、翌四〇年一一月には福井市の旧市街地が車庫法の対象となり、駐車場整備に対する融資を制度化した。さらに、同四一年七月駐車場付置義務条例が施行された。同じ頃四一年一二月には繊協ビルに京福バスターミナルが整備され、駅前付近におけるバスによる交通混乱はひとまず解決された。

市営足羽河原駐車場　幸橋上流

（出所）福井市史編さん委員会編『新修福井市史Ⅱ』.

それでは具体的な駐車場整備である。上述の駐車場整備地区の都市計画決定とともに、四〇年一月には福井市有料駐車場整備計画が策定された。同四四年までに二五カ所約四七〇台の駐車場を整備しようとするもので、路外としては中央公園の地下、路上としては放送会館前などが検討された。

その後、中央公園地下は建設費償還の採算性が問題とされ、県庁お堀の埋立による駐車場整備も論議されたものの、結局は足羽河原スペースが着目された。すでに、四〇年三月には民間企業による二五〇台分の駐車場が幸橋下流に開業していた。福井市当局は、それまでグラウンドとして占用されていた幸橋上流右岸域を駐車場として整備することを計画し、河川管理者と協議を開始した。当初は河川敷利用による料金徴収や今後予定されている改修事業の支障となるとして難航した。しかし、市役所周辺や県庁構内は自動車であふれ、市街地で駐車場所を探す車がウロウロし、駐車場問題はますます深刻化してきた（ちなみに、四二年には県庁では二キロメートル以内の自家用車通勤を禁止している）。

このような状況を前にして、河川サイドの譲歩が得られ、五六〇台の市営足羽河原駐車場が四二年五月開業した（図「市営足羽河原駐車場」参照）。福井市初の「本格的」有料駐車場で、「二〇円／時間」の低料金であったが、中心繁華街と遠いせいか当初は余り利用されなかった。しかし、徐々に利用は増加し、一年後にはほぼ満杯の状況を呈し、市役所職員の「役得」利用や約八割の「定期券」利用が批判され改善されている。このため、第二足羽河原駐車場の整備を計画したものの、今度は建設省当局のガードが固く実現できなかった。その他、福井市では四九年三月駐車場公社を発足させ、花月駐車場や公園下駐車場を開設したが、駐車場難解決にはほど遠かった。

中央公園横路上パーキング

（出所）筆者撮影.

次に路上駐車場の整備である。上述したように、昭和三九年一二月に駐車場整備地区を決定し、路外とともに路上駐車場の検討を開始した。はじめ、放送会館前なども考えられたが、公安委員会の反対にあい、県道を除いて市道である中央公園東側などに七〇区画が同四一年九月無料扱いで開設された。パーキングメーター設置により有料化されたのは同四七年七月のことである（この路上駐車場は、広島市ほどではないが市民に親しまれたが、中央公園再整備に伴い平成二六年撤去された）。

続いて民間による駐車場整備である。ビル付属の有料駐車場として、昭和三九年駅前カトービル地下や同四二年繊協ビル地下などが開設された。またビル専用の駐車場としては、同四〇年県民会館一階、同四三年住友生命ビル立体駐車場や同四四年ほていや（生活創庫）屋上駐車場、同五〇年三谷豊島ビル地下駐車場がある。そして専業の有料駐車場として、現在ではなくなっているものもあるが、同四一年北の庄中央駐車場、同四七年カトー立体パーク、ニューオーカン駐車場、同四八年中央タワーパーキングそして同四九年信光タワーパーキングなどが開業した。

さらにこの頃、日之出および豊島跨線橋整備が進行した。これらの高架下空間が駐車場として狙われ、多くは付近商店街の駐車場となった。

以上は福井市の状況であるが、県内の他の都市はどうだったのだろう。車庫法は四八年一二月県下全域が対象となった。敦賀と武生市の主な状況は次のようであった。

敦賀市では海水浴シーズンにおける松原海岸の駐車場問題が昭和三〇年代末からクローズアップされてきた。市街地内では、徐々に駐車禁止区域が拡大され、公園が車に占拠されるなどの現象が現れ始めた。そこで目をつけられたのが戦災復興事業により整備された広幅員歩道である。敦賀本町商店街では、昭和四二年三月歩道を削り六〇台の駐車場を確保した（令和初頭の国道八号の再整備二車線化歩道拡張にともないこれらは撤去された）。

武生市においても、昭和四〇年に善光寺通りやえびす通りが駐車禁止とされ、沿道商店街は錦町ループ跨線橋下や寺院境内の開放を要望した。また駐車場付置義務条例が同四四年六月制定された。

駐車場整備の本格化　昭和五〇年代

昭和四〇年代末に始まった都市総合交通規制は五一年九月に第三次規制が実施され完結した。バス専用レーンが設置され、旧国道八号木田地係は変則三車線となった。そして、公安委員会によるパーキングメーター（一時間以内駐車可、一〇〇円）が同五〇年一二月に駅前広場や農協会館前などに、五一年四月には旧福井新聞社前などに開設されたが、旧市街地は全面駐禁など駐車規制は強化されていった。なお、この公安委員会パーキングは平成二三年利用減等のため多くが廃止された。

一方、足羽河原に開設された駐車場は河川改修工事などに伴い、昭和四九年九月撤去廃止された。進行するモータリーゼーションとこの閉鎖により福井市中心部の駐車場需給は一気に逼迫した。その後この足羽川については、福井競輪やイベント等に伴う臨時的なものを除き、常設の駐車場は設置されていない。

大名町スカイパーキングやセントラルパーキングなど民間駐車場が五〇、五一年相次いで開業するとともに、福井市に対しても本格的駐車場整備が強く要望された。折しも、同五〇年六月に福井市役所新庁舎が完成し、旧庁舎跡に駐車場が計画された。検討の結果、この駐車場は市役所来訪者のみならず、一般にも開放することとし、跡地利用で競合する警察交番との調整を経て、同五二年三月収容台数一七三台二F三層の本格的立体駐車場が開業した。

旧福井駅前広場パーキングメーター

（出所）筆者撮影.

その後、民営駐車場としてはサカエパーキング（ボーリング場跡）や丸の内パーキングが昭和五五年に相次いで開業した。また、郊外に大規模量販店が次々と開店したがいずれも大規模な駐車場を伴うものであった。その後の市営駐車場としては、同六〇年の田原駐車場開業まで待たなければならない。

この時期、県内の他の都市においても空き地や跡地を利用した市営駐車場整備は行われている。たとえば、小浜市では船溜まり跡埋立地に二〇〇台の駐車場が同五六年完成した。また、パーキングメーター方式では、五三年鯖江市、五六年敦賀市・大野市などで順次開業した。さらに公安員会によるパーキングチケット方式の駐車場が六二年小浜・敦賀・大野などに設置された。

本町地下駐車場の整備　平成初期

平成元年九月県庁前にパーク23、同三年順化立体駐車場が開業そして平成四年カーパーク99、御屋形地区再開発事業の完成に伴い、その事業の一環としていずれもビル地下に市営大手第二駐車場と佐佳枝廼社駐車場が開設された。

それでも駐車場「不足」は解消されず、駅前商店街を中心に、県道地下駐車場構想やパル跡地立体駐車場構想を掲げ、基金の積み立てを始めるなど県市当局に対して強い要望が続けられた。これに対して、県当局は駅前へのアクセスは公共機関を強化すべきこと、地下駐車場は建設工事費がかさみ償還採算性に問題があること、さらには福井駅前シンボルロード事業（福井駅～大名町交差点）が完成したばかりであることを理由に慎重な方針であった。

このような膠着した状況で、平成四年福井市はシンボルロード整備事業待機中の大名町交差点から片町交差点の区間に地下駐車場を建設することに踏み切った。この本町地下駐車場は全額国庫低利融資により、地下二階三層、機械式で収容台数三五四台が整備されることになった。この本町駐車場に関しては、その立地位置や県費負担をめぐって激しい議論がなされたが、同四年一二月の知事・市長による県都問題懇談会において、本町線地下は福井市、駅前線地下は福井県が施行することで合意された。こうして、総事業費約五三億円（一五〇〇万円／台）の市営本町地下駐車場が平成八年一二月完成供用された。同駐車場は、完成当時から期待ほどの利用が伸びず、平成二三年七月普通車用一レーン（一一九台分）の稼働を停止した。現在でも利用台数が増加せず採算性に課題を残している。

その後、市営大手駐車場の拡張（五年）民営サカエパーキングの増設（六年）などが行われたが、駅前商店街の駅前線地下の駐車場整備要望は執拗に続けられた。

駅前線地下駐車場の整備と県庁地下駐車場の休日開放、コインパーキング　平成一〇年〜

県による駅前線地下駐車場は、当初約四〇〇台規模も考えられていたが、膨大な建設費とその償還・採算性をクリアできなかった。また、その建設場所について駅とアクセスを考えて駅前線本線ではなくて、駅前広場地下も検討対象とされた。

県議会も含めて議論が重ねられた結果、公共事業方式を導入することとし、その条件にあわせて収容規模も二〇〇台に縮小、福井駅とのアクセスは将来整備として、平成一二年三月現在の駐車場計画が公表された。同一三年一〇月着工され、まず埋蔵文化財の調査を経て、福井駅連立事業に伴う跨線橋撤去工事や幸橋架け替え工事などとも関連して市街地の交通切り回しを処理し、福井豪雨直後に土止め壁陥没等のトラブルに見舞われながらも、平成一九年一〇月完成供用した。総事業費は約五二億円（二六〇〇万円／台、要償還額に対しては八〇〇万円／台）であった。

一方、この駅前線地下駐車場の調査検討や工事期間中において、主として県議会サイドから県庁地下駐車場の休日開放が繰り返し要望されていた。このため最小限の庁舎管理体制を整えて、平成一三年五月一〇〇台分を、周囲の民間駐車場なみの料金で一般に供した。しかし、一日平均利用三〇台程度と利用が増加せず、この休日開放は同一七年三月廃止された。ちなみに、平面駐車場・立地条件や料金も異なるが、富山県庁駐車場では現在でも休日開放は続いている。

また最近の民間駐車場の整備はコインパーキング方式が激増している。全

駅前地下駐車場工事　埋蔵文化財調査

（出所）筆者撮影.

福井におけるコインパーキングの草分け
NHK前
（出所）筆者撮影.

国的な傾向であるが、福井においても、世紀が代わる平成一二年頃を境にして、NHK前のガソリンスタンド跡地利用をはじめとして本格的に出現した。この方式は片町などの雑居ビル跡地など中心市街地の「遊休空地」で「投資額の少ないとりあえずの土地利用」としてどんどん増殖していった。そして、この状況は平成一七年福井駅高架開業後の土地利用再編成、新幹線待機用地の暫定利用も含めて、福井駅周辺も席巻しつつある。駐車場供給が増加することは歓迎すべきことかも知れないが、市内一等地がこのような消極的土地利用で占められ、生産的な土地利用が抑えられることは、また別の観点から憂慮すべきことであろう。

なおこの時期、武生市でユニークな駐車場が開業した。国鉄跡地を利用した沿道区画整理型街路事業による土地整理により平成一二年二月新しい平和堂武生駅前店が開業した。この量販店は駅前といえども大規模な駐車場が必要であるし、武生市当局も駅前中心市街地に一般駐車場を必要とした。さらに完成後の経営面も考慮されて、量販店と武生市による三セク方式の登場となった。かくて、平和堂が七五％、武生市が二〇％を出資して資本金一億円の「武生駅北パーキング」を設立、店舗開業と同時に約六〇〇台収容の地下を含む立体駐車場を総工費約一二億円で完成した。

駐車場「無料化」実験

上述したように、平成一〇年ころになると、福井駅周辺の駐車場収容台数としては、それなりの規模に達していた。駐車場は充足されたものの中心街へのアクセスの抵抗となっているのは、駐車料金であった。

このため、まちづくり会社や地元商店街が資金を出し、県市の助成も得て、駐車場を無料とする実験が平成一二年一〇月の休日に行われた。それまでも、時間を限定して商店街が買い物をした客に駐車券を発行していたが、今回は買い物の有無にかかわらず、駐車場を一日無料開放しようとするものであった。官民問わず一〇カ所の駐車場約二一〇〇台分が参加し、当日はイベントも行われて、来街者は一〜二割増加したと云われている。

毎日、駐車料金を無料にするというのは、資金的にも経営的にも困難で、また無節操な長時間利用に占められてしまう。日頃はやってこないが、無料駐車場を機会に駅前を訪れた市民が、駅前空間や商店等の魅力を発見し、その後は多少の駐車料金を負担しても訪れるというリピーター確保が目的だったのであろう。

この無料化の試みはその後も数回行われているが、その時は多少の増加はあるものの、また元に戻ってしまうことの繰り返しのようだ。駐車料金を負担と感じさせないほど商店街の魅力をアップし、来街者を増やし（商店に行列ができるほど）、それが駐車場経営を効率化して料金値下げなどにつながり、それがまた来街者を増加させるというようなスパイラルは起きないものだろうか。

パーク＆ライド駐車場

これまでのような一般駐車場とは別に、平成一〇年代に入るとパーク＆ライド駐車場が注目されるようになった。もともとこのような考え方は従来からあり、数次にわたる福井都市圏総合都市交通体系調査（ＰＴ調査）では、何度も提案されていたし、金沢都市圏ではすでに昭和末年ころから主として観光交通を対象に試験的に実施されていた。

福井県でも旅行目的で鉄道事業者と駐車場経営者がタイアップしたものや自然発生的なＰ＆Ｒ駐車場は散在していたが、なかなか本格的施策の俎上には乗らなかった。しかし、京福事故を契機とした三セクえち鉄や福井鉄道再生論議が活発となった平成一五年頃から道路交通削減・鉄道乗客の増加を目的としたＰ＆Ｒ駐車場が浮上してきた。そして、平成一六年三月えち鉄西長田駅と福鉄浅水駅に県施策第一号の本格的なＰ＆Ｒ駐車場が開設され好調な実績を残した。その後も水落駅や永平寺口駅で続き、さらに量販店ベルやハーモニーホール等の付属駐車場利用方式にも拡大された。

おわりに

冒頭にも述べたように、福井駅周辺をめぐる駐車場の需給関係は一変した。むしろ供給過剰気味であり、料金やサービス競争も生じている。県営・市営ともに地下駐車場は、膨大な建設工事費の償還と利用の伸び悩みにより経営に苦慮している。

巷間言われるようなコンパクトシティの実現のためには、中心市街地へのアクセス改善を図らなければならない。そのためには、公共交通のサービス改善のみならず一定の駐車場は確保されなければならないであろう。

それでは、いったい誰がどの程度の駐車場を整備すべきなのか。大都市のように駐車場事業が採算ベースに乗るような場合は、民間に任せて公共サイドの出番はないかもしれない。

しかし地方都市では、民間事業者だけでは価格面も含めて駐車需要はまかない切れず、中心街活性化の政策目標もあり、公共団体による一定程度の駐車場整備は不可避であろう。このとき、「民業圧迫」とならず、共存共栄できるような民間と公共の分担をどのように考えるのか。公共サイドの施行にあたっては、その建設財源をどうするのか、料金による償還対象をどのように設定すべきなのか、建設費を除き維持管理費用のみに限定すべきなのか実に悩ましい問題である。

国は中部縦貫道のような低採算高速道路に関しては、すでに料金による償還方式を放棄し、全面的に一般財源を導入した。低採算ながらもその公益性・必要性を判断してのことだろう。駐車場はどうだろう。その公益性・必要性を踏まえて、一般財源をどの程度投入することに県民のコンセンサスを得られるだろうか。

第13章　都市計画市長・福島文右衛門

はじめに

平成二三年一〇月鯖江市の新出架道橋が開通した。昭和三七年八月「横断三号線」として都市計画決定（跨線橋）されて以来、その間さまざまな経緯があったが、実に五〇年近くを過ぎての完成であった。三七年当時の鯖江市長は、福島文右衛門であり、その指導力のもとに現在の鯖江市の主要な骨格幹線道網を計画決定した。その他の都市計画道路が順次事業化完成していく中で、ひとりこの新出架道橋だけが、鯖江都市計画ののどにとげがささったような状況で、残された課題であったのだ。福島元市長はすでに約三〇年前の平成四年に亡くなられているが、ご健在ならば思いひとしおではなかったと思われる。

昭和三〇年に神明町と合併して発足した新生鯖江市の都市づくりの基礎は同三三年に市長に就任した福島文右衛門がその路線を敷いたのである。都市計画市長といえば、県内では熊谷元福井市長がつとに有名であるが、都市の規模こそ小さいが元鯖江市長の福島文右衛門の都市づくりの発想はもっと記録され、評価されてしかるべきではなかろうか。

以下、福島文右衛門のリーダーシップのもとに展開推進された鯖江市の都市計画を振り返る。

鯖江市長就任以前・福井鉄道副社長

福島文右衛門は明治時代に貴族院議員を務め、福武電気鉄道や鯖浦電気鉄道の設立に尽力し、代々醸造業を営む先代文右衛門の二男として明治四〇年旧鯖江町に生まれている。昭和七年に東京大学法学部を卒業、同一二年に先代の死去後、鯖浦電気鉄道の社長や各種会社の役員に就任し青年実業家としての道を歩み始めている。

終戦直前の昭和二〇年四月、福武電気鉄道は鯖浦電気鉄道を吸収合併し、福井鉄道として再発足し福島文右衛門はその副社長となった。当時は戦争末期の軍事経済一色であり、大した経過もなく終戦を迎えている。戦後統制経済から解放された福井鉄道には次のような大きな課題があった。

開通した新出架道橋

（出所）筆者撮影.

それは福武線の敷設以来の宿命である並行する国鉄北陸線に伍していくための施設の近代化と体力強化であった。この解決に福島副社長の手腕がいかんなく発揮される。

南越線の電化

すでに昭和一六年に南越鉄道を傘下にしていた福井鉄道（当時は福武電気鉄道）は、その培養線としての南越線の輸送力増強・電化は大きな課題であった。しかし、戦中の経済状況ではどうにもならず蒸気機関運転のまま戦後を迎えていた。

戦後の極端な石炭不足もあり、さらに焦眉の課題となり昭和二三年三月電化工事が竣工した。完成当初は車両の都合から蒸気機関車と混合運転であったがまもなく全面電化されている。

福武線の田原町乗り入れ

当初の福井市の戦災復興事業計画では、福武線が路面区間を廃し、福井新駅から国鉄北陸線沿いに北上し福井駅に乗り入れるという「大福井駅計画」であった。しかし、昭和二四年のシャープ勧告以来緊縮財政方針に転じた政府と国鉄は、特に地方都市の戦災復興事業を厳しく見直し、大福井駅事業も縮小を余儀なくされた。当時の福鉄当局がこの福井駅乗り入れ計画に対して、どのような姿勢であったのかは定かでない（その後の経緯からみれば、福武線の営業戦略上福井駅乗り入れに必ずしも積極的でなく、市街線を指向していたのではないかと想像される）。この機会に路面区間を存続するとともに、市街北部方面の乗客獲得のため田原町延伸を目指すことになる。戦災復興事業の国道築造が進み、昭和二五年六月軌道敷設に着工し、同一一月田原町駅までの運転を開始した。このとき、武生〜福井駅前、武生〜田原町駅直通運行のみならず、市内ローカル運行として花堂〜田原町まで三八往復／日が実現している（これに備えて、同二五年七月福井新〜花堂間の複線化を完了していた。同四四年廃止）。

福井鉄道の田原町駅はホームを挟んで、京福電鉄三芦線田原町駅と接しており、乗客の便を図るためのダイヤ調整が行われているが、電車の相互乗り入れに関しては、技術面の問題もあり継続協議とされていた。

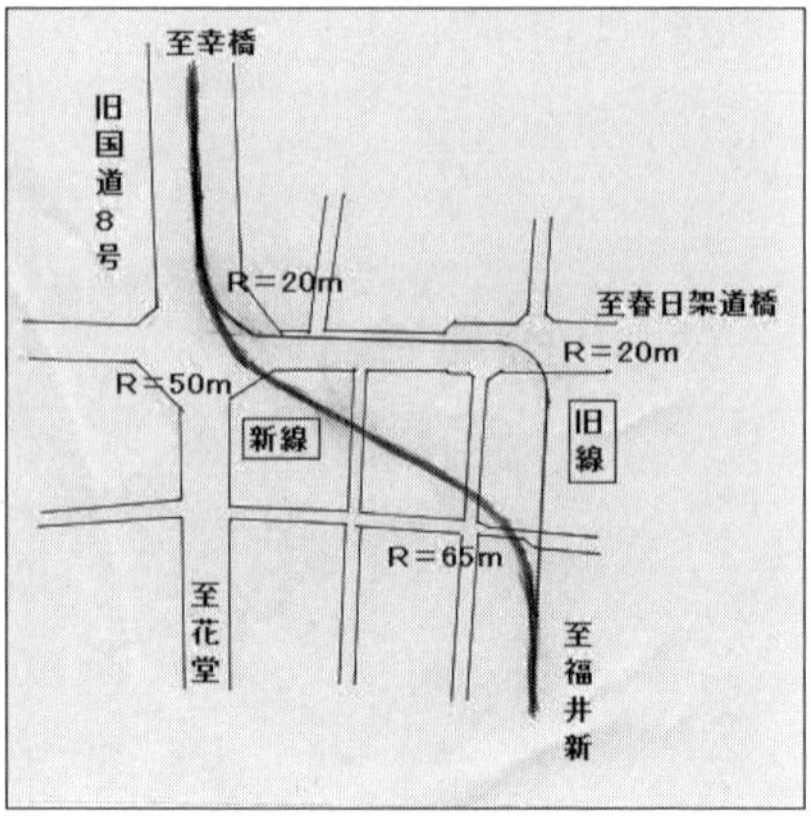

木田四ツ辻曲線改良

（出所）筆者作成.

福武線の曲線改良

福武線の輸送力向上と振動軽減のため急曲線を改良しなければならない懸案区間が二カ所あった。一つは旧駅前線に乗り入れるための大名町交差点区間、もう一つは鉄道区間から軌道（路面）区間に移る木田四辻区間である。

前者は、福武線の田原町延伸に関連して本町方向からの進入を廃し、市役所前方向からのスイッチバック方式に変更、曲線半径（R）＝五〇メートルを確保したことにより解決した。

後者の木田四辻区間は、米軍空襲による火災から免れて当初の戦災復興事業区域から外されており、そのために国道一二号線（旧八号）や都計道路版垣山奥線が連続しない問題点があった。しかし、昭和二三年六月の福井地震により当該区域も被災したことから、同二四年一月この区域を含んだ復興事業計画に変更され、新しい木田交差点が造成されることになった。

このことは福武線の曲線改良にとっても、好都合となり同二五年以来必要な周辺の用地買収に取り組み、同二七年六月完成した。この改修により、郊外電車の市街区間直接乗り入れが可能になるとともに、単純線形技術面では田原町における京福の福鉄乗入が不可能ではなくなった。

神明町都市計画と神明駅移転改築

そもそも福武電気鉄道が構想されたのは、明治二九年神明地区に設置された陸軍歩兵第三六連隊が省線北陸線から遠いため、駐屯地への交通の便に供することがその理由の一つであった。このため、福武線が開通した大正一三年、駅名は「兵営」駅とされ、これが昭和一四年に「中央」駅と改称されるまで続いたほどである（駐屯地の存在を示すような「兵営」という名称は軍事上好ましくないとされたという）。ちなみに現在の「神明」駅となるのは戦後昭和二一年六月のことである。

戦後、広大な三六連隊敷地や旧兵舎は無用のものとなった。終戦直後は戦災や震災で焼け出された師範学校や新制福井大学の学芸学部に供されていたが、これらも昭和二七年福井市牧の島町の工学部に統合移転した。

このような状況下で跡地利用が検討されていたが、そのころ国道一二号線の新道工事が鯖江地籍にも及び始め、琵琶山の掘削工事中であった。神明町当局は新国道沿線を中心として商店街や住宅街を造成することとし、衛戍病院（戦後国立病院して一般に開放）等を除く約一七万坪に区画整理事業を施行することとした。初め地元負担金で紛糾したものの、三一年度着工した。

鯖江三六連隊記念碑

（出所）筆者撮影.

第三十六連隊は福武線の西側にあったが、当時の国道一二号（旧北陸道）は福武線の東側を通過しており、神明駅は線路東側に位置して商店街も一部形成されていた。しかし、新国道が福武線西側に開設され、新たな新市街地が造成されることを受け、新しい駅前広場と新国道への連絡道路を三〇年三月都市計画決定し着工した。そして、一部に反対はあったものの、三三年一月線路西側に神明駅新駅舎が開業した（現在駅舎位置）。

鯖浦線の福武線接続と一部廃線

終戦直前に鯖浦電鉄を合併した福井鉄道にとって、そのときから鯖浦線との接続強化は大きな課題であった。軍事経済から解放された終戦直後に、そのための水落と神明駅統合拡張計画が発表されている。

もともと鯖浦電鉄は北陸線との接続を目的の一つに敷設されたものであり、鯖江駅に乗り入れていた。福武線とは立体交差して、両線の水落駅は近くにあるものの、直接にはつながっていなかった。並行する北陸線と競合関係にある福井鉄道にとっては、鯖浦線を北陸線の培養線から自らの培養線にしなければならなかった。

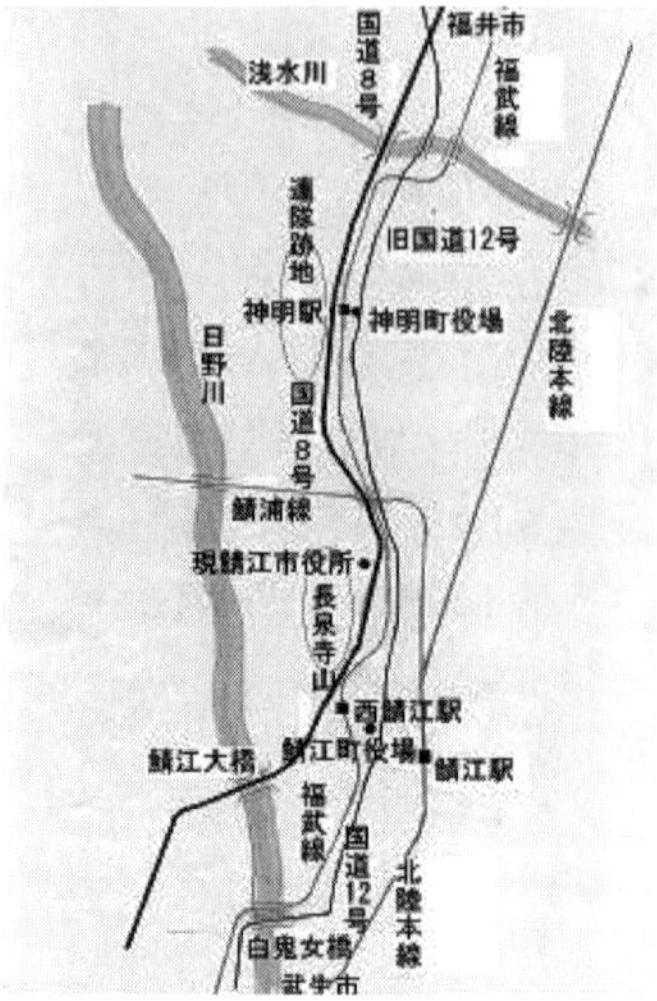

戦後まもなくの交通関係略図

（出所）鯖江市史編纂委員会編『鯖江市史』資料をもとに筆者作成.

この懸案はながく福井鉄道内で検討されていたが、上述の福井市内の市街線延伸や曲線改良、神明駅改築など完了、さらには後述する福島副社長の鯖江市長就任もあって、昭和三三年一〇月具体的な計画が固まった。

このころ新しい国道八号が付近を工事中であったが、これと鯖浦線新線が立体交差するという画期的な事業が計画された（当時、県内で鉄道と道路が立体交差している箇所は相互の地形上の高低差を利用している場合を除き、高木跨線橋が唯一であった）。新線工事は昭和三四年七月完成し、鯖浦線から福武線福井方面への直通運転が開始された。立体交差工事は同三五年三月完成している。

この新線の完成に伴い、旧線の水落～鯖江駅区間はローカル化し、しばらく区間運転が行われていた。しかし、折から進む国鉄鯖江駅の電化工事の支障となり、三七年一月同区間は廃線となり、しばらく旧国道経由のバスが運行された。

合併鯖江市の発足

昭和三〇年の合併鯖江市の発足にあたっての激しい反対運動とその後の地域対立・紛糾は今でも語り草となっている。この間の経緯は多くの文献に残され研究されているし、本章の目的ではないのでここでは触れない。ただ都市計画的見地からいくつかの事項を整理したい。

市役所位置をめぐって

合併後の市名は鯖江市と合併前に決定されていたが、市役所位置の決定は合併後に先送りされていた。当面主たる事務所を旧鯖江町役場におき、従たる事務所を旧神明町旧将校集会所におく変則的状況で行政はスタートしたものの、この問題は初代若泉新一市長（旧鯖江町長）の最大の政治課題となった。名称を鯖江市としたことで、神明地区は庁舎立地を神明地籍として譲らず、知事調停も膠着状態が続いた。

　この問題に心労を重ねていた若泉市長が昭和三二年一二月に死去した

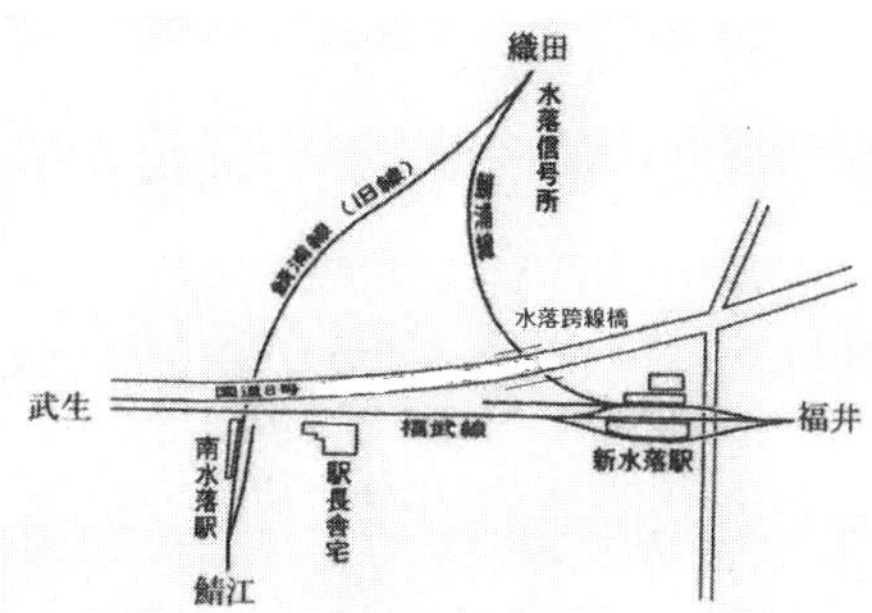

鯖浦線の福武線乗入れと水落駅改良略図

（出所）福井鉄道社内資料.

鯖浦線新線（水落連絡線）と旧線との分岐点跡．鯖浦旧線は福武線と立体交差していたが現在は埋められた．

（出所）筆者撮影.

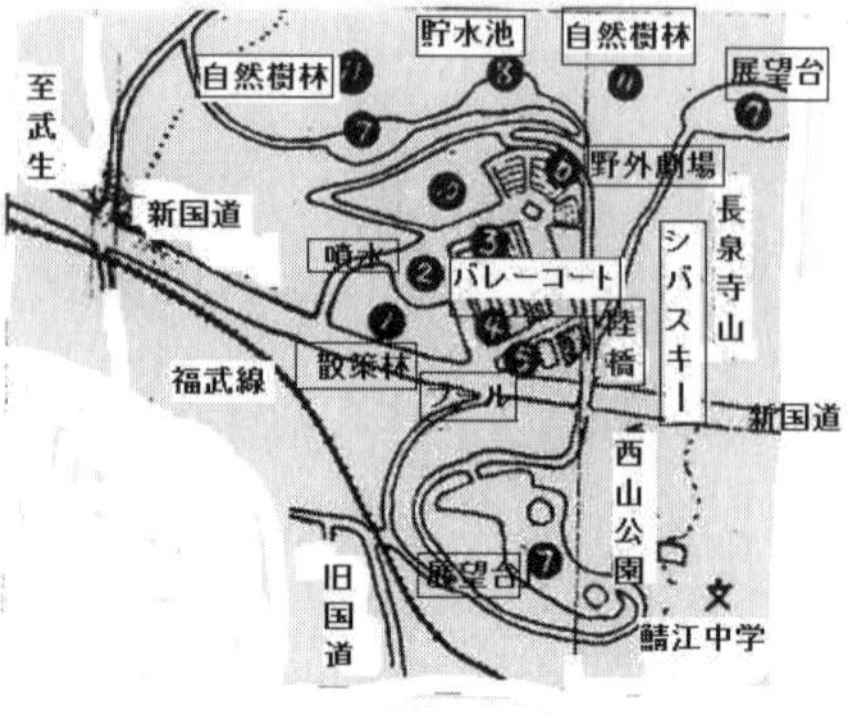

昭和32年当時の西山公園略図

（出所）県都市計画審議会資料より筆者作成.

ことにより、関係者に解決の機運が生じ、一任された知事は長泉寺山開発とセットで新設された国道八号西側案を示し、ようやく庁舎位置問題が決着した。具体的計画は、後述するように新市長に委ねられることになる。

若泉初代市長の融和政策

新庁舎位置問題は在任中解決をみることはできなかったが、旧町村間の対立を緩和するための諸施策を若泉市長は打ち出している。

その一つが長泉寺山の公園化である。合併後の鯖江市民のオアシスとして昭和三二年二月都市計画決定し、またそのシンボルとして新しい国道八号を跨ぐ西山陸橋を建設省に認めさせている。

余談であるが、この国道八号の新ルートに関しても、旧神明町と旧鯖江町の確執があった。福井市から南下してきた八号線のルート問題が議論されたのは昭和二六年前後である。建設省の原案では、水落地籍まで南下してきた八号線は、ここから長泉寺山を避け、これを西に迂回して、日野川を渡り武生市と連絡しようとするものであった。

この原案に対して旧鯖江町は、同町の中心地から離れすぎて、将来の発展に禍根を残す。もっと東を通って、市街地との連絡を考えるべきであるというものである。一方、旧神明町では、鯖江案では、水落地籍において八号と福武線との間が狭隘になり、旧連隊用地を利用した市街地発展策にマイナスであるというものであった。結果は、現在のルートが示すように、旧鯖江町の主張が認められた。長泉寺山の掘削が行われ西山陸橋の整備につながったものである（後述する西縦貫線ルートは、旧神明町の主張が伏線にあったものと思われる）。

また、さらに神明地区の振興である。前節でも述べたが、広大な旧連隊跡地を利用した市街地整備である。昭和二七年計画決定したまま、地元負担で紛糾していたものであるが、三一年着手した。

福島鯖江市長就任

昭和三二年一二月初代若泉市長の病死を受けて、翌三三年一月二代目市長を選ぶ選挙が行われた。急な選挙で候補者乱立の様相があった。しかし結局は、最初に名乗りをあげた旧立待村村長の高島善左衛門（六一歳）と告示日寸前に正式表明した福井鉄道副社長の福島文右衛門（五〇歳）両氏の争いとなった。

昭和33年完工した初代西山橋．法面を利用した歩道は同41年に設置された．現在は二代目西山橋に譲っている．

（出所）筆者撮影．

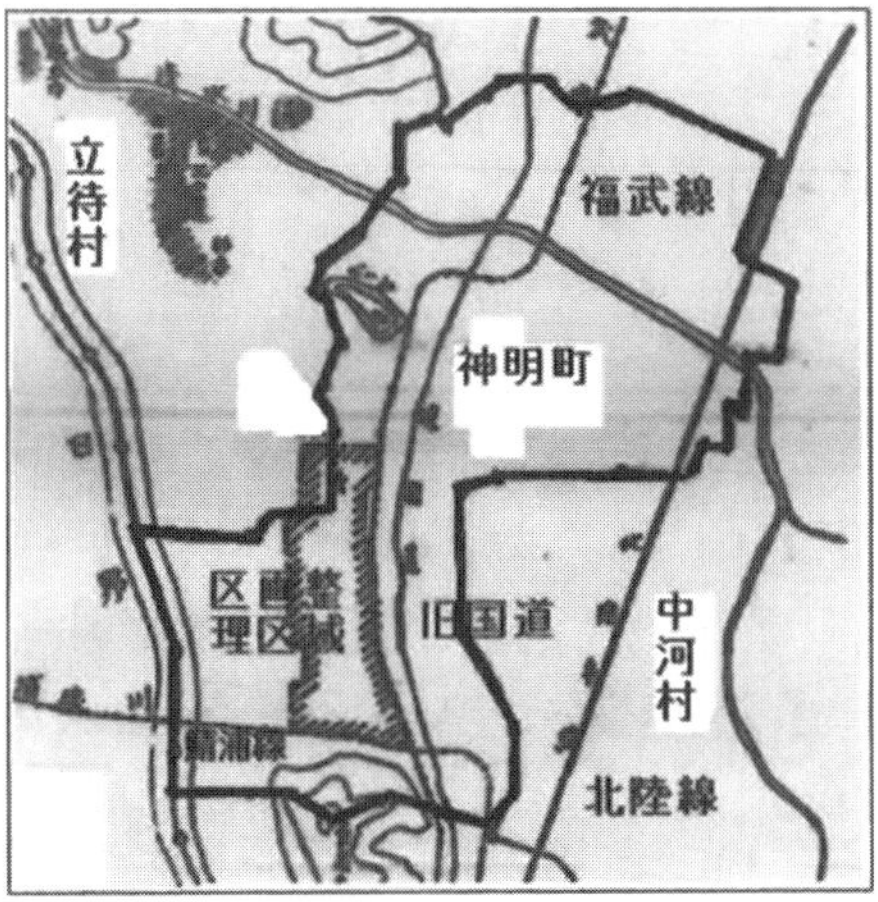

神明区画整理都市計画略図

（出所）福井都市計画審議会資料より筆者作成．

地方農村で村議・村長を重ねてきたベテラン政治家と名門出身の若い実業家との対決となった。両氏の主張は、市内の融和、健全財政、道路の整備など共通のものであったが、しいて言えば高島は農業の振興を、福島は産業の振興に力点を

旧鯖浦線と旧国道８号との立体交差跡
（出所）筆者撮影.

おいた構図であった。旧町村間の対立も孕んだ激しい選挙戦が繰り広げられ、約四〇〇〇票の差で福島が二代目の市長の座に就いた。

福島市長は通算五期二〇年市長を務めることになるのであるが、その都市づくりの基本発想は第一期の時代からいかんなく発揮されている。

福武線関連事業の完遂

市長就任前福井鉄道副社長として強力に推進してきた鯖浦線の福武線接続、水落駅統合事業であるが、その仕上げともいうべき鯖浦線と新国道との立体交差事業について三四年七月建設省の着工を見ている（すでに鯖江大橋も含めて新国道は三二年一二月に開通していた）。

この懐かしい緩勾配のカルバート橋も昭和四八年の鯖浦線廃線とともにいったんは無用となったが、嵩上げ国道はそのまま、鉄道敷きは地域道路用地となって、立体交差が残されている。

県施行長泉寺水落土地区画整理事業

前市長の急死を受けて、市役所建設場所を長泉寺山開発により生み出し、その位置は新国道西側とする知事調停案は市会各派や県会議員にも受け入れられていた。

しかし、その具体計画は新市長に委ねられた。もともとは、関係地権者により区画整理組合をつくり、その事業費は保留地処分金でまかなおうとするもので、減歩率は五〇％を超すものと考えられていた。また形式上は組合施行であるが、事業を県に委託することとしていた。

困難な地元負担の調整が続けられ、結局施行面積約九・四ヘクタール、総事業費八九〇〇万円、合算減歩率五三％とする区画整理事業とされた。最終的には、県施行とされたが、事業財源はすべて保留地処分金（保留地減歩率四六・八％）でまかない、事業遂行に必要な当座の資金は鯖江市が立て替えるという厳しいものであった。

事業は三四年九月伊勢湾台風襲来翌日に起工式が行われ、三八年二月換地処分を完了している。三六年八月保留地の購入申し込みを公募しているが、坪一万円前後の単価で応募者殺到の状況であったという。そして、鯖江市役所が建設され、後に鯖江土木出張所、電電公社などが立地した。

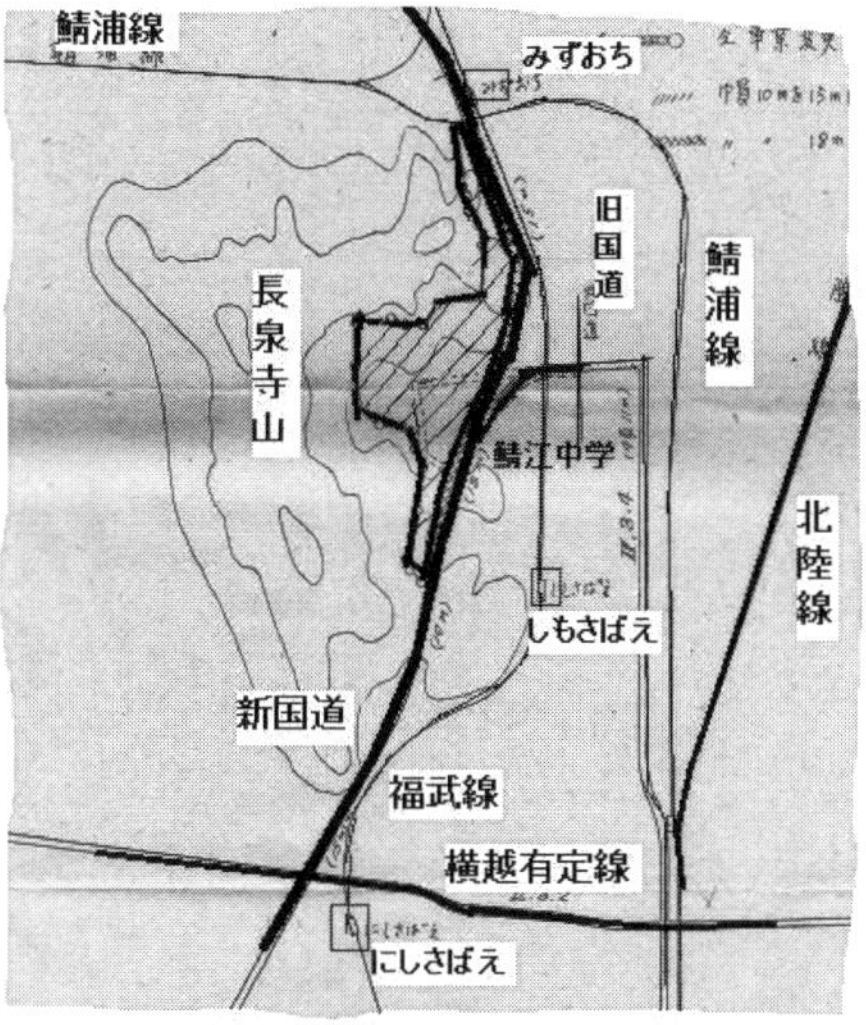

長泉寺水落区画整理事業区域略図

（出所）県都市計画審議会資料.

西縦貫線の都市計画決定と着工

昭和三〇年代半ば、高度経済成長政策の進展に伴い、全国の地方都市は今後のまちづくりをどのように進めるべきか悩んでいた。このようなとき、中央の官僚や大学教授など専門家に依頼した「都市診断」がよく行われていた。その結果、昭和三五年に決定された福井市都市計画街路網をはじめ、敦賀、大野、勝山などでも全体街路網が計画決定されている。

鯖江市の場合も、当時の東京大学助教授のアドバイスを受けたとされ、全体街路網を検討していた。この全体については、後述するように少し遅れるが、その一部である西縦貫線が昭和三五年九月先行して都市計画決定。翌三六年一二月には、鯖江大橋北詰で着工された（三六橋完成を最後に同四七年一〇月全線開通、舗装は四八年八月）。

鯖江市の地形上の特質である俗に「馬の背」と呼ばれる地域に新しい国道八号が通過して、その沿道周辺は徐々に市街化しつつある。しかし、これだけでは南北に細長い市街地が形成されるだけで、厚みのある発展は期待できない。このような観点から、西部地域にもう一本の幹線道路を計画し、当該地域の発展を促進するとともに、新国道の混雑緩和にも資そうとするものであった。

ちなみに旧国道八号の鯖江区間の開通が昭和三二年一二月、福井市施行の環状線着工は三五年九月、県施行の嶺北縦貫線着工は三九年一二月のことであり、福島市長のなみなみならぬ熱意がうかがえようというものである。なお、本路線の用地買収に当たっては、直接の道路敷地のみならず、沿道両側の土地も買収している。これは、道路用地を提供したものと道路ができて土地の値上がりで得をするものとの不公平を避けるためのものであった。しかし、沿道所有者で買収に応じないものがいたり、その後の値上がりが激しく不満が激しくなり、結局このユニークな買収方式はとりやめ返還となった。

第一次連合都市構想

平成一〇年前後、平成の市町村大合併が議論され出したころ、福井・鯖江・武生の連合都市圏構想が議論されていた。しかしこれら三市の連合構想はすでに昭和三〇年代中ごろには、検討されていたのである。

それは丸岡〜武生の連携を強化するため、福島市長が昭和三五年に打ち出した北陸線東側に第二国道を建設する構想（丸岡町西瓜屋で現国道から分岐し、武生市妙法寺で再び現国道に合流するまで約三二キロメートルの直線道路）も踏まえて自治・建設両省が主唱した基幹都市建設に対応しようとしたもので、後の新産業都市の候補地受け皿につながるものであった。

福島市長のおおよその主張は次のようである。その基本は、あまりにも強大になりつつある六大都市に対抗できる力と魅力のある地方都市を全国で拠点的に育成しなければならない。そのために①新産業都市はもっとも機能的で強力、かつ急速に充実しなければならない。②この問題は県をあげての問題であり、単に福井・鯖江・武生三市だけに限定せず、全県的立場にたって、その区域を決めなければならない。③市街地が比較的連担し、産業経済、政治文化等の中心であり、かつさらに発展が期待される三市が中核となる。

このような動きの中で昭和三七年三月武生丸岡間国道八号バイパス建設促進期成同盟会が結成された。北陸地区では、新産都市に富山高岡地区が三八年七月選定され、連合都市構想は一服するが「東部国道構想」運動は強化されていく。

市庁舎設計コンペその他

国立国会図書館や岡山県庁舎などこれまでも国の主要な施設や有力な自治体の庁舎設計にあたっては設計競技方式がとられることが多い。長泉寺山開発地に建設される鯖江市庁舎の設計はコンペに付された。おそらく県内の自治体では最初の試みではなかったと思われるが、三五年一二月福井市内の建築事務所の案が当選している。この案に若干の修正を施した新庁舎は翌三六年一〇月着工し、三八年三月竣工した。当時としてはエレベーターや冷暖房装置を備えたモダンなものである。

戦前鯖江市には神明地区に陸軍の駐屯地があったが、戦後陸海軍の解体とともに、鯖江連隊もなくなった。昭和二九年六月に自衛隊が発足、駐屯地の誘致が話題となり、同三四年頃から敦賀市と争奪戦となった。当初は戦前の射撃場跡地に直接誘致しようとするものであったが当該地住民の反対もあり、この国有地との交換で同三六年四月鯖江市吉江町に決定した。同一〇月には営庭の起工式が行われ、三八年七月開庁式が行われた。以後道路除雪や西縦貫線等の造成工事にも活躍することとなった。

陸上自衛隊鯖江駐屯地

（出所）筆者撮影.

鯖江市長再任と都市計画の展開

福井鉄道の副社長のまま、鯖江市長の任にあたった福島であったが、一期目の終了を迎えるにあたって、同社社長が高齢のため、以後専任社長として経営を任せたいというのが、会社側の意向であった。しかし、福島市長の強い意向と周囲のその指導力に対する期待から二期目も副社長のまま市長を務めることが決定し、三七年一月無投票再選を果たした。

なお、福島市長は昭和三八年七月福井鉄道社長に就任し、以後福鉄争議の大混乱の責任をとって辞任する同四三年六月まで、今度は市長と社長の兼務状態が続くことになる。また、昭和三八年四月に行われた福井県知事選挙に際し、県人知事待望論のなかで福島市長の担ぎ出しも行われたが、複雑な政界事情のもとでこれを辞退し、鯖江市のまちづくりにさらに磨きをかけることになる。

ちなみにその後の市長選挙である。四一年一月三期目の選挙も無投票当選、四五年一月の四期目の選挙は激戦の末わずか数十票の差で当選、四九年一月の五期目の選挙は無投票当選、五三年一月の五期目の任期切れをもって病気退任した。

鯖江都市計画街路網決定

合併後の調和あるまちづくりと高度経済成長にともなう市街地膨張に備えるため、一期目から検討されていた用途地域と全体都市計画街路網が昭和三七年八月都市計画決定された（三三二ページ図〈昭和三七年七月鯖江都市計画街路網〉参照）。

鯖江市にとって初めての用途地域決定で約一二五〇ヘクタールを将来の都市的地域としたのである。現在の用途地域は鯖江地区と河和田地区とで構成されているが、前者の現在の面積は約二〇〇〇ヘクタール上回る程度である。当時の敦賀市の用途地域面積が約九五〇ヘクタールであり、これを大きく越えるものであった。また注目されるのは、後述する染色団地計画区域を県内で初めて工業専用地区（約一八〇ヘクタール）に指定したことであろう。

都市計画街路網としては、前述の西縦貫線を含み、一六路線、総延長約四二キロメートルを決定した。これを二〇年計画、工費約二八億円で整備する構想であった。幹線道路の配置として、染色団地計画を前提に、国道八号、西縦貫線及び駅北線を南北幹線とし、これらを横断一号（現吉谷朝日線）、横断二号（現北野水落線）および横断三号（現鯖江河和田線）等で東西に連絡するパターンであった。時代の経過とともに、いくつかの変更が加えられていくことになるが、それらのベースとなる重要な決定であった。さらに、市土木課長として、県土木部技術者を招き、実施体制を強化している。

染色団地の着工と事業の難航

染色団地の構想そのものは一期目の昭和三六年頃から検討されていた。同年三月に中小企業振興資金等助成法が制定され、中小企業の設備近代化、集団移転団地化等に対して国庫補助等の助成措置が行われるようになった。県染色工業協同組合は集団化・近代化をねらって、その用地を鯖江市とすることを決定した。国鉄北陸線北鯖江駅西側に約一三〇ヘクタルの敷地を確保し、工場二八社が進出するという大規模な開発計画であった。

染色団地計画は産業都市をめざす鯖江市にとっても歓迎するところであり、前節で記したように都市計画街路を計画するとともに、田所や岡野町地籍の水田を埋立造成するための東部工業団地土地区画整理事業約一四〇ヘクタルに三九年三月着工した。

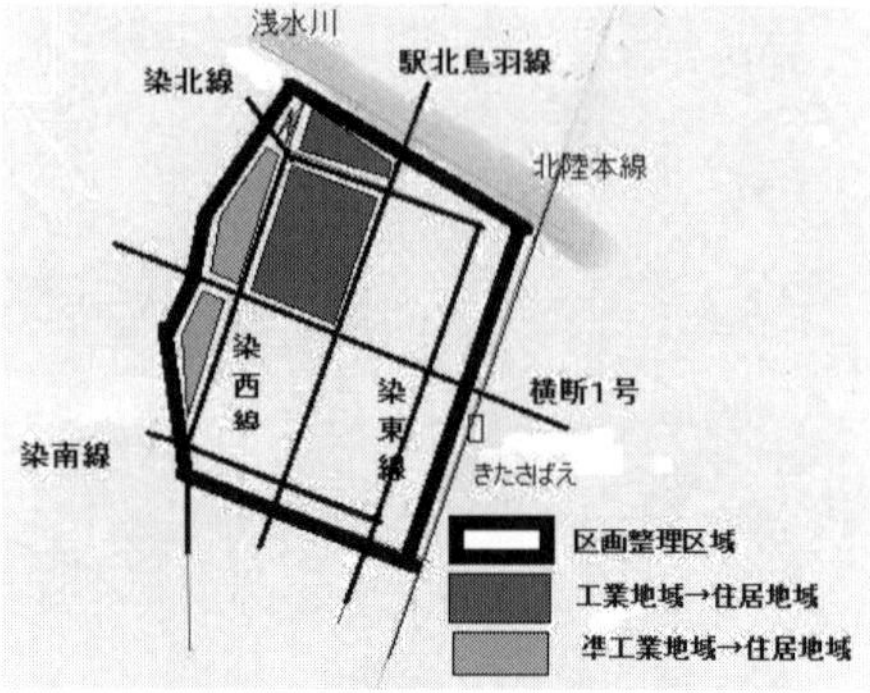

工業団地区画整理事業と用途変更昭和41年

（出所）都市計画審議会資料より筆者作成.

しかし、不況が深刻化し、造成は進んだものの、工場建設は進まず染色団地事業は縮小されることになった。このため、昭和四一年都市計画道路駅北鳥羽線西側用途地域を工業系地域から住居系地域に変更し、当該地に県営団地や住宅供給公社の分譲住宅等を立地させることにした（このことが国道八号バイパス御幸町問題の遠因となる）。しかし、これらの住宅団地も当初は販売不振をかこっていた。

その後景気回復とともに、住宅及び企業立地が進み、昭和四五年には合同染色会社が設立され、以後五三年自動車学校、六一年県内有力化学メーカー等が立地した。なお、当団地内ではないが南側にカネボウが操業したのは四七年のことであった。

鯖江市の中小企業団地には、ほかに眼鏡工業団地がある。昭和三六年四月県眼鏡工業団地協同組合が設立され、琵琶山の旧練兵場跡地などに工業団地建設を計画した。途中業者の脱落や軟弱地盤問題等の曲折を経て、同四一年四月完工式を行った。

西山公園の再整備

合併鯖江市の象徴として、初代若泉市長のころから西山橋をはじめとして、西山公園の再整備が進められていた。福島市長は京都・都ホテルの庭園から着想を得て、これをさらに進め、つつじの名所として再生を図る方針を打ち出した。それまでも桜祭りはつづけられていたが、昭和三三年一一月市民の協力のもとに二一〇〇株のつつじが植樹された。市長自らも購入植栽したと伝えられ、三五年五月には、約六五〇〇株のつつじにより、第一回つつじまつりが開催された。

その後も「つつじ一株運動」などにより「増殖」を続け、平成一二年頃には現在とほぼ同規模の四万五〇〇〇株に達し、名実ともに鯖江市民のシンボルとなった。市制五〇周年を記念して市の花に指定された。

国道八号バイパスの路線決定

昭和三七年三月には、福井県国道八号福井バイパス建設期成同盟会が結成され運動が本格化しているが、上述したように福島市長は同三五年一月にすでに東部バイパス構想を打ち出している。そして、三八年七月には当時の武生市長との間でこの構想を確認し、さらに将来的には西部バイパスも建設することとし、これが現在の丹南広域農

都市計画街路「横断１号」の現況
県道徳光鯖江線
当初の工業団地構想を反映して幅員44m，現在も県下唯一の緩速車線が残る
（出所）筆者撮影．

道につながっている。また、これを機会に武生市では日野川東部市街地開発構想検討に着手している。

さて具体的なルート決定である。昭和四〇年福井市丸山と大町地係間が都市計画決定されており、これを延伸して鯖江市のどこに連絡するかが検討されていた。鯖江市会では、福井市境の榎坂をトンネルで抜き、これを大野・下新庄方面につなぐ案（現在の北陸自動車道よりさらに東側である）を検討していた。しかし、同盟会結成当時の基本ルート（下河端～新出～五郎丸）を支持する神明・鯖江地区の激しい反対にあっていた。

そして、このころには都市計画街路網を前提とした東部工業団地区画整理事業に着工しており、少しでも既存道路や既存計画を利用して事業費を縮減したい建設省の方針もあって、この計画を利用することになった。

すなわち、駅北鳥羽線のうち染北線と横断二号との間の区間はこれを廃し（残りの区間は駅北線と改称）、これを東縦貫線（八号バイパス）とし、さらに南下北陸線を跨ぎ武生方面に連絡する都市計画決定を昭和四五年九月行った。なお、このときカネボウ立地の関係もあってか染東線のうち染南線以南は廃止されている。また、残る染北線以北の区間については福井市区間と同時に同四七年三月計画決定している。さらに、四九年一〇月には、染西線が南に延長され、駅北線と連続する計画決定が行われた。本路線は、水落東区画整理事業により実現しているが、水落二丁目付近において八号バイパスと近接並走していることは以上のような経緯によるのであろう

もちろん、これらの都市計画決定もさまざまな問題を孕みながらも行われた。鯖江区間においては事業段階にお

いて、地元の反対の声が噴出した。一つは住宅環境問題に端を発した御幸町地区（染色団地）と全体福井バイパスのなかで最後まで未開通区間として残された長泉寺地係北陸線との立体交差付近である。これらの詳細は、第２章「三都三様・福井バイパス物語」に記してあるのでここでは省略する。

土地区画整理事業による新市街地整備

区画整理による市街地整備は、その「やりすぎ」まで指摘されるほど福井市が有名であるが、鯖江市も積極的にこれを推進した。それは、福島市長の鯖江市の産業発展や人口増加には何をおいてもその基盤整備を先行しなければならないという信念に基づくものであった。

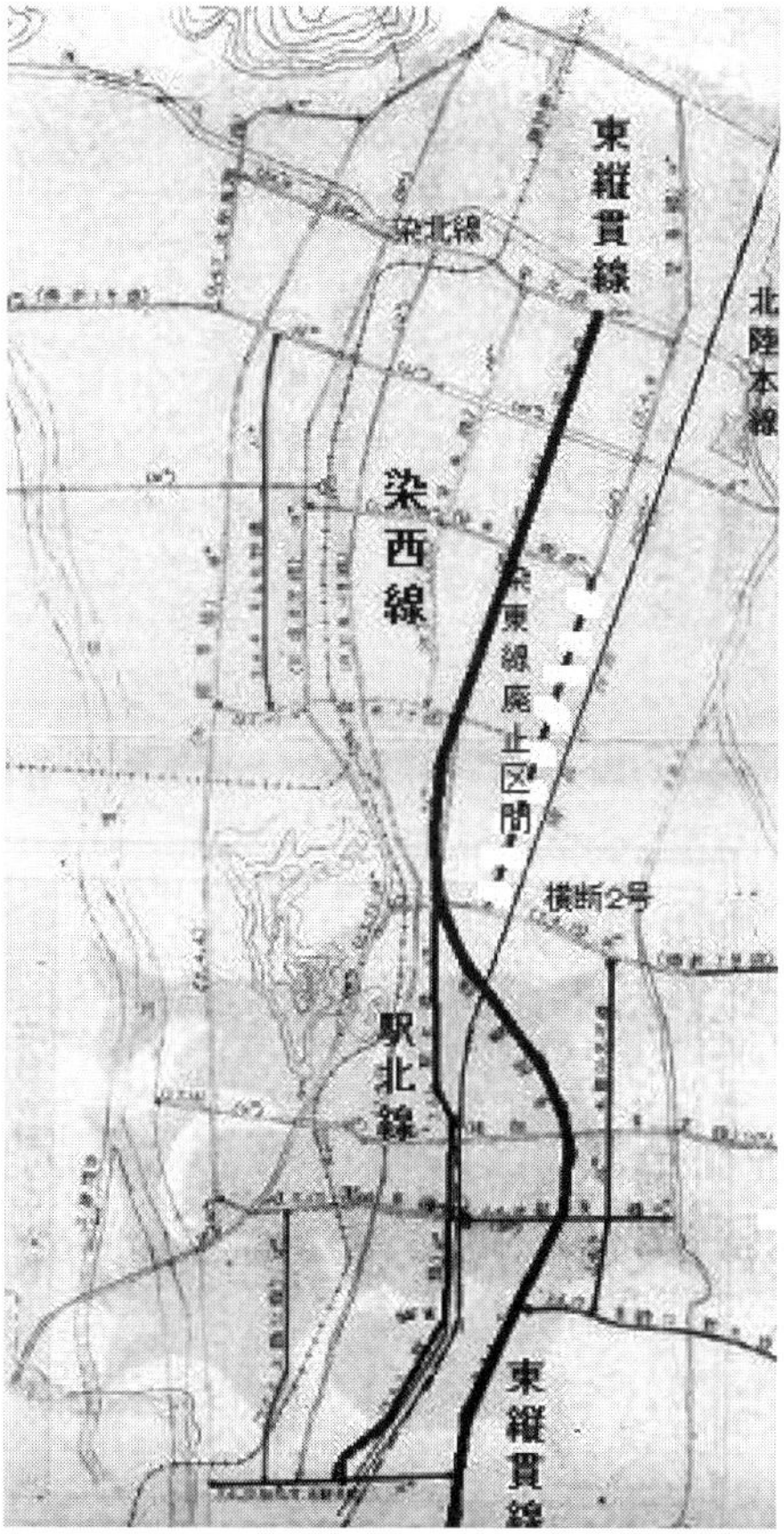

8号バイパス都市計画決定　昭和45年
（出所）都市計画審議会資料より筆者作成.

合併直後の長泉寺水落区画整理事業をはじめとして、西縦貫線整備を契機とした西部地区（三七年）、染色団地造成のための東部地区（三八年）、旧陸軍練兵場跡地を中心として眼鏡工業団地となる北部地区（四一年）など次々と市施行区画

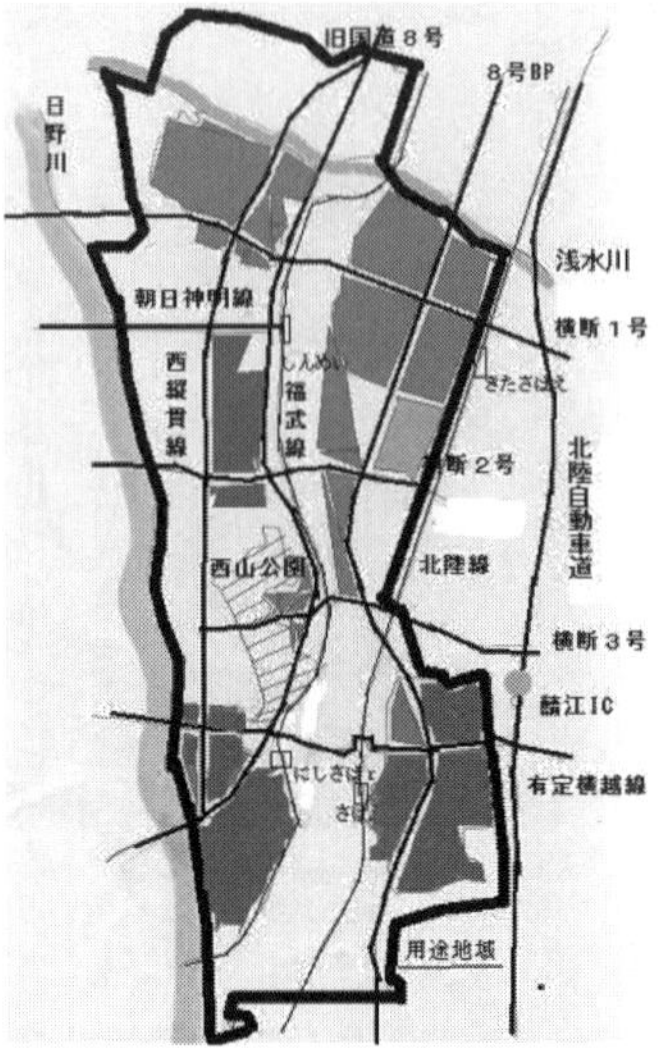

鯖江市区画整理事業施行区域略図

（出所）都市計画審議会資料より筆者作成.

整理に着手していく。さらに四六年には、バイパス整備や運動公園整備にも関連して東鯖江地区にも着工した。これらは、市の四辺を押さえて鯖江市の四大区画整理事業と称されることになる。

その他の施行地区も含めて、福島市長時代に約六〇〇㌶《ヘクタール》に着工し、その後の着工も含めると鯖江地区の用途地域の約半分近くの市街地を整備したことになる。

西山公園へのつつじ植栽に関してはすでに述べたが、福島市長は道路緑化に関しても熱心であった。染色団地などの区画整理施行済みの街路や、西縦貫線や神明朝日線などに植樹を推進した。樹種も戦災復興事業の名残りともいえるプラタナスやヤナギ、コブシ、イチョウ、サクラなど熊谷福井市長と趣味が似ているところもあるようだ。

北陸自動車道鯖江インターの設置

昭和四〇年八月福井県北陸自動車道建設促進期成同盟会が結成され、同年一一月には富山・米原間の基本計画が決定された。しかし、この当初の計画には、鯖江インターは含まれておらず、他の福井北および金津インターと同時に四四年四月に鯖江インター建設期成同盟会が結成され、計画追加の運動を開始した。

その後四四年一一月に丸岡で県内区間が着工され、四六年五月には福井北インターが認められ同インターは本線建設と同時に整備されることになった。四八年鯖江市・武生市でも着工、五〇年九月丸岡福井開通と工事が進んだが、鯖江インターの計画追加が認められたのは、五一年七月のことであった。この年の一一月には武生まで開通している。

さらに用地買収が難航した。もともと当該地区は本線建設の際にも激しい反対運動があったのであるが、インター用地の広大な敷地買収と、そのアクセス道路が完了した東鯖江土地区画整理事業区域内で再整備されるなどの条件が重なった。それでも、昭和五六年一〇月起工式をあげ同五八年一一月ようやく完成した。ちなみに金津インターの開通は五九年九月のことである。

商店街の再整備

昭和四六年に東鯖江区画整理事業に着工して、新市街地整備にめどをつけた鯖江市は、既成市街地の整備、とりわけ商店街の再整備に乗り出す。すでに、昭和三〇年代末期には県道横越有定線の拡幅整備が行われ、これに触発されたのか地元では共同商業ビルなどが建てられ、水銀灯の整備なども行われ、一部でスーパーも立地していた。旧国道筋や鯖江駅前線に関しても、四三年本町通り拡張期成同盟会が結成されるなど一〇年来運動が続けられてきたが、昭和四七年に至りようやく市当局も、街路拡幅と共同ビル化による買物公園化・商店街振興五カ年計画を打ち出した。

同年一二月には第一号の共同ビルが完成し、事業が進捗する中で、拡幅・共同ビルだけでは限界があり、さらに客を増やすためには量販店の立地が必要だとの声が出てきた。この量販店誘致に関しては、誘致そのものの是非や立地場所についての議論もなされたが、五〇年九月平和堂が酒造会社跡地に開店した（平和堂の県内進出は、敦賀・武

街路事業を契機とした共同ビル

（出所）筆者撮影.

生に続いて三番目で、このころは既成市街地への立地を指向していた。平成一二年閉店）。その後、カラー歩道化やシンボル灯設置が行われ、古町商店街ではアーケード整備も行われた。また、鯖江駅前線でも拡幅やカラー歩道整備が行われ、昭和五八年にはこれら商店街の一応の整備が完了している。

北陸本線清水立体交差事業

昭和三〇年代初めから県道横越有定線（本町通り）の拡幅改良工事が進められ、同三四年には北陸線の清水踏切区間を除き、その前後は幅員一五メートルに拡幅完了していた。このとき、国鉄当局はこの踏切を除却して、立体交差とするよう希望していた。しかし、地元は立体交差化は商店街の衰微を招くとして、これに反対し鯖江市当局もこれに同調して金鉄局に踏切存置の要望を重ねていた。金鉄局もこれを受け入れ、踏切を拡幅した。

昭和四〇年代に入ると、道路交通量や列車運行も増加して遮断時間も多くなり、朝夕のラッシュ時を中心として交通渋滞が大きな問題となってきた。鯖江市当局も立体交差方針に転換した。しかし、付近の沿道状況からして単純な跨線橋は困難として、鯖江警察署と織物工場敷地を主として利用した馬蹄型構造とすることとし、昭和四六年度に着手した。その後約八年の年月をかけたねばり強い用地交渉・買収が行われ、五七年三月地下横断歩道とともに完成した。これが、鯖江市内における北陸本線立体交差の第一号である。

各種立体横断施設

福島市長には「立体交差」について、生家が平面踏切の近くであったせいか、特別な思いがあったのかも知れない。市長就任前の福鉄副社長の時代に、鯖浦線と新国道との立体交差をてがけ、市長就任直後の昭和三三年に旧西山橋の完成を見ている。

その後、昭和四一年四月にはその旧西山橋付近の国道法面を利用した歩道（橋？）が設置され、さらに四二年九月には本町の県道に地下横断歩道が開通した。また、四三年三月には、廃道トンネルを利用した市役所前長泉寺国道横断地下歩道、中央中学前の横断歩道橋が完成している。交通安全施設整備として、昭和四〇年代から盛んになる（立体）歩道整備であるが、鯖江市はユニークな発想により先取り的に整備していたのである。もっとも、法面歩道は道路拡幅平面歩道設置により本町地下道は利用者が少なく現在では撤去されている。

そして鯖江駅構内横断地下歩道である。それまで鯖江駅には東口がなく、東部地区住民は迂回を余儀なくされていた。東鯖江地区区画整理事業による市街地整備により、いよいよ東部地区の便利向上と東西市街地の一体化のために北陸線を渡る横断施設が必要となってきた。

この横断地下道のためにこれを都市計画道路として計画決定し、しかも東鯖江区画整理事業の施行区域内に編入して、区画整理事業の一環

鯖江駅横断地下歩道

（出所）筆者撮影.

清水跨線橋

（出所）筆者撮影.

東部工業団地排水場

（出所）筆者撮影.

として整備した（国鉄駅構内の横断地下道を都市計画決定した例は全国的にもほとんどない）。開通したのは昭和五〇年四月のことであり、福井駅のそれが四八年一〇月であったことを考えれば、相当に先行的な事業だったのである。

下水道の整備

東部工業団地下水道事業

鯖江市の下水道事業は一般の下水道事業に先立ち、東部工業団地の下水道事業から始まる。もともと造成が計画された下河端地区等は浸水多発地域であり、この雨水排水処理と立地した工場からの廃水浄化を目的として、昭和三九年八月面積約一四〇ヘクタルについて特別都市下水路の都市計画決定が行われ、下水道事業に着手した。

当初は振るわなかった工場立地であったが、四〇年代半ばから進出が相次ぎ染色工場の廃液が特に問題となった。このため特定公共下水道として染色原液に特化した排水路を四七年八月計画追加している。

施設整備は順次進捗し昭和四八年八月には時間雨量五〇ミリ対応の排水ポンプ場が完成、同四九年二月黒津川改修着工、さらに同四九年一〇月東部工業団地汚水処理場が完成し、脱色廃水の浅水川放流を開始した。

一般公共下水道事業

鯖江市全体を対象とした下水道計画は、分流式として排水区域約一九〇〇ヘクタル、終末処理場を西番町とする都市計画決定を昭和四八年一二月行い事業着手した。このとき、東部工業団地汚水処理場から直接浅水川に放流していた工場廃水を公共下水につないで、最終処分場で二次処理したうえ日野川に放流する方式に変更した。その後事業完了した東部工業団地特定公共下水道も五四年三月公共下水道に統合し、昭和五八年六月供用を開始した。

鯖江駅前再開発事業

住宅地や工業地として果敢に郊外の区画整理事業に取り組み、また街路拡幅を契機とした既存商店街の再整備を行い、さらに下水道整備を軌道に乗せた福島市長にとって、まちづくり施策の一つの仕上げとなるのが国鉄鯖江駅前の再開発であった。

昭和五〇年一月鯖江市は再開発基本計画を発表した。すでに、金鉄局への要望を重ねた結果、特急停車が五〇年三月実現、上述したように構内地下道が同年四月開通、駅舎の改築着工が同年九月の見通しが固まっており（新しい駅舎は五一年四月完成）、満を持しての市施行の再開発計画であった。

五〇年七月都市計画決定、五一年一二月権利変換計画が認可され、翌五二年六月起工式が挙行された。こうして工事はどんどん進捗したが、ご多分に漏れずキーテナント問題は難航した。当初案の「ジャスコ」が地元商店街の反対にあい、再調整となりこの問題は福島市長在任中には解決できなかった。

五三年三月新市長のもとで、大型店未解決のままで一部再開発店舗が見切り開店した。次案はすでに本町で営業している平和堂の移転案が提案されたがこれも本町商店街が反対し、結局五七年四月長崎屋が開店した。しかしこれも長続きせず平成元年一月撤退し、その後紆余曲折を経て現在はビジネスホテルが立地している。

福島市長以後

昭和五三年一月病気退任した福島市長以後の当面最大の課題は駅前再開発問題であった。これの最終解決は平成六年まで要した。

そのほか、長泉寺山トンネル整備、有定橋架替え、北鯖江跨線橋開通、石切橋開通、榎坂トンネル完成、鯖江河和田線長泉寺交差点改良、中野大橋開通、丹南広域農道全通、河和田バイパス全線完成、新石田橋開通、国道八号バイパスの全通、上鯖江跨線橋開通、丹南橋開通、公立丹南病院開院、石生谷トンネル開通、和田川大橋開通、新西山橋完成、福井豪雨復旧、米岡橋開通、北野水落線（横断二号）開通、浅水川改修、白鬼女橋開通などのインフラ整備が続くのであるが、これらのほとんどは福島元市長が布石したものといってよいであろう。

西山跨線橋

（出所）筆者撮影.

おわりに

福島文右衛門が鯖江市長を務めたのは、昭和三三年から五三年の二〇年間である。この時期は、鯖江市の合併後の混乱を収束し、高度経済成長の波に乗って、現在の鯖江市の基盤整備を行った時期に重なる。

鯖江市は戦前には、幹線交通が国道一二号（旧北陸道）一本のところに（さらにその前には日野川舟運）、その東側に国鉄線が敷設され、さらに西側に福井鉄道線が敷設された。戦後は、国道八号がさらにその西側に建設され、さらにそのまた西側に西縦貫線が整備された。その後は、今度は東側に八号バイパスと北陸自動車道・インターが開通するといった具合で、鯖江市を貫く南北幹線交通は時代により東西交互に変遷する。

福島市長は都市計画になみならぬ関心があった。このような鯖江市の特質を掴み、東西横断交通を強化して、市街地の厚みをまし、産業や増加人口の受け皿整備に着々と手を打ってきた。市長就任前の福鉄副社長時代においても、熱心に福武線の整備拡充を行い、市長就任後は染色団地整備、西縦貫線の着工、西山公園の再整備、各方面の区画整理事業、国道八号バイパス計画、既成市街地の再開発など周到なシナリオのもとに施策を展開している。

ちなみに、旧法時代の県都市計画審議会では案件ごとに関係市町村の首長が委員として出席することになっていた。他の市町村では助役や課長等に代理出席させるケースがほとんどであったが、ひとり福島市長だけは本人出席を通している。

福島市長の時代は高度経済成長時代であり、強力な推進パワーがあり、都市計画ダイナミズムが実感できる幸せな時代ともいうことができようが、そのような背景を十分に利用した構想力・実行力には今一度思いをいたしてもよいのではないだろうか。福井県はおろか日本全体が人口減少の時代に突入したが、ひとり鯖江市だけが県内市町の中で人口増加を維持している。

冒頭にも少し述べたが、福島市長は、熊谷元福井市長と全くの同時代を生きた人である。福島市長は明治四〇年に生まれ、熊谷市長は明治三九年に生まれている。そして、二人とも平成四年の一一月と一月に死去している。いずれも享年八五歳であった。昭和二〇年代熊谷福井市長が戦災・震災後のまちづくりに腐心し、その頃福島文右衛門は福井鉄道副社長として福武線の田原町延伸・木田地区曲線改良・市内線運行と花堂複線化に取り組んでいたわけで、当然二人の間には密接な意見交換・協議があったと考えられ、二人の交わりは深まった。後年、鯖江市長として手腕を発揮する福島文右衛門に熊谷都市計画は大きな影響を与えたのではないだろうか。

終章　戦前の福井県都市計画

はじめに

日本の都市計画行政は、帝都東京の市区改正を嚆矢とするということは、どの都市計画の教科書にも記載されている。その後大正時代に入り都市計画法および市街地建築物法が制定され、関東大震災からの東京、横浜の復興事業の経験を経て、内務省都市計画技術者の人材結集と同省の計画標準の整備により、逐次他の都市にも都市計画行政が行われるようになった。その実態は大阪、名古屋等の大都市のみで、地方都市ではほとんど実施されなかった、そして戦後の戦災復興事業を契機として、地方都市にも本格的な都市計画が展開されることになった、というのが定説である。しかし、福井県でも戦前において都市計画法が適用、街路網の都市計画決定、地域制の指定がなされるとともに、一部都市計画事業も執行されている。もちろん、その内容についての理解に疑問がもたれる部分もあるし、その大義名分的言辞にも関わらず、公式論を出ず抽象的で結果的には現在よりもさらにマイノリティのように感じられ、また道路対都市の行政関係の萌芽も見受けられる。いずれにしても、戦災復興以来、戦後都市計画の「優等生」といわれる福井県が、戦前においてどのような認識のもとに行政が行われ、市民がどう受け止めていたかを知ることは有益なことであろう。以下主として戦前の都市計画地方員会の議事録を基礎としながら、福井

福井市都市計画図　昭和13年

（出所）福井県土木部計画課蔵.

市を中心として前記の点をあきらかにしていきたい。

都市計画区域

福井県において、都市計画区域が指定されたのは、昭和四年の福井市が最初である。

全区域面積は約三八〇〇《ヘクタール》（約七《キロメートル》四方）である。現在の同区域面積は約一万八六〇〇《ヘクタール》（約一五《キロメートル》四方）であり、また現在の市街化区域面積は、約四六〇〇《ヘクタール》（約七・六《キロメートル》四方）であるから、これよりもやや小さい区域が一体的な「都市行政」区域と考えられていたことになる（なお、当時の行政区域面積は四四〇《ヘクタール》、人口六万四〇〇〇人）。

注目すべきは当時合併前の群小村が割拠していたのであるが、その都市計画区域には福井市全域のみならず、それらの周辺七カ村も取り込んで指定されたことである。今でいえば「広域都市計画区域」ということになる。すなわち当時においても行政区域を越えて一体的な産業経済等都市活動が展開されており、都市計画法を適用するという行政行為においても、このことが認識されていたことである。その後和田村、木田村等合併が続々進んでいくわけであり、逆にいえば町村合併の方が現実の社会経済圏域に比して、種々の事情により遅れていたということになるのかも知れない。

周辺七カ村の反応である。当時の社会経済情勢からすれば、区域内に編入されても、都市計画事業が実施されることはあまり期待できず、市街地建築物法（建築基準法の前身）の適用を受けて建築規制のみが行われるだけだということが予想されるのであるが、周辺村の編入に対する意見は概ね好意的である。ただ、当時の県都市計画地方委員会の委員に、中心市町の首長および議会議員は任命されていたのであるが、周辺村に関しては意見答申のみで、その首長等が委員会から除外されていることに対する不満や足羽川改修等に関する当時の福井市の周辺村に対する対処の仕方から福井市の「傘」の下へ入ることの不満、道路改良への要望等が記録されている。

さらに周辺村の行政区域全部ではなくてその一部を指定する例もみられ、その首長としては、「都市計画行政」の観点もさることながら、法適用が行政区域を分断してなされることに危惧を感じ、全域指定の意見を表明している。この点に関しては、昭和一〇年敦賀町、同一一年勝山、大野、武生各町、同一二年小浜町、芦原町と指定がなされているが、同一二年以降は、一部指定ということはなくなっている。

なお、これら周辺村の意向にもかかわらず、すべて原案通り審議決定さている。また戦前の県下の都市計画区域指定は上記市町のみで、鯖江、三国等その他の町村は戦後を待たなければならない。

街路網計画決定

県下で最初の都市計画街路網計画の決定は、昭和七年の福井市におけるそれである。

当時の街路技術基準では、幅員四四メートルを最大として、以下三五、二九、二二、一八メートル、……と続いている。

福井市では四番目の幅員二二メートル最大幅員として採用し、これを福井駅前から九十九橋詰めにあった福井郵便局までに設定し、駅前には三六〇〇平方メートルの広場を計画している。次の広幅員は幅員一八メートルである。現在の鯖江丸岡線（旧国道八号）に相当する東下交差点から大名町交差点を経由して赤十字付近までの区間、NHK前通りのうち大仏前から日の出踏切に至る区間、「芦原街道」のうち、九十九橋から下水道記念室に至る区間、現在の国道四一六号のうち、上記下水道記念室から北陸銀行松本支店前交差点に至る区間に計画している。さらに当時既に福井城址にあった県庁と福井駅前との連絡線である。

このように都市構成の一方の拠点である鉄道駅と当時の商業業務の中心である呉服町方面との連絡する東西幹線軸、国土軸と重なる南北幹線軸の強化等が強く認識されていたことがわかる。これに比すれば、県庁や市役所は軸線以外にあり、そもそもの立地位置や鉄道駅との関係もあろうが、その関係道路の位置付けは中途半端な感を免れない（当時の全国的な傾向としては、県庁や市役所等の公共施設や旧城下町の場合には旧城址を強く意識した軸線が採用されていることが多い）。なお具体的な路線ルートである。旧街道の踏襲率は、六七％であり、このときの全国平均三六％を上まわる。同じ城下町である岡山や静岡は〇％、浜松や山形は八〇％以上のことを踏まえれば（佐藤滋『城下町の近代都市づくり』）、近代福井市を形成するにあって、すでにそれなりにあった道路骨格体系を一定程度採用し、まったく従来とは異なる体系としたのではないことがわかる。

これらが主要な街路であるが、全体としては格子状パターン（全延長約九〇キロメートル、三七路線、現在は約二〇〇キロメートル、九〇路線）を形成して、その後の戦災復興事業計画のベースとなったことが十分うかがえる重要な街路計画であった。

国道八号（当時は国道一二号）は、大名町交差点以南は現在とほぼ同じであるが、同地点以北はそのまま北上するのではなくて、ここで左折して九十九橋詰めに至り（現在の本町線）、さらにここで右折して呉服町線を通り、現在の国道四一六号に至って、東進して現在の北陸銀行松本支店前交差点に至って左折北上、幾久地方に至るというルートであり、中心市街地を⊂の字型に縫って設定されていた。これが戦災復興計画においては、大名町交差点から直進北上、幾久地方で旧路線に合流するルートに改められた。

なお、当時の都市計画街路の決定の主たる目的は、市街地建築物法による建築規制と土地区画整理事業の施行に備えるためのもので、予算財源の関係もあり、事業実施は一部に限られている。

さてこの街路網決定に対する都市計画地方委員会の審議状況である。一部墳末なやりとりもあったが、主要な論点は、道路と鉄道との交差方法をめぐるもので全体街路網パターンに関することはなかったようである。

事務局案では、すべての交差を立体交差することが望ましいとしながらも、費用・地形等の制約から、国鉄線では城之橋および志比口踏切の跨線橋化、京福線では国道一二号および芦原街道との交差を架道橋化（京福線に関しては道路改築時に高架にすることが免許条件）する計画の四カ所に限定されていた。

当時においても、福井市東西の交通は激しいものになっており、城之橋踏切が最も多く、次いで観音町踏切が東西交通の障害となっていた。このため委員のなかでも福井市会議員が事業実施時期はともかくとして福井市の百年の大計として特にこの踏切の立体交差化を強く主張している。

この意見に対する当局の方針は次のようで原案に同意を求めている。①観音町踏切を立体交差化するためには地形上、鉄道を高架化しなければならない。これは非常に多額の費用を要するとともに、鉄道事業者の問題でこの場での議論は適当ではない。②福井駅改修に伴う東口開設による横断交通の減少や同じく操車場等の郊外移転がかなえば、踏切現遮断時間は緩和される。③自動車や自転車はとにかくとして、徒歩交通に関しては、近くにすでに人道橋がある。④「百年の大計」とはいうものの、実施の見通しの見込みが立たないものについて、大構造物の計画決定をして建築規制のみ行うことは、その影響が著しく大きすぎて社会上の問題を惹起する。

しかしこの議論は結局平行線で、福井駅高架について鉄道省へ建議することを条件として決着した。

もう一つの議論は、福井城址に道路を通す問題である。市街地交通上の観点からいえば、当時においても福井城址はその障害となっていた。緑地保存の方針や所有者である松平家への遠慮もあってか、中途半端な道路計画案が提案された。当局では種々の理由を述べて、原案が合理的であることを懸命に説明しているが、委員の納得するまでにはいたらず、この件はうやむやのうちに承認された恰好になっている。

今日においても福井市の交通計画を考えるとき常に問題となる北陸線および福井城址による分断現象を問題とし、戦前昭和七年の都市計画委員会の初めての街路網決定審議においてすでに議論がなされている。このことは、福井市の交通処理上の構造的問題を提起して興味深い。さらにさかのぼれば、福井城址及び旧市街地と福井駅位置及び北陸線のルート設定の基本にも関係してくるものである。

その他戦前において、都市計画街路網決定がなされた都市は、昭和一二年敦賀町、同一三年武生町、大野町、同一五年小浜町、勝山町である。敦賀町では国道一二号（現八号）および国道三五号（現二七号）を中心とした案で本町の場合も鉄道との交差方式が討議されている。大野町では越美北線の開通を控えてさらに発展を期待する街路網計画で大野駅前線の一部においては幅員二五メートル街路も計画されている。

これら各町の計画案はようやく都市計画が決定されるという待望感から期待をこめて概ね案は賛成され、原案通り答申されている。なお、参考までに金沢市、富山市の場合を記しておく。

金沢市　昭和五年決定
　四三路線延長約八六キロメートル　最大幅員二二メートル
富山市　昭和三年決定
　三五路線延長約六七キロメートル　最大幅員二九メートル

福井市用途地域比較表　昭和12年と平成30年

区分	面積（ha）	割合（%）	面積（ha）　H30現在	割合（%）　H30現在
住居地域	916	49.8	2,823	60.2
商業地域	282	15,3	447	9.5
工業地域	477	25.9	1,415	30.2
未指定地	166	9.0	0	0.0
計	1,841	100.0	4,685	100.0

（出所）都市計画審議会資料より筆者作成.

用途地域指定

県下で用途地域が最初に指定されたのは、昭和一二年の福井市である。当時の法制での地域区分は住居、商業、工業、未指定の四区分である。その基本方針としては、北陸線鉄橋と花月橋の間の足羽川両岸地域を商業的利用、橋北地域のうち北陸線東部地域、橋南地域のうち北陸線・福武線沿線地域および社村・東安居村の一部を工業的利用とする。残余は住居地域とするが、郊外農耕地は予測困難として未指定地とすることとしている。これらを整理すると表（福井市用途地域比較表）のようである。

このときの都市計画区域面積が五七九〇《ヘクタール》であるから、約三二%の区域が地域指定されたことになる（現在は約二六%）。

この地域指定案をめぐって、とくに「既存不適格」の問題に関し委員会で激論が交わされている。当時から福井市街地には小規模機業が広汎に分布していた。ところが、住居地域では動力三馬力以上不可、商業地域では動力一五馬力以下可という規制内容となっていた。すなわち市内機業地のうち工業地域に指定された地区はともかくとして、住居地域に指定された地区の三馬力以上の機業家は一五年以内に移転しなければならず、当該地区でも路線的（二〇《メートル》）に商業地域に指定された部分の機業家はそのままでも三馬力以上に拡張できるという取扱いを受ける。

この「規制の副作用」と「不公平」に対して、都市計画地方委員会委員である福井市会議員の一人が猛然と反発した。その趣旨は大要次のようである。

福井市経済の基本は機業である。その機業も住工混在的に地縁関係のなかで営まれているものがほとんどである。機業の騒音を問題としているが、小機業の騒音などそれほどでなく、この規制は「角を矯めて牛を殺す」ものである。機業地帯が分布するなかで、路線的に商業とされた部分は機業立地可能であるという。しかし、騒音等の影響は同地域内はもちろん隣接住居地域にも及ぶではないか。機業家に対して「生殺与奪」ほどの内容を有する規制が、それほどの意味があるとは思われない一線を境にして行われたのではたまらない。要するに幾何的に用途純化するというような都市計画的手法・価値というよりは、ことは社会政策的問題である。

このような意見に対して、当局の見解は対象地域内には比較的大きな機業は立地していない、実際の規制に当たっては警察（当時の建築規制事務は警察にあった）が実質的に判断し柔軟に行うことを期待している、程度のことで当該委員の納得するには至らなかった。

このため委員会は暫時休憩懇談となり、結局当局は譲歩して、焦点の地区である松本・田原町方面に関して住居から商業地域に変更する修正案が提案され可決されることになった。今日この種の問題は特別工業地区や地区計画制度等で解決されることが多いが、戦前の福井の都市計画委員会において、その用途地域制度の孕む矛盾について鋭く指摘されていたことは興味深い。

その後県内で戦前において用途地域が指定された都市はなく、他の市町村への地域指定は戦後を待たなければならない。

風致地区指定

戦前戦後を通じて福井県の風致地区の指定は、福井市の三地区のみであるが、この地区指定は昭和一三年に行われ、その後昭和四五年に若干の見直しがされたものの現在に至るまで基本の部分では変更がない。このような都市計画決定は他の地域地区や都市計画施設では見られない特筆すべきものである。

この風致地区の最初の指定は、大正一五年の東京明治神宮外苑とされるが、高まる市街化の波から史跡名勝、郊外風景地を保全し、「美しき都市の建設」が「能率・安全な都市の建設」とともにその価値を法制度的にも認知され、内務省の指導もあって全国的に広まっていったと考えられる（なお、この地区指定を市街地の外延防止という今日の市街化調整区域の効用を持たせている場合もある）。戦前の風致地区の指定は全国二七都市とされ福井市もそのうちに数えられることになった。福井市の風致地区の指定は、福井城址地区約一八ヘクタール、足羽山地区約八八ヘクタール、足羽川地区約七九ヘクタールの三カ所である。福井城址では、結構な上部城郭と巧縁繊細の石垣の美と水辺の雅致を保存する、足羽山は豊富な名所旧跡と緑翠を保持する、足羽川は流水の風趣堤塘桜樹の景を永久に保育するとしている。

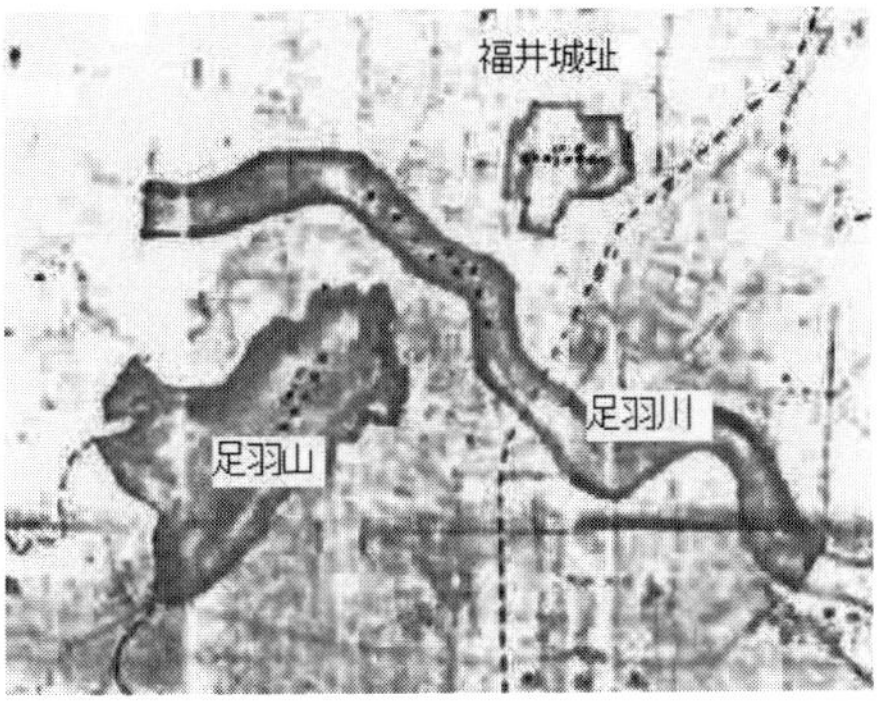

昭和13年　風致地区指定

（出所）都市計画審議会資料.

そこで都市計画委員会での議論である。名古屋鉄道局代表委員が、福井城址地区内に福井駅停車場用地が含まれ、しかも越美線乗入れ工事が予定されているため、当該地を地区から除外するよう求めている。これに対して当局の答弁は、今後制定される風致地区取締り規則（県令）により、特別扱いを考慮しているので、実際上の支障はないとするもので、鉄道局の意見を一蹴している。逆にいえば、福井城址地区に福井駅が含まれていたことは、当時においてはまだお濠が駅近くまで残されていて、駅周辺の市街化もそれほどではなく、それなりの風情が感じられる地域であったのではないかとの想像もできる。その他若干の意見が出されたが、結果的には原案通り答申されている。

この福井城址地区に関しては、その後さらにお濠が埋め立てられたりして、縮小を余儀なくされたり、一部所有権が松平家より某資本に譲渡されて、商店街や駐車場造成計画が企てられるなど、市街地内の一等空間として常に狙われてきた。しかし「法定都市計画」としての風致地区の位置付けがあったことは、有形無形のブレーキ作用を果たしてきたと考えられる。昭和五〇年代に入り県庁等の改築高層化があり、その是非をめぐってつとに論議されている。

都市計画事業

戦前の旧都市計画法では、計画決定のみならず、事業起業、施行者、事業期間、年次予算計画といった都市計画事業実施に関することも都市計画地方委員会の議を経ることとされていた。

前述したように戦前の都市計画事業は数少ないが、それでも福井市と敦賀市で数件の街路事業が執行されている。

県内最初の都市計画（街路）事業は、昭和八年（単年度）に福井市長が施行した。それは秋に挙行される陸軍大演習をめざして県道福井加賀吉崎線の改修が進められ、すでに郊外部は完成していたものの、これを市中心部に直通させようとしてこの部分を都市計画事業が受け持ったものである。総延長約四八〇メートル、幅員一八メートル（歩道三メートル）、および幅員一五メートル（歩道二メートル）、底喰川に鉄筋コンクリート橋を架設するものである。舗装は市の財政状態を考慮して一部施工するとある。

本事業で興味深いことは二点ある。一つは、この事業区間のうち北部の区間は当時の西藤島村に属して福井市の行政区域外であったが当該区間の事業施行者も福井市長であったことである。当時の地方制度や都市計画に特別の規定があったのかもしれない。

もう一つは受益者負担金が徴収されたことである。総事業費約一五万五〇〇〇円は国庫補助金、県費補助金、市債、受益者負担金でまかなわれることになっている。この負担金は約三万七〇〇〇円で約二四％に相当する。この基準の概要は次のようである。①負担金総額は、総事業費の、新設の場合は三分の一、拡築の場合は四分の一とする。②負担対象地域は官民境界線より道路幅員の五倍の地域とする。③負担金の割当ては、総額の二分の一を直接道路に接する地帯に配分し、さらにこれを間口の延長に比例して個々に配分する。残りの二分の一を②の地域のうち直接接する地帯を除いた地域に配分し、さらに地積に比例して個々に配分する。

現在の住民意識からすれば考えられないようなことであるが、この受益者負担金制度も含めて事業計画案は意見もなく同意されている。ちなみに受益者負担金制度は新都市計画法にも引き継がれているが、公共下水道事業を除いて実質的には発動されていない。

次の都市計画事業は昭和一五年度に敦賀市長が執行した街路事業である。国道三五号線（現二七号）の改良工事で、野上地籍（陸軍駐屯地）から国道一二号（現八号）との連絡までの笙ノ川架橋を除く区間である。これを内務省（名敦国道改良事務所）と敦賀市長の共同事業として、単年度で幅員一一メートルに改修するものである。事業費一六万円のうち半分八万円が都市計画事業として執行され、その財源としては都市計画税と市債をあてることとされている。なお除かれた笙ノ川橋梁（RC、延長七四メートル、幅員一一メートル）は翌一六年度にこれも内務省・都市計画共同事業として事業費一四万円で施工されている。

三番目の都市計画事業は昭和一六年度から三カ年継続事業（後に二〇年度まで延期）とされた福井市長施行の街路事業である。事業は福井市を南北に縦貫する国道一二号（現八号）のうち木田四ツ辻付近から赤十字前を経て花堂江端川北岸に達する区間、延長二・三キロメートルを幅員一八～一五メートルにしようとするものである。これも内務省との共同事業で事業費一〇七万四〇〇〇円のうち半分の五三万七〇〇〇円が都市計画事業でその財源は都市計画税、受益者負担金、県費補助、市債等である。しかし本事業は戦争のためその完成は戦後を待たなければならなかった。

　このように戦前の都市計画事業は、三件が実施されたのみで、その内容は国道相当路線で軍事上重要な区間を優先的に着工したものである。また内務省直轄との共同事業ということは本来内務省自体で行うべき事業を、主として財政状況によるものと考えられるが、「地元市町村の熱意に基づく」都市計画事業を補完的に起工させて所期の目的を達する意図があったものと推定される。現在では国道整備は都市計画事業の対象外とされているものの、都市計画決定された国道整備に対する国庫補助の取扱いが異なるのは戦前のこのような施行方法・体制に端があるのかも知れない。

おわりに

　以上が戦前の福井県都市計画行政の概要である。街路が福井市をはじめ六市町、用途地域指定は福井市のみで、公園の都市計画は一つもない（もっとも都市計画外の事業として福井市の足羽山公園、松平家の葵公園は開設されている）。都市計画とはいうものの街路が重視され、その他はあまりかえりみられなかった。

　また戦前の都市計画行政は、強力な内務省（戦後建設省等に分割）主導であった。ただ中央においてもこの行政は少数派であり、関東大震災の復興事業の経験を経て揺籃期をようやく脱しようとしていた時代であり、内務技術官僚たちが全国に散って都市計画の確立にあたっていた（県内都市計画の立案に当たっていた実務者も内務省から県に派遣されていた技術者で、国費支弁の高等官であった）。しかし一般国民の理解はもちろんのこと、行政内部における認識も深いものではなかった。そして戦時体制による財政逼迫、軍事目的の追加等の環境のなかで苦闘を強いられていた。目前の戦争遂行、軍備強化に焦燥している国内情勢にあって、少数の関係者が一〇年先二〇年先の将来の都市計画を論議していたのである。その意味では一定の限界があることは止むを得ない点もある。そのころの社会状況からして住民参加を問題としても詮ないことであろう。しかし当時の都市計画関係者がどのように都市を認識し、計画を立案していたかを知ることは今後の都市づくりや地域理解に役立つと考えている。

当時の都市認識、雰囲気を知る上で参考となると思われるので、文末に昭和七年の福井及び同一二年の敦賀都市計画街路網決定の理由書全文を掲載しておきたい。

昭和七年福井都市計画街路網決定理由書（全文）

福井市街路ノ大部ハ住時城下町トシテノ構築ニ依リ従来累次ノ火災ニ因リ相当改善セラレ街衢稍々整然タルモノナキニ非スト雖是ヲ大局ヨリ観ルトキハ一般ニ幅員狭小ニシテ其ノ系統ヲ欠キ為ニ新ナル交通機関ノ利用ヲ阻ミ近時増加セル交通量ヲ完全ニ消化スル能ハサル状態ニアリ殊ニ近年市街化シツヽアル郊外地ニ於テハ市街ノ構成ニ規矩ナク市民ノ保安衛生上憂慮スヘキモノアルト共ニ日常交通経済上ニ及ホス積弊モ亦大ナルモノアリ故ニ此際都市計画区域内全部ニ亘リ新設拡築スヘキ街路網ヲ決定シ之ニ依リ都市ノ合理的発達ヲ期セムトス而シテ街路ノ位置及幅員ニ付テハ商工都市トシテノ将来ヲ慮リ地勢、交通ノ状態等ヲ考察シテ之ヲ配置シタリ

即チ国道十二号ハ現ニ本市商業及交通ノ中心ニ当レルヲ以テ是ニ配置スルニ二等大路第一類第二号、第三号及二等大路第二類第一号線ヲ以テシ是ヲ本市ノ南北ニ貫通スル幹線トシ又本市ト郊外枢要地ヲ連絡スル根幹タルヘキ重要府県道松岡福井線、福井八幡線、越廼福井線及福井加賀吉崎線等ノ幅員ヲ拡築シ或ハ曲折ヲ整理ス

ル共ニ是等ヲ基準トシテ之ニ適当ニ放射線及環状線ヲ配置シタリ

斯クシテ得タル路線数三十七、其ノ延長九万五百七十米ニ達ス而シテ是等路線ヲ今直チニ事業トシテ決定スルハ財政ノ許ササル事情ニアルヲ以テ暫ク都市計画トシテ決定シ市街地建築物法ノ運用及土地区画整理ノ施行ニ備ヘムトス

昭和一二年敦賀都市計画街路網決定理由書（全文）

敦賀町ノ街路ハ概ネ幅員狭小ニシテ、系統又適当ナラス、殊ニ郊外地ハ無統制ナル発展ヲナシ、保安、衛生上憂慮スヘキモノアルト共ニ、日常交通、経済上ニ及ホス損失モ亦大ナルモノアルヲ以テ、先ツ其ノ街路計画ノ確立ヲ急務ナリト認ム。然レ共都市計画区域全部ニ亘ル街路網決定ニハ、尚相当ノ時日ヲ要スルヲ以テ此ノ際調査完了セル主要街路ニ付、都市計画トシテ決定シ、市街地建築物法ノ運用及上地区画整理ノ施行ニ備ヘムトス。

尚街路ノ位置及幅員ニ付テハ、専ラ地勢、交通及将来発展ノ趨勢等ヲ考察シテ之ヲ配置シタリ。即チ築港ト敦賀駅トノ連絡ヲ緊密ニシ、国道十二号線及国道三十五号線ヲ以テ其ノ二大基準トシ、東西ニ数線ヲ配シテ其ノ幅員或ハ曲折ヲ整正セリ。斯クシテ得タル路線数十一其ノ延長一万八千二百二十米ニ達ス。

あとがき

戦後の復興事業に一区切りをつけ、高度経済成長を支え、支えられた福井県の主要な都市計画について記述してきた。戦災復興事業がどちらかといえば、政府主導の事業であったのに対し、それ以後の都市計画事業は地方が主体的に取り組んだ事業といえるだろう。実施するのもしないのも、どの程度の規模で行うかなどすべて地方の判断、すなわち地方の意思だったのである。

しかし、これら事業の残された資料も乏しく、社会的な関心も薄かったのか、特に福井県関係でまとめられらたものはほとんどない。戦後本格的に進められた都市整備は、市街地整備、バイパス整備、街路・公園・下水道施設など現在では県内で一定の水準に達しているといってよいであろう。そして、いまや新規の施設整備というよりは、これまで整備してきた施設の老朽化・陳腐化に対して、どのように維持更新を図るべきかに重点が移りつつある。

この機会に、多少の問題点はあるかも知れないが、基本的な都市空間・施設を残してくれた先人・先輩の業績を整理しておくことはそれなりに意味のあることだろう。

現在、令和六年の北陸新幹線敦賀開業を機会に、福井駅前などでは、再び都市再開発のエネルギーに火が付き、戦後復興の象徴であった建築物などにも解体更新が進んでいる。これも都市の長い歴史の中での一つの節目であり、ある意味では必然だろう。跡地には、戦後七〇年の怨念がしみ込んでいる。これをパワーに変換して、さらに発展を推進する礎となること祈るや切である。

本書は、各種機関誌などに折々に掲載した記事を再構成したものであるが、故 永井竜巳氏、故 本多義明氏、故 岩崎健一郎氏、故 富田伊太郎氏のほか、小林茂則氏、山本迪氏、塚本勝典氏、小川俊昭氏をはじめとして、県庁関係者のご協力を得た成果である。ここに深甚なる謝意を表する次第である。

令和四年三月　コロナ下にて

児玉　忠

初出一覧

序　章　書き下ろし
第1章　「芦原火災復興事業の光と影」『福建』（福井県建設技術協会）第四一号、二〇〇八年。
第2章　「福井バイパス物語」『福建』（福井県建設技術協会）第四二号、二〇〇九年。
第3章　「敦賀バイパス物語」『福建』（福井県建設技術協会）第四四号、二〇一一年。
第4章　「波乱の都市再開発」『福建』（福井県建設技術協会）第四三号、二〇一〇年。
第5章　「一〇〇年の悲願・福井駅鉄道高架事業前史」『福建』（福井県建設技術協会）第三〇号、一九九七年。
第6章　「一〇〇年の悲願・福井駅鉄道高架事業ＪＲ編」『福建』（福井県建設技術協会）第三八号、二〇〇五年。
第7章　「一〇〇年の悲願・福井駅鉄道高架事業えちぜん鉄道編」『福建』（福井県建設技術協会）第五二号、二〇一九年。
第8章　「時代を切り拓いた都市計画道路」『福建』（福井県建設技術協会）第四九号、二〇一六年。
第9章　「総力戦・福井臨海工業地帯造成事業」『福建』（福井県建設技術協会）第四六号、二〇一三年。
第10章　「公園の整備・その光と影」『福建』（福井県建設技術協会）第四八号、二〇一五年。
第11章　「下水道の整備・その光と影」『福建』（福井県建設技術協会）第四八号、二〇一五年。
第12章　「駐車場の整備」『地域と環境』（地域環境研究所）第一三号、一九九八年。
第13章　「都市計画市長・福島文右衛門」『福建』（福井県建設技術協会）第四五号、二〇一二年。
終　章　「戦前の福井県都市計画」『ＲＥＦ』（福井地域環境研究会）第一六号、一九九六年。

「福井港港湾計画資料」福井県，1971年.
「福井港港湾計画一部変更資料」福井県，1980年.
福井市編『福井市史　資料編11近現代二』，1994年.
福井市史編さん委員会編『新修福井市史』福井市，1976年.
――――『新修福井市史Ⅱ』福井市，1976年.
「福井市中央一丁目市街地再開発基本計画」都市問題経営研究所，1972年.
「福井市の市街地再開発事業」福井市，2007年.
福井新聞社事業局企画・制作『福井百年を翔ぶ・航空写真集』福井新聞社，1981年.
「福井都市計画地方審議会各回議案書・議事録」.
「北陸地方における鉄道整備と改良」大鉄工業北陸支店，2001年.
「北陸本線が福井市の都市構造に及ぼす影響」『REF』（福井地域環境研究会）3，1983年.
本多義明・川上洋司編著『福井まちづくりの歴史』地域環境研究所，1995年.
本多義明ほか編著『福井公共交通の歴史』地域環境研究所，2000年.
――――『福井みちづくりの歴史　改訂版』地域環境研究所，2004年.
――――『福井まちづくりの歴史　改訂版』地域環境研究所，2009年.
松原信之・舟沢筱樹編著『ふるさとの想い出　写真集明治大正昭和福井』国書刊行会，1979年.
丸岡町史編集委員会編『丸岡町史』1989年.
丸山宏『近代日本公園史の研究』思文閣出版，1994年.
三浦基弘ほか『日本土木史総合年表』東京堂出版，2004年.
三国町百年史編纂委員会編『三国町百年史』三国町，1989年.
読売新聞福井支局編『芦原温泉ものがたり』1973年.
連続立体交差事業促進期成会「連続立体交差事業の手引き」1984，92年.

武生市史編纂委員会編『武生市史　概説編』武生市，1976年.
田中祥夫『ヨコハマ公園物語』中央公論新社〔中公新書〕，2000年.
田中雅幸「福井市における合流式下水道改善の取り組み」『下水道協会誌』570，2010年.
敦賀市史編さん委員会編『敦賀市史　通史編』下巻，敦賀市，1988年.
敦賀市戦災復興史編纂委員会編『敦賀市戦災復興史』敦賀市，1955年.
都市計画協会編『福井県嶺北地域広域都市計画報告書』1969年.
――――『近代日本都市計画年表』1991年.
土木学会日本土木史編集委員会編『日本土木史　昭和一六年～昭和四〇年』土木学会，1973年.
豊島棟建「福井市特別都市計画下水道について」『新都市』（都市計画協会），1950年.
長浜市立長浜城歴史博物館企画・編集『北国街道と脇往還』2004年.
日本公園緑地協会編『福井臨海工業地帯公園緑地計画』1973年.
日本工業立地センター編『福井新港開発経済調査報告書』1968年.
日本港湾コンサルタント編『福井新港基本計画報告書』1968年.
「橋ものがたり」『福井新聞』連載，1982年.
「一〇〇年の軌道 JR 福井―敦賀間」『福井新聞』連載，1996年.
福井県『福井県統計年鑑』1，1955年.
――――『足羽川激特記録誌』CD 版，福井県土木部，2010年.
福井県編『福井臨海工業地帯造成計画書』1969年.
――――『福井臨海工業地帯造成計画書　改訂版』1972年.
――――『福井県史　資料編一六上』福井県，1990年.
――――『福井県史　通史編五近現代一』1994年.
――――『福井県史　通史編六近現代二』1996年.
福井県土木部建築住宅課編『平成二一年度　福井県の建築住宅行政』2009年.
福井県土木部都市計画課監修『えちぜん鉄道高架化――福井駅付近連続立体交差事業事業誌』えちぜん鉄道，福井県，2020年.
福井県議会『福井県議会史』第3巻，1979年.
――――『福井県議会史』第5巻，1986年.
――――『福井県議会史』第6巻，1993年.
――――『福井県議会史』第7巻，1996年.
福井県警察本部『福井県警察史』第2巻，1990年.
福井県建設技術協会編『福井県土木史』1983年.
――――『福井県土木史』第Ⅱ巻　2001年.
福井県体育史編集委員会編『福井県体育史』福井県体育協会，1972年.
福井県福井駅周辺整備事務所監修，ジェイアール西日本コンサルタンツ編『福井駅付近連続立体交差事業事業誌』福井県ほか，2007年.
福井県・福井市・都市計画協会，「福井駅周辺整備構想策定調査報告書」1986年.
「福井港海岸直轄海岸保全施設整備事業再評価説明資料」北陸地方整備局，2011年.

参考文献

芦原町『芦原町史』1973年.
芦原町秘書広報課資料「芦原火災復興」1956年.
石橋晋一「リフレッシュ幾久公園」『福建』(福井県建設技術協会) 18, 1984年.
市川秀和「足羽山公園の成立と場所の政治学」『福井大学研究紀要』 6, 1999年.
――――「軍都の解体から公園の再生へ」『福井大学研究紀要』 7, 2000年.
稲澤俊一編著『戦後の福井県行政』福井県立大学地域経済研究所, 2001年.
井上脩監修『敦賀・若狭の今昔』郷土出版社, 2005年.
今村洋一「戦災復興計画における旧軍用地の転用方針と公園・緑地整備について」『日本都市計画学会論文集』44, 2009年.
漆崎正人「福井駅部における埋蔵文化財発掘調査」『福建』(福井県建設技術協会) 35, 2002年.
大濱徹也ほか『江戸東京年表』小学館, 1993年.
小浜市史編纂委員会編『小浜市史　通史編』小浜市, 1998年.
金沢鉄道管理局編『北陸線のあゆみ』1969年.
川島令三『全国鉄道事情大研究　北陸編』草思社, 1995年.
近畿地方建設局福井工事事務所編『福井県内国道八号線改築工事史』1965年.
九頭竜川流域誌編集委員会編『九頭竜川流域誌』治水百周年記念事業実行委員会, 2000年.
熊谷太三郎『たちあがる街から』品川書店, 1955年.
――――『私の春秋』日刊福井, 1980年.
建設省編『戦災復興誌』都市計画協会, 1957～63年.
越沢明『東京都市計画物語』日本経済評論社, 1991年.
――――「公園緑地計画の展開と近代日本都市計画」『都市計画』(日本都市計画学会) 176, 1992年.
児玉忠「踏雲峡西山橋の栄光」『福建』(福井県建設技術協会) 35, 2002年.
児玉忠編著『昭和・平成福井県歴史年表』福井県建設技術公社, 2019年.
佐藤滋『城下町の近代都市づくり』鹿島出版会, 1995年.
佐藤昌『日本公園緑地発達史　上・下』都市計画研究所, 1977年.
鯖江市史編纂委員会編『鯖江市史　通史編』下巻, 1999年.
鯖江商工会議所創立五〇周年記念事業実行委員会編『鯖江商工会議所創立五〇周年記念誌』2009年.
産業材料調査研究所編『福井県産業開発調査報告書』1971年.
『住宅地図』ゼンリン社, 1979, 81, 2000年.
白幡洋三郎『近代都市公園史の研究』思文閣出版, 1995年.
全国市街地再開発協会「鯖江市駅前・本町地区再開発基本計画」1975年.

《著者紹介》

児玉　忠（こだま　ただし）

1947年　福井県生まれ
1969年　京都大学工学部卒業
その後，日本住宅公団，建設省勤務を経て
1976年　福井県庁入庁
2007年　福井県土木部長を最後に退職
現　在　熊谷都市観察室　主宰者

主要業績

『福井まちづくりの歴史』（編著，地域環境研究所，1995年）．

『福井公共交通の歴史』（編著，地域環境研究所，2000年）．

『社会資本整備を中心とした昭和・平成　福井県歴史年表』（福井県建設技術公社，2019年）．

戦後福井県都市計画の軌跡

2022年5月20日　初版第1刷発行

＊定価はカバーに
表示してあります

著　者　児　玉　　忠©
発行者　萩　原　淳　平
印刷者　藤　森　英　夫

発行所　株式会社　晃　洋　書　房

〒615-0026 京都市右京区西院北矢掛町7番地
電話　075(312)0788番(代)
振替口座　01040-6-32280

装丁　㈱クオリアデザイン事務所　　印刷・製本　亜細亜印刷㈱

ISBN978-4-7710-3562-1